崔胜民　编

新能源汽车动力电池技术解析

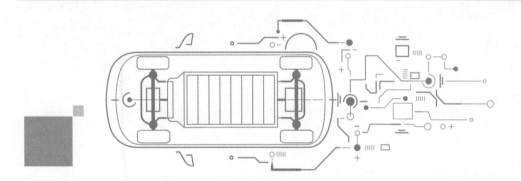

U0313993

化学工业出版社

·北京·

内容简介

本书全面阐述了新能源汽车动力电池系统的核心技术，从蓄电池的基础定义、分类以及动力电池的结构类型到其在新能源汽车中的工作原理，再到动力电池系统的设计、制造、测试及大数据技术的应用，形成了一个完整的知识体系。书中深入解析了动力电池系统的硬件与软件构成、性能指标、功能需求与配置，并详细阐述了放电、充电及在不同类型新能源汽车中的工作原理。同时，介绍了动力电池系统的设计原则、流程、关键技术及制造工艺，确保系统的高效与可靠。此外，还介绍了系统测试方法，确保动力电池系统的安全性与耐久性。最后，探讨了大数据技术与 AI 技术在动力电池系统中的应用，展示了未来新能源汽车动力电池系统智能化、高效化的发展趋势。

本书适合作为新能源汽车类专业的教材，同时也为新能源汽车从业人员和爱好者提供了参考资料。

图书在版编目（CIP）数据

新能源汽车动力电池技术解析 / 崔胜民编. -- 北京：
化学工业出版社，2025. 4. -- ISBN 978-7-122-47415-5

Ⅰ. U469. 720. 3

中国国家版本馆 CIP 数据核字第 20250NX600 号

责任编辑：陈景薇　　　　　　　　文字编辑：冯国庆
责任校对：宋　夏　　　　　　　　装帧设计：张　辉

出版发行：化学工业出版社
　　　　　（北京市东城区青年湖南街 13 号　邮政编码 100011）
印　　装：北京云浩印刷有限责任公司
787mm×1092mm　1/16　印张 14　字数 342 千字
2025 年 4 月北京第 1 版第 1 次印刷

购书咨询：010-64518888　　　　　售后服务：010-64518899
网　　址：http://www.cip.com.cn

定　　价：69. 80 元　　　　　　　　版权所有　违者必究

前　言

　　随着全球能源结构的转型与环境保护意识的增强，新能源汽车作为绿色出行的代表，正逐步成为汽车工业发展的主流趋势。在这一变革中，动力电池作为新能源汽车的核心部件，其技术水平直接决定了新能源汽车的续航里程、安全性、经济性和环保性。因此，对新能源汽车动力电池技术的深入解析与持续创新，不仅是推动新能源汽车产业发展的关键，也是实现全球能源可持续发展的重要途径。

　　本书旨在全面而系统地介绍当前新能源汽车动力电池技术的新进展和核心知识。本书阐述了蓄电池的定义、分类和动力电池的结构类型、性能指标以及功能需求等基础理论知识，为读者构建起一个完整且清晰的动力电池技术框架。在此基础上，进一步深入探讨动力电池系统的原理、设计、制造、测试以及大数据分析和 AI 技术应用等前沿领域，力求为读者呈现一个既全面又具有前瞻性的技术视野。第 1 章首先从蓄电池的基本概念出发，明确其定义与分类，特别关注新能源汽车用蓄电池的特殊性。随后，通过对动力电池的结构类型与组合方式、系统涉及的硬件和软件、性能指标及功能需求与配置的剖析，使读者能够深入理解动力电池的构造原理与技术要点。第 2 章重点探讨了动力电池系统的放电与充电机制，以及在不同类型新能源汽车中的工作原理，帮助读者掌握动力电池系统的工作模式与性能特性。第 3 章着眼于动力电池系统从设计原则到具体实现的全过程，包括单体电池、电池组、电池管理系统、电池热管理系统、电池高压电气系统及电池箱体的设计，为工程师和研发人员提供了丰富的设计思路与技术参考。第 4 章和第 5 章分别从制造工艺与测试方法出发，详细介绍了动力电池从生产到检验的全过程，确保产品的质量与可靠性。最后，在第 6 章与第 7 章中，展望了动力电池先进技术的未来发展方向，随着大数据与 AI 技术的不断进步，它们在动力电池系统的优化与管理中将发挥越来越重要的作用，推动新能源汽车技术迈向更高的水平。

通过阅读本书，读者可以全面了解新能源汽车动力电池技术的各个方面，为将来从事新能源汽车方面的工作奠定基础。

非常感谢参考文献涉及的各位专家学者，他们的辛勤工作和智慧结晶为本书的编写提供了宝贵的参考和借鉴。

由于编者学识有限，书中难免存在不足之处。恳请广大读者在阅读过程中给予指正，并提出宝贵的意见和建议。

编者

新能源汽车动力电池技术解析

目 录

第2章 新能源汽车动力电池系统的原理 …………………………… 036

第3章 新能源汽车动力电池系统的设计 …………………………… 061

第4章　新能源汽车动力电池系统的制造 ···················· 110

第5章　新能源汽车动力电池系统的测试 ······················ 138

第1章
绪论

　　新能源汽车动力电池及管理技术是新能源汽车产业的核心竞争力之一。动力电池作为储能元件，其能量密度、循环寿命及安全性直接关乎车辆续航里程与可靠性。管理技术则通过精准监测、智能均衡与高效热管理，确保电池组始终处于最优工作状态，延长使用寿命，提升整体性能。随着材料科学、信息技术的飞速发展，新能源汽车动力电池及管理技术正不断进步，为新能源汽车的普及与发展奠定坚实基础。

1.1 蓄电池

1.1.1 蓄电池的定义

蓄电池是一种能量储存与转化装置,它能够将电能转化为化学能储存起来,并在需要时再将化学能转化为电能输出。通过充电过程,蓄电池能够积累电能;在放电过程中,则释放储存的电能。这种可循环使用的特性使得蓄电池在众多领域如电力供应、交通运输、通信系统等中发挥着至关重要的作用。作为现代能源技术的重要组成部分,蓄电池的不断优化和创新对于实现可持续能源利用具有重要意义。

1.1.2 蓄电池的分类

1.1.2.1 按化学成分分类

蓄电池作为电能储存与转换的重要装置,其性能与特性很大程度上取决于其化学成分。按照化学成分的不同,蓄电池可以分为铅酸电池、镍镉电池、镍氢电池和锂离子电池等。

(1) 铅酸电池 铅酸电池是目前最为常见和广泛应用的一种蓄电池。它以铅和铅的氧化物(主要是二氧化铅)作为正负极材料,硫酸溶液作为电解液。铅酸电池具有较高的可靠性、较低的成本以及良好的循环性能,因此广泛应用于汽车、不间断电源设备、太阳能发电系统等领域。

(2) 镍镉电池 镍镉电池是一种采用镍的氧化物(如氢氧化镍)作为正极材料,氧化镉作为负极材料的蓄电池。镍镉电池具有良好的放电特性和充电接受能力,可以承受深度放电,并且在放电过程中电压变化较小。因此,它常被用于需要高能量密度和高功率输出的设备,如电动工具、无绳电话等。

(3) 镍氢电池 镍氢电池是一种正极材料为氢氧化镍,负极材料为储氢合金的蓄电池。镍氢电池具有较高的能量密度、较长的循环寿命和较低的自放电率。相比镍镉电池,镍氢电池更加环保,因为它不含有害物质(如镉)。因此,镍氢电池在电动自行车、混合动力汽车等领域得到了广泛应用。

(4) 锂离子电池 锂离子电池是目前电动汽车、智能手机等产品中最常用的电池类型。它以锂化合物作为正极材料(如磷酸铁锂、三元材料等),碳素材料(如石墨)作为负极材料。锂离子电池具有高能量密度、长寿命、低自放电率等优点,是目前电池技术发展的重要方向。锂离子电池的发展也带动了电动汽车等产品的快速发展。

4 种不同类型蓄电池的比较见表 1-1。

表 1-1　4 种不同类型蓄电池的比较

项目	铅酸电池	镍镉电池	镍氢电池	锂离子电池
化学体系	铅酸	镍镉	镍氢	锂
能量密度	低	中等	较高	高
功率密度	中等	中等	较高	高

项目	铅酸电池	镍镉电池	镍氢电池	锂离子电池
充电速率	慢	慢	较快	快
放电深度	高	中等	高	高
循环寿命	短	中等	长	长
自放电率	高	中等	低	低
记忆效应	无	有	无	无
环保性	差	差	较好	较好
安全性	一般	一般	良好	优秀
成本	低	中等	中等	高
应用场景	低成本需求,如电动自行车、不间断电源	电动工具、部分工业应用	电动自行车、混合动力汽车	消费电子产品、电动自行车、电动汽车

1.1.2.2 按用途分类

蓄电池根据其用途的不同,可以划分为多个类别,如启动型电池、动力型电池、固定型电池和储能型电池等。

(1) 启动型电池 启动型电池主要用于汽车、摩托车等机动车辆的启动和点火系统。这类蓄电池能在短时间内提供大电流,以确保发动机顺利启动。铅酸电池是常用的启动型电池。

(2) 动力型电池 动力型电池,又称牵引用电池,主要用于电动汽车、混合动力汽车等电动交通工具。这类蓄电池需要提供持续稳定的电流以驱动车辆行驶。锂离子电池是目前电动汽车领域最常用的动力型电池。

(3) 固定型电池 固定型电池主要用于固定场所的电力供应,如通信基站、数据中心、医院等。这类蓄电池作为备用电源,在市电中断时能够迅速接管电力供应,确保设备的正常运行。固定型电池主要使用铅酸电池和锂离子电池。

(4) 储能型电池 储能型电池主要用于可再生能源的储能系统,如太阳能发电、风力发电等。这类蓄电池能够在电网负荷低谷时储存电能,在电网负荷高峰时释放电能,实现电能的平衡调度和削峰填谷。储能型电池主要使用锂离子电池。

除了以上几种常见的蓄电池外,还有一些特殊用途的蓄电池,如船舶用蓄电池、航空用蓄电池等。这些蓄电池根据具体的使用环境和要求,具有特定的设计和性能特点。

4 种不同用途蓄电池的比较见表 1-2。

表 1-2　4 种不同用途蓄电池的比较

项目	启动型电池	动力型电池	固定型电池	储能型电池
主要特性	短时间内提供大电流	持续高功率输出	长期稳定供电	大容量储能
能量密度	低	高	中等至高	高
功率密度	高	高	中等	中等至高
循环寿命	短	中等至长	长	极长
放电深度	中等	高	中等至高	高

项目	启动型电池	动力型电池	固定型电池	储能型电池
充电速率	快	快至中等	中等	慢至中等
自放电率	中等	低	低	低
维护需求	定期维护	定期维护	较少维护	较少维护
安全性	良好	良好	优秀	优秀
成本	中等	中等至高	中等至高	中等至高
应用场景	汽车启动、摩托车等	电动自行车、混合动力汽车、电动工具等	通信基站、数据中心、不间断电源等	电网储能、可再生能源并网等

1.1.2.3 按形状分类

蓄电池的形状和尺寸因应用场景和使用需求的不同而有所差异。根据蓄电池的外形设计，可以将其大致分为圆柱形电池、扁平型电池、长方体电池、特殊形状电池等。

(1) 圆柱形电池 圆柱形电池以其直径和高度来定义其尺寸，这种形状使得蓄电池可以在紧凑的空间内提供稳定的电力供应。圆柱形电池常见于小型电子设备和一些特定的应用场景，如手电筒、遥控器等。

(2) 扁平型电池 扁平型电池又称纽扣电池，因其形状类似纽扣而得名。这种蓄电池非常小巧，适合用于需要小空间安装的场景中，如手表、计算器、小型医疗设备等。

(3) 长方体电池 长方体电池是日常生活中最为常见的蓄电池形状，其尺寸可以根据需要进行调整。它们广泛应用于汽车、电动自行车、不间断电源以及太阳能储能系统等大型设备中。长方体电池容量大、稳定性好，能够满足各种复杂的电力需求。

(4) 特殊形状电池 除了上述常见的形状外，还有一些特殊形状的蓄电池，如弯曲型、柔性型等。这些蓄电池可以根据特殊的使用环境和安装要求进行定制，以满足特定的电力需求。

1.1.3 新能源汽车用蓄电池

1.1.3.1 启动用蓄电池

目前，新能源汽车启动用蓄电池主要采用铅酸电池和锂离子电池两种类型。其中，铅酸电池由于其具有成本低、技术成熟、安全可靠等优点，被广泛应用于中低端新能源汽车中。而锂离子电池则以其高能量密度、高功率密度、长寿命等优点，逐渐成为高端新能源汽车的首选。

(1) 启动电机时 当驾驶者启动新能源汽车时，首先需要触发点火开关。这个动作使得启动电路被接通，启动用蓄电池随即开始工作。蓄电池内部的化学能迅速转化为电能，通过启动电路向电机提供强大的瞬间电流。这股电流驱使电机转动，从而启动整车的动力系统。这个过程需要蓄电池提供稳定而充足的电能，确保电机能够顺利启动。

(2) 电机正常工作时 在电机正常工作时，虽然不再需要启动用蓄电池提供启动电流，但蓄电池仍然扮演着重要的角色。首先，蓄电池能够作为车辆的备用电源，在动力电池电量不足或发生故障时，为电机提供必要的电力支持。其次，蓄电池还能够平衡整车电路中的电压波动，确保电机在稳定的工作环境下运行。此外，在新能源汽车中，许多电子设备都需要电能支持，如导航系统、娱乐系统等，而这些设备也通常由启动用蓄电池进行供电。

新能源汽车启动用蓄电池的常见安装位置有发动机舱内、底盘下方、后备厢内、车身框架内等，图 1-1 所示为安装在发动机舱内的启动用蓄电池。具体安装位置需要根据车型、车身设计和空间布局等因素综合考虑。无论选择哪种安装方式，都需要确保蓄电池的安全性、可靠性和维护便利性。

图 1-1　安装在发动机舱内的启动用蓄电池

1.1.3.2　动力电池

动力电池是新能源汽车的核心组件，负责储存和提供电能，驱动车辆行驶。它具有高能量密度、高功率密度和长寿命等特点，直接影响着新能源汽车的续航里程和性能。目前，锂离子电池是动力电池的主流选择，其技术不断进步，为新能源汽车的普及和发展提供了有力支持。

动力电池在新能源汽车上的应用原理主要包括电能储存、能量释放与回收两个方面。动力电池通过内部化学反应将电能转化为化学能储存起来。这个过程中，正负极材料在电解液的作用下进行电荷转移，实现电能的储存。不同类型的动力电池（如锂离子电池、镍氢电池等）具有不同的储电能力和化学特性。当车辆需要行驶时，动力电池将储存的化学能重新转化为电能，通过控制系统输出给电机。电机利用这些电能驱动车辆行驶。在车辆制动或减速时，电机可以作为发电机使用，将车辆的动能转化为电能，并回收到动力电池中，实现能量的回收利用，提高能源利用效率。

(1) 动力电池在纯电动汽车中的应用　动力电池在纯电动汽车中的应用原理如图 1-2 所示。动力电池系统主要包括动力电池和电池管理系统，其功用是向驱动电机提供电能、检测动力电池使用情况以及控制充电设备向动力电池充电。纯电动汽车工作时，驾驶人通过加速踏板和制动踏板控制其行程，传感器将加速踏板、制动踏板机械位移的行程量转换为电信号，输入整车控制器，经处理后给电机控制器发出驱动信号，对驱动电机进行启动、加速、减速、制动控制等。

纯电动汽车动力电池的常见安装位置有底盘下方、车身框架内和后备厢内等，其中最常

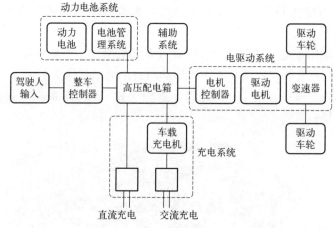

图 1-2　动力电池在纯电动汽车中的应用原理

见的是底盘下方，如图 1-3 所示。纯电动汽车动力电池的安装位置需要根据车型、车身结构、安全性和维护便利性等因素综合考虑。不同的安装位置各有优缺点，制造商需要权衡各种因素，选择最适合的安装位置。

图 1-3　安装在纯电动汽车底盘下方的动力电池

（2）动力电池在混合动力电动汽车中的应用　动力电池在并联式混合动力电动汽车中的应用原理如图 1-4 所示。当并联式混合动力电动汽车处于起步、低速等轻载工况且动力电池的电量充足时，关闭发动机，由动力电池系统提供能量并以电机驱动车辆行驶；当并联式混合动力电动汽车处于急加速或者爬坡时，发动机和驱动电机均处于工作状态，驱动电机所需的能量由动力电池提供。

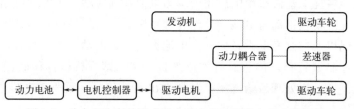

图 1-4　动力电池在并联式混合动力电动汽车中的应用原理

—— 电气连接；—— 机械连接

比亚迪唐混合动力电动汽车如图1-5所示，采用比亚迪自主研发的2.0TI发动机与六速自动变速器以及两台位于前后桥的永磁同步电机，以此实现全时电四驱模式，并且可以在混合动力模式和纯电动模式之间自由切换。发动机峰值功率为151kW，峰值转矩为320N•m；两台电机能发出的峰值功率为220kW，峰值转矩为500N•m。如果在混动模式下，2.0T＋6HDT45变速器再叠加更多的动力，全车综合峰值功率为371kW，峰值转矩达到820N•m。动力电池为三元锂离子电池，电池能量为18.5kW•h，NEDC（新欧洲驾驶周期）纯电续驶里程为81km。

图1-5　比亚迪唐混合动力电动汽车

（3）动力电池在燃料电池电动汽车中的应用　动力电池在燃料电池电动汽车中的应用原理如图1-6所示。在该动力系统结构中，燃料电池和动力电池一起为驱动电机提供能量，驱动电机将电能转化成机械能传给减速机构，从而驱动燃料电池电动汽车行驶；在燃料电池电动汽车制动时，驱动电机变成发电机，动力电池将储存回馈的能量。在燃料电池和动力电池联合供能时，燃料电池的能量输出变化较为平缓，随时间变化波动较小，而能量需求变化的高频部分由动力电池分担。

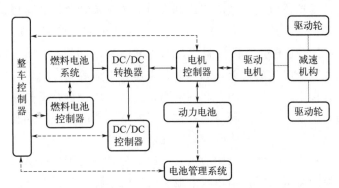

图1-6　动力电池在燃料电池电动汽车中的应用原理
—— 电气连接；—— 机械连接；---- 通信连接

上汽大通EUNIQ 7燃料电池电动汽车底盘如图1-7所示。燃料电池前置，储氢罐中置，电驱模块和三元锂电池组后置。在EUNIQ 7的后副车架上，集成了"三合一"电驱模块以及三元锂电池组，形成了动力输出的一个小闭环，哪怕氢能系统故障，也能依靠三元锂电池组的电量行驶一段距离（但不会太长）。该车采用质子交换膜燃料电池，壳体为铝合金。燃料电池产生的电能，一部分用于直接驱动车辆，剩下的则会送入电池组中储存。

图 1-7　上汽大通 EUNIQ 7 燃料电池电动汽车底盘

1.2　动力电池的结构类型与组合方式

1.2.1　动力电池的结构类型

动力电池的结构类型主要有单体电池、电池模块、电池包和电池系统。

1.2.1.1　单体电池

单体电池作为化学能与电能转换的基本单元，其构造包含电极、隔膜、电解质、外壳和端子。这个装置经过精心设计，实现了可充电功能，因此也被称为电芯。

（1）电极　电极是单体电池的核心组成部分，分为正极和负极。正极通常由具有高氧化电位的材料制成，如铅酸电池中的 PbO_2，锂离子电池中的锂化合物（如 $LiCoO_2$、$LiFePO_4$ 等）。负极则由具有低氧化电位的材料制成，如铅酸电池中的铅，锂离子电池中的石墨等。电极材料的选择直接影响电池的性能，如容量、电压、寿命等。

（2）隔膜　隔膜位于正负极之间，起到隔离正负极、防止短路的作用。同时，隔膜还需要允许电解质中的离子在正负极之间自由穿梭，以实现电能的传递。隔膜的材质、厚度、孔隙率等特性会影响电池的内阻、充放电效率等性能。

（3）电解质　电解质是单体电池中的重要组成部分，其作用是提供离子导电的介质。电解质的类型根据电池的类型而定，如铅酸电池中使用的是稀硫酸，而锂离子电池中使用的是液态或固态的锂盐溶液。电解质的浓度、纯度、导电性等特性会影响电池的电压、容量、充放电速率等性能。

（4）外壳　外壳是单体电池的保护层，通常由金属材料或塑料材料制成。外壳需要具有足够的强度和耐腐蚀性，以保护内部的电极、隔膜和电解质不受外界环境的影响。同时，外壳还需要具有良好的密封性，以防止电解质泄漏。

（5）**端子**　端子是单体电池与外部电路的连接部分，用于将电池内部产生的电能传递给外部电路。端子通常由金属材料制成，需要具有良好的导电性和耐腐蚀性。

单体电池是组成电池系统的基本单元，常用的是长方体单体电池。如图 1-8 所示为某磷酸铁锂长方体单体电池。也有圆柱形单体电池，如图 1-9 所示。

图 1-8　某磷酸铁锂长方体单体电池

图 1-9　圆柱形单体电池

1.2.1.2　电池模块

电池模块是将多个单体电池按照串联、并联或混联方式进行组合，作为电源使用的组合体，也称为电池模组。图 1-10 所示为方形电池模块。图 1-11 所示为圆形电池模块。

图 1-10　方形电池模块

图 1-11　圆形电池模块

1.2.1.3　电池包

电池包是能量的存储装置，包括若干个电池模块，通常还包括电池电子部件、高压电路、过流保护装置及与其他外部系统的接口（如冷却、高压、辅助低压和通信等），一般还有维修开关，具有从外部获得电能并可对外输出电能的单元。所有部件都应该被安装在常用防撞电池箱内。电池包的典型结构如图 1-12 所示。

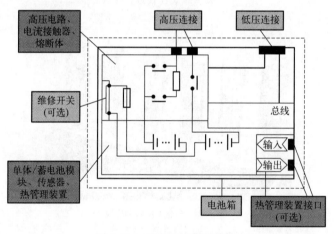

图 1-12　电池包的典型结构

（1）单体电池（电芯）　作为电池包的基本构成单元，电芯负责将化学能转化为电能，并储存和释放电能。它是整个电池包能量来源的基础。

（2）电池模块　将多个电芯按照一定规则和方式组合成模块，方便电池包的安装、管理和维护。模块集成能够提高电池包的可靠性和可维护性，降低故障率。

（3）传感器　传感器用于实时监测电池包的温度、电压、电流等关键参数，以确保电池包在安全、高效的状态下运行。传感器的数据反馈对于电池管理系统的决策和控制至关重要。

（4）热管理装置　热管理装置负责调节电池包内的温度，确保电芯在合适的温度范围内工作。通过散热、加热或温度均衡等方式，避免电芯因过热或过冷而损坏或降低性能。

（5）热管理装置接口　热管理装置的输入接口负责接收来自电池管理系统的控制指令，如温度阈值设定、冷却策略等，确保热管理系统精准响应；输出接口则实时输出电池包温度数据、冷却状态等信息，供电池管理系统分析和调整控制策略。这两个接口共同保障了电池包在适宜的温度范围内高效、安全运行。

（6）**总线**　总线将多个电芯按照设计好的串联或并联方式连接，以形成所需的电压和电流输出。

（7）**高压电路**　高压电路确保电能在电池包内部和电池包与车辆其他部件之间高效传输，满足电动汽车的动力和功能需求。

（8）**电流接触器**　电流接触器用于连接和断开电池包与电动汽车其他部分（如电机、控制系统等）的电路，确保电池包的安全使用和可靠性。

（9）**熔断体**　熔断体是一种过流保护器件，当电流超过设定阈值时，熔断体会自动断开电路，避免电芯和其他电子部件因过流而损坏。

（10）**维修开关**　维修开关是电池包的一个安全装置，用于在维修或保养时断开电池包与电动汽车其他部分的连接。它能够降低维修风险，确保维修人员的人身安全。

（11）**电池箱**　电池箱是电池包的外部结构，用于保护内部电子部件免受外界环境的影响。它具有良好的防护性能，能够隔绝湿度、尘埃、振动等外界因素对电池包内部的影响。

电池包的各个组成部分共同协作，确保为电动汽车提供稳定、可靠的电力支持。在设计和制造过程中，需要充分考虑各部件的性能和兼容性，以确保电池包的安全、高效和长寿命。图1-13所示为某电动汽车的动力电池包实物。

图1-13　某电动汽车的动力电池包实物

1.2.1.4　电池系统

电池系统是能量存储装置，包括一个或一个以上电池包，还包括电路和电控单元（如电池控制单元）。电池系统的典型结构有两种，分别是集成了电池控制单元的电池系统和带外置电池控制单元的电池系统，如图1-14和图1-15所示。电池控制单元是指控制、管理、检测或计算电池系统的电和热相关的参数，并提供电池系统和其他车辆控制器通信的电子装置，是电池管理系统的核心部件。含集成电池控制单元的电池系统是将电池管理系统集成在电池包内部的设计，这种系统结构紧凑，降低了系统的复杂性和故障点，提高了系统的可靠性和安全性。外置电池控制单元的电池系统是将电池管理系统设计在电池包外部，通过外部接口与电池包进行通信和连接，这种系统具有更高的灵活性和可扩展性。

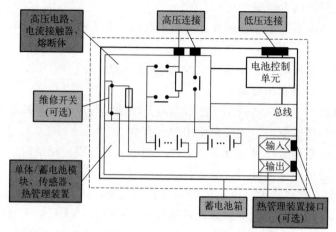

图 1-14 含集成电池控制单元的动力电池系统典型结构示意

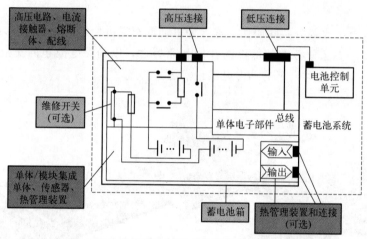

图 1-15 外置电池控制单元的动力电池系统典型结构示意

含集成电池控制单元的动力电池系统和外置电池控制单元的动力电池系统各有优劣，具体选择应根据应用场景、成本、性能等因素进行综合考虑。集成设计提高了系统的可靠性和安全性，外置设计则提供了更高的灵活性和可扩展性。新能源汽车主要应用含集成电池控制单元的动力电池系统。

图 1-16 所示为某电动汽车的动力电池系统结构。

（1）动力电池 动力电池是电池系统的核心部分，负责存储电能。根据电池类型的不同，动力电池可以分为锂离子电池、铅酸电池、镍氢电池等。其中，锂离子电池因其高能量密度、长寿命和轻量化的特点，成为电动汽车最常用的电池类型。

（2）电池管理系统 电池管理系统是电池系统的"大脑"，负责监控和管理动力电池的状态。电池管理系统通过采集电池的电压、电流、温度等参数，判断电池的健康状况，并根据需要调整电池的充放电策略，确保电池的安全性和性能。

（3）高压线束 高压线束是连接动力电池和车辆其他部分的电缆，负责传输电能。由于电动汽车的电压较高，因此高压线束需要具备良好的绝缘性能和耐高温性能，以确保安全。

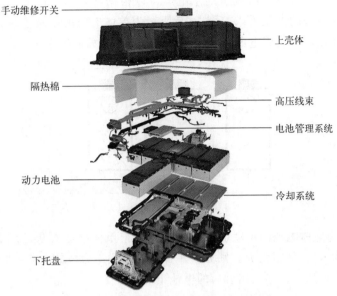

图 1-16　某电动汽车的动力电池系统结构

（4）冷却系统　冷却系统负责为动力电池提供冷却功能，以防止电池过热。在电动汽车行驶过程中，动力电池会产生大量的热量，如果不及时散热，将会影响电池的性能和安全性。因此，冷却系统对于动力电池系统至关重要。

（5）隔热棉　隔热棉位于动力电池和车辆其他部分之间，起到隔热的作用。它可以防止动力电池的热量传递给车辆其他部分，减少热量对车辆其他部件的影响。

（6）下托盘和上壳体　下托盘和上壳体是动力电池系统的外部结构，用于保护动力电池和其他组件。它们需要具有足够的强度和刚性，以承受车辆在行驶过程中的冲击和振动。

（7）手动维修开关　手动维修开关是电池系统的一个安全装置，用于在维修或紧急情况下切断动力电池与车辆其他部分的连接。通过操作手动维修开关，可以确保在维修或紧急情况下，动力电池不会继续向车辆其他部分供电，从而保障人员和设备的安全。

1.2.2　动力电池的组合方式

动力电池作为新能源汽车的能量来源，单体电池无法满足要求，需要根据实际输出的电压和容量要求，将几百个或几千个单体电池通过串联、并联和混联的形式组成电池组才能使用。另外，新能源汽车空间有限，动力电池系统的布局必须与新能源汽车的空间设计相一致。

动力电池的组合方式有串联、并联和混联。单体电池串联的主要目的是增加动力电池系统的电压；单体电池并联的主要目的是增加动力电池系统的容量；单体电池混联的主要目的是既增加动力电池系统的电压，也增加动力电池系统的容量，是常用的一种组合方式。

1.2.2.1　串联组合电池组

串联是将多个单体电池的正极与负极依次相连，形成一个总电压等于各单体电池电压之和的电池组。在串联方式下，电池组的总电压可以根据需要由单体电池的电压和数量来决定，从而满足不同系统的电压需求。图 1-17 所示为单体电池的串联连接，单体电池的正极和负极依次首尾相接，串联后电压相加，但单体电池串联后总容量不变。

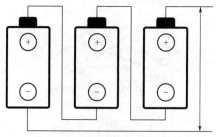

图 1-17　单体电池的串联连接

图 1-18 所示为单体电池的串联电路。如果有 n 个单体电池串联，每个单体电池的开路电压为 U，内阻为 R_i，外阻为 R，则 n 个单体电池串联组合成的电池组的电压为 nU，电池组的总内阻为 nR_i，那么，串联组合后的电池组的电流 I 为

$$I = \frac{nU}{R + nR_i} = \frac{nU}{R\left(1 + \frac{nR_i}{R}\right)} \tag{1-1}$$

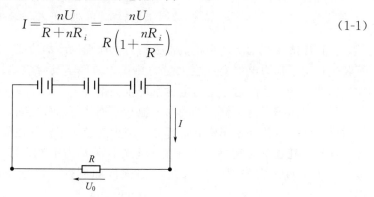

图 1-18　单体电池的串联电路

（1）串联组合电池组的优点

① 提高电池组的总电压。串联组合电池组的一个显著优点是通过增加单体电池的数量来提高电池组的总电压。在电动汽车等领域，高电压系统能够减少电流传输的损耗，提高能量转换效率。因此，通过串联多个单体电池，可以轻松地实现高电压系统的搭建，满足实际应用的需求。

② 实现电流的均衡分配。在串联电池组中，电流在所有的单体电池中是相等的。这是因为串联电路中电流是恒定的，不会因为电阻、电压等因素而发生变化。这种电流均衡的特性使得每个单体电池都能够在相同的电流下工作，避免了因电流不均而导致的性能下降或损坏。

（2）串联组合电池组的缺点

① 故障传播风险。串联组合电池组的一个主要缺点是故障传播风险。如果其中某个单体电池出现故障，如短路、断路或容量衰减等，将影响整个电池组的性能。由于串联电路中电流是相等的，因此一个单体电池的故障可能导致其他正常工作的单体电池也受到影响，甚至可能导致整个电池组无法正常工作。

② 电压波动范围大。另一个缺点是串联电池组的总电压受单体电池电压的限制，且电

池组的电压波动范围较大。由于单体电池的电压是有限的，因此整个电池组的总电压也会受到限制。此外，由于单体电池的电压会随着使用时间的增加而发生变化（如容量衰减导致的电压降低），因此整个电池组的电压也会发生波动。这种电压波动可能影响系统的稳定性和安全性。

　　假设有一辆电动汽车，其电池系统由多节锂离子电池组成。每节电池的标称电压为3.6V，容量为100A·h。为了提供足够的电压和容量以满足车辆的需求，这些单体电池被串联起来。电池组由96节这样的单体电池串联而成。通过串联，每节电池的电压叠加在一起，但总容量保持不变。因此，该电池组的总电压将是每节单体电池电压的96倍，即$3.6 \times 96 = 345.6(V)$（或称为345V）。总容量仍为100A·h，因为串联不影响容量。

1.2.2.2　并联组合电池组

　　并联是将多个单体电池的正极和负极分别连接在一起，形成一个总电流等于各单体电池电流之和的电池组。在并联方式下，电池组的总电流可以根据需要由单体电池的电流和数量来决定，从而满足不同系统的电流需求。图1-19所示为单体电池的并联连接，单体电池的正极和正极连接，负极和负极连接，并联后容量相加，但电压不变。单体电池并联使用适合电压不变、电流需要增大的场合。单体电池无论是串联还是并联，电池组的输出功率都增加。

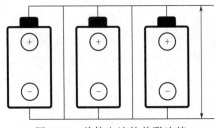

图1-19　单体电池的并联连接

　　图1-20所示为单体电池的并联电路。如果有n个单体电池并联，每个单体电池的开路电压为U，内阻为R_i，外阻为R，则n个单体电池并联组合成的电池组的电压为U，电池组的总内阻为R_i/n，那么，并联组合后的电池组的电流I为

$$I = \frac{U}{R + \dfrac{R_i}{n}} = \frac{U}{R\left(1 + \dfrac{R_i}{nR}\right)} \tag{1-2}$$

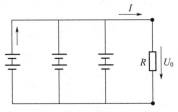

图1-20　单体电池的并联电路

（1）并联组合电池组的优点

① 提高电池组的总电流。并联组合电池组的显著优点之一是可以通过增加单体电池的

数量来提高电池组的总电流。在一些高电流需求的系统中，如电动汽车的动力系统、大型不间断电源等，采用并联组合电池组可以确保系统在高负荷下稳定运行。通过并联多个单体电池，电池组的总电流将成倍增加，从而满足高电流系统的需求。

② 实现电压的稳定输出。并联电池组的电压与单体电池的电压相同，这是并联组合电池组的另一个重要优点。由于并联连接中，各单体电池的正极连接在一起，负极也连接在一起，因此它们的电压是相等的。这种电压一致性使得电池组能够提供更稳定的电压输出，减少因电压波动而对系统性能的影响。

（2）并联组合电池组的缺点

① 电流分配可能不均匀。尽管并联组合电池组能够提高电池组的总电流，但其中一个潜在的缺点是电流分配可能不均匀。在理想情况下，每个单体电池都应该承受相同的电流负荷。然而，在实际应用中，由于电池性能的差异、连接电阻的不一致性等因素，电流分配可能并不均匀。这可能导致某些单体电池过充或过放，从而影响其性能和寿命。

② 故障影响电池组性能。并联组合电池组的另一个缺点是，如果其中某个单体电池出现故障，可能导致整个电池组的性能下降。由于并联连接中，所有单体电池都共享相同的电流和电压，因此一旦某个单体电池出现故障（如短路、断路、容量衰减等），它可能对整个电池组的性能产生负面影响。这种故障传播可能降低电池组的整体性能，甚至导致整个系统无法正常工作。

假设有一个电动叉车系统，需要一套稳定的电源来提供持续的动力。考虑到叉车的工作特性和需求，选择了两组 12V、100A·h 的铅酸电池作为电源。为了提供更高的容量，决定将这两组电池进行并联。在并联配置中，两组电池的正极（＋）连接到一起，负极（－）也连接到一起。这样的连接方式使得两组电池在电气上成为一个整体，共享相同的电压（本例中为 12V），但总容量增加到了 200A·h(100A·h＋100A·h)。通过并联电池，电动叉车系统现在拥有了更大的容量，可以支持更长时间的运行和更高的工作负载。同时，由于电压保持不变，系统的电气特性也不会受到影响。

1.2.2.3 混联组合电池组

混联是串联和并联的结合，将多个单体电池先通过串联方式组合成模块，再将多个模块通过并联方式连接成一个电池组。混联方式可以实现更高的电压和电流输出，同时保持较好的电池组性能和安全性。

图 1-21 所示为单体电池的混联连接，分别为 3S2P 和 3SnP。3S2P 表示 3 个单体电池串联，再进行 2 组并联。如果每个电芯的电压为 3.7V，容量为 2.4A·h，则 3S2P 电池组的电压为 11.1V，容量为 4.8A·h。3SnP 表示 3 个单体电池串联，再进行 n 组并联。

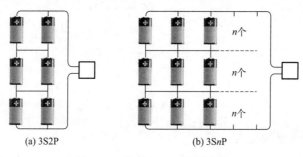

(a) 3S2P　　　　　　　　　　(b) 3SnP

图 1-21　单体电池的混联连接

图 1-22 所示为单体电池的混联电路。如果单体电池的开路电压为 U，内阻为 R_i，外阻为 R，电池并联的组数为 m，则混联后的电池组的电压为 nU，电池组的总内阻为 nR_i/m，那么，混联组合后的电池组的电流 I 为

$$I = \frac{nU}{R + \dfrac{nR_i}{m}} = \frac{nU}{R\left(1 + \dfrac{nR_i}{mR}\right)} \tag{1-3}$$

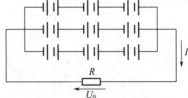

图 1-22　单体电池的混联电路

(1) 混联组合电池组的优点

① 灵活的电压和电流输出。混联组合电池组的最大优点在于其可以根据实际需求调整模块的数量和连接方式，实现灵活的电压和电流输出。通过调整串联和并联模块的数量，可以轻松地适应不同电压和电流需求的系统。这种灵活性使得混联组合电池组在各种应用场景下都能发挥出色的性能。

② 更好的平衡充放电状态。相比于单纯的串联或并联电池组，混联组合电池组可以更好地平衡各单体电池的充放电状态。在混联电池组中，各单体电池通过串联和并联的方式连接在一起，形成了一个复杂的网络。在这个网络中，电池管理系统可以更加精细地监控每个单体电池的状态，并根据实际情况调整充放电策略，从而实现各单体电池之间的平衡充放电。这种平衡充放电状态有助于提高电池组的整体性能和寿命。

(2) 混联组合电池组的缺点

① 结构相对复杂。混联组合电池组的一个显著缺点是其结构相对复杂。由于电池组中的单体电池需要通过串联和并联的方式连接在一起，因此需要设计复杂的连接结构和电池管理系统来确保电池组的正常运行。这种复杂性使得混联组合电池组的制造成本和维护成本相对较高。

② 故障影响性能。如果混联电池组中的某个模块或单体电池出现故障，可能导致整个电池组的性能受到影响。在混联电池组中，各单体电池通过复杂的网络连接在一起，一旦某个单体电池出现故障，可能影响到与之相连的其他单体电池的正常工作。此外，由于电池管理系统需要监控和管理整个电池组的状态，如果某个模块或单体电池出现故障，可能导致电池管理系统出现误判或失效的情况，进一步影响电池组的性能。

假设设计一款电动汽车，其动力电池系统需要达到的总电压为 384V，总容量为 180A·h。为了达到这个要求，选择使用单体标称电压为 3.2V、容量为 60A·h 的锂离子电池。

为了达到所需的电压，需要将电池进行串联。由于 3.2V 的单体电池，要达到 384V 的总电压，需要串联的电池数量是 384÷3.2＝120（节）。

然而，每节电池的容量只有 60A·h，为了满足 180A·h 的总容量要求，需要将这些串联的电池组再进行并联。由于每个串联的电池组容量为 60A·h，要达到 180A·h 的总容量，需要并联的电池组数量为 180÷60＝3（组）。

因此，整个动力电池系统由 3 组电池组组成，每组电池组包含 120 节单体电池串联。这

样，整个系统的总电压为384V(120×3.2)，总容量为180A·h(3×60)。

电池串联、并联和混联的比较见表1-3。

表 1-3　电池串联、并联和混联的比较

特性	电池串联	电池并联	电池混联
连接方式	正极接负极,多个电池沿同一方向连接	正极与正极相连,负极与负极相连	同时包含串联和并联的连接方式
电压	串联后总电压等于各单体电池电压之和	并联后总电压与各单体电池电压相等	混联后电压取决于串联部分
电流	串联后电流保持不变,与单体电池相同	并联后总电流等于各单体电池电流之和	混联后电流取决于并联部分
容量	串联后电池容量不变	并联后总电池容量等于各单体电池容量之和	混联后总容量等于所有电池容量之和
优点	电压可灵活调节	电流可灵活调节	电压和电流均可灵活调节
缺点	可能导致电流过大,需考虑散热	电压受限,不能随意调节	结构复杂,需精确计算和设计
应用领域	需要高电压但电流较小的情况(如电动汽车的高压电池组)	需要大电流但电压较低的情况(如应急照明电源)	同时需要高电压和大电流的情况(如大型不间断电源)

图 1-23 所示为小鹏 P7 电动汽车动力电池包。其中单个模组是 2 个单体电池并联后 6 个串联，16 个模组串联后形成一个电池包，共 208 个单体电池。

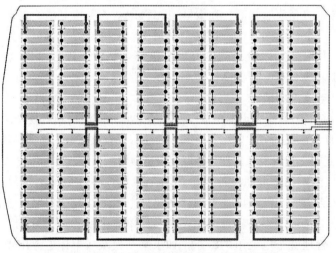

图 1-23　小鹏 P7 电动汽车动力电池包

单模组电气原理如图 1-24 所示。

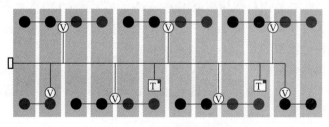

图 1-24　单模组电气原理

1.3 动力电池系统涉及的硬件和软件

1.3.1 动力电池系统涉及的主要硬件

1.3.1.1 动力电池模组

动力电池模组是新能源汽车动力电池系统的核心部分，它由多个单体电池通过串联和并联方式组合而成。单体电池是构成模组的基本单元，常见的单体电池有锂离子电池、镍氢电池等。动力电池模组的主要功能是储存电能，为新能源汽车提供动力支持。图 1-25 所示为动力电池模组。

图 1-25 动力电池模组

1.3.1.2 电池管理系统

电池管理系统是新能源汽车动力电池系统的关键组成部分，它负责对电池模组进行监测、控制和管理。电池管理系统通过采集电池模组的电压、电流、温度等参数，实时了解电池的状态，并根据这些信息进行充放电控制、热管理以及故障诊断等操作。电池管理系统的准确性和可靠性直接影响到动力电池系统的性能和安全性。图 1-26 所示为电池管理系统。

图 1-26 电池管理系统

1.3.1.3　热管理系统

热管理系统是新能源汽车动力电池系统中不可或缺的部分。由于电池在工作过程中会产生大量的热量，如果不能及时有效地进行散热，将会影响电池的性能和寿命。热管理系统通过风扇、热管、液冷等方式，对电池模组进行散热和冷却，确保电池在适宜的温度范围内工作。图 1-27 所示为动力电池热管理系统。

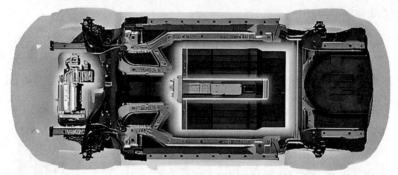

图 1-27　动力电池热管理系统

1.3.1.4　充电系统

充电系统是新能源汽车动力电池系统的重要组成部分，它负责将外部电源的能量传输到电池模组中。充电系统包括车载充电机和充电桩两部分。车载充电机安装在车辆内部，负责将交流电转换为直流电，为电池模组充电。充电桩则安装在外部充电站或停车场等场所，为新能源汽车提供充电服务。图 1-28 所示为充电系统。

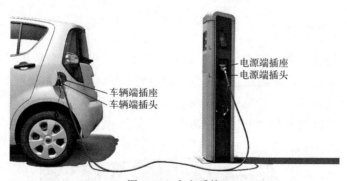

电源端插座
电源端插头

车辆端插座
车辆端插头

图 1-28　充电系统

1.3.1.5　高压配电箱

高压配电箱（盒）是新能源汽车动力电池系统中的另一个关键硬件，它位于动力电池模组和整车高压负载之间，负责电能的分配和管理。高压配电箱内部集成了多个继电器、熔断器、预充电阻等部件，通过控制这些部件的通断来实现电能的分配和保护。高压配电箱的存在使得电池模组输出的电能能够安全、高效地分配给各个高压负载。图 1-29 所示为高压配电箱连接的高压电气零部件。

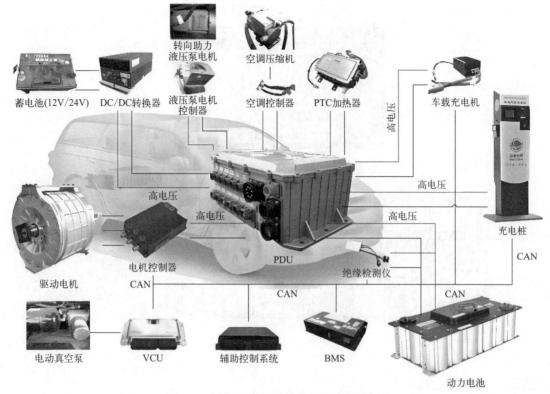

图1-29　高压配电箱连接的高压电气零部件

1.3.1.6　安全保护装置

安全保护装置是新能源汽车动力电池系统的重要组成部分，用于保障系统的安全性。安全保护装置包括熔断器、继电器、温度传感器等部件，它们能够在电池系统出现过载、短路、过热等异常情况时迅速切断电路或采取其他保护措施，防止设备损坏和火灾等安全事故的发生。

（1）熔断器　熔断器是一种简单而有效的过流保护装置，其工作原理是在电流超过额定值时，内部的熔体因发热而熔断，从而切断电路，防止设备因过载而损坏。在新能源汽车动力电池系统中，熔断器被广泛应用于电池组与电路之间的连接处，确保在电池输出电流异常增大时，能够及时切断电路，保护电池和整车电气系统不受损害。

（2）继电器　继电器是一种能够自动控制电路的开关设备，它通过电磁效应或其他非接触式方式实现电路的通断控制。在新能源汽车动力电池系统中，继电器被用于实现电池的充放电控制、电路切换等，并在系统检测到异常情况时，通过控制继电器的开闭来切断故障电路，保护电池系统和整车安全。

图1-30所示为熔断器和继电器。

（3）温度传感器　温度传感器是监测电池系统温度的重要设备，它能够实时感知电池组的温度变化情况，并将这些信息传递给电池管理系统。当电池温度超出正常范围时，电池管理系统会根据温度传感器的数据采取相应的保护措施，如调整充电电流、启动散热系统等，以防止电池因过热而发生热失控或爆炸等严重事故。图1-31所示为温度传感器。

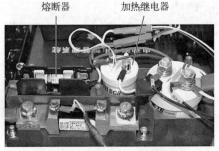

图 1-30　熔断器和继电器

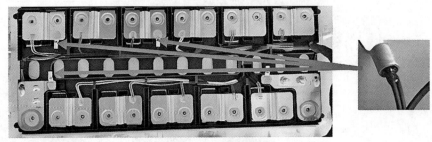

图 1-31　温度传感器

1.3.1.7　辅助设备

除了以上主要硬件外，新能源汽车动力电池系统还需要一些辅助设备来支持其正常运行。这些辅助设备包括电压传感器、电流传感器等监测设备，用于实时监测电池系统的各项参数；绝缘检测设备、防雷设备等安全设备，用于提高系统的安全性和可靠性。

1.3.2　动力电池系统涉及的主要软件

1.3.2.1　电池管理系统软件

电池管理系统软件是新能源汽车动力电池系统的核心软件之一。电池管理系统软件具备多种功能，这些功能共同确保电池系统的正常运行和安全性。

（1）状态监测　电池管理系统软件能够实时监测电池模组的电压、电流、温度等关键参数，并实时反馈每个单体电池的状态。这些参数的实时监测对于电池的安全性和性能至关重要，可以帮助驾驶人和维修人员了解电池的健康状况，及时发现潜在问题。

（2）充放电控制　电池管理系统软件能够根据车辆运行状态和电池状态，智能控制电池的充放电过程。在充电过程中，软件能够防止电池过充，避免电池损坏和安全隐患；在放电过程中，软件能够合理控制电池的放电深度，保护电池免受过度放电的影响，延长电池寿命。

（3）热管理　电池管理系统软件还具备热管理功能。电池在充放电过程中会产生热量，如果不能及时散热，会导致电池温度升高，影响电池性能和安全性。因此，电池管理系统软件通过控制风扇、热管等热管理硬件的运行，确保电池模组在适宜的温度范围内工作，保证电池的安全性和稳定性。

(4) 故障诊断 电池管理系统软件能够对电池系统进行故障诊断。当电池模组中出现异常情况时，软件能够及时发现并处理，防止安全事故的发生。同时，软件还能够记录故障信息，为维修人员提供诊断依据，帮助快速定位问题并修复。

1.3.2.2 能量管理系统软件

能量管理系统软件是电动汽车中的核心控制软件之一，它负责整车的能量管理，包括电池能量的合理分配和有效利用。能量管理系统软件具有以下功能。

(1) 电池能量管理 能量管理系统软件能够实时监测电池的状态，包括电量、电压、温度等参数，并根据这些参数智能调整电池的能量输出和回收。通过精确控制电池的充放电过程，软件能够延长电池的使用寿命，提高整车的能量利用效率。

(2) 行驶工况与驾驶需求分析 能量管理系统软件能够根据车辆的行驶工况和驾驶需求，对能量使用进行合理规划。例如，在高速公路巡航时，软件会降低电池的功率输出以节省电能；而在急加速或爬坡时，则会提高电池的输出功率以满足驾驶需求。

(3) 能量回收策略制定 软件还能制定有效的能量回收策略，在车辆制动或减速时回收部分能量并储存到电池中，以减少能量浪费。

1.3.2.3 故障诊断与预警软件

故障诊断与预警软件是新能源汽车动力电池系统中的重要软件之一，它具有以下功能。

(1) 实时监测 本软件的核心功能之一是实时监测动力电池系统的运行状态。通过高效的数据采集技术，软件能够持续跟踪并显示动力电池系统的关键参数，如电压、电流和温度等。这些参数的实时监测对于评估电池的性能和及时发现潜在问题至关重要。

(2) 故障诊断 除了实时监测外，本软件还具备强大的故障诊断功能。基于实时监测数据，软件能够自动进行故障诊断，并准确识别出故障的类型和位置。这一功能通过内置的故障诊断算法实现，该算法能够分析采集到的数据，并与预设的故障模式进行比对，从而准确判断故障的原因和位置。

(3) 预警提示 当软件发现潜在故障或安全隐患时，能够及时向驾驶人或维修人员发出预警提示。这一功能通过预设的预警规则和算法实现，当实时监测数据超出预设的安全范围时，软件将自动触发预警机制，并通过用户界面或移动设备向用户发送预警信息。

(4) 数据记录与分析 本软件还具备数据记录与分析功能。通过长期监测和记录动力电池系统的运行数据，软件能够为用户提供丰富的数据分析服务。用户可以通过软件界面查看历史数据，并对数据进行筛选、排序和统计分析等操作，以便更好地了解动力电池系统的性能和健康状况。

(5) 用户交互 为了方便用户操作和查看相关信息，本软件提供了友好的用户界面和交互方式。用户界面简洁明了，易于上手和操作；交互方式多样并且灵活，支持多种输入和输出方式，如触摸屏、键盘和语音等。

1.3.2.4 远程监控与维护软件

远程监控与维护软件通过远程访问技术，使车辆制造商或服务提供商能够实时了解电池系统的运行状态和数据，进行故障诊断和排除，从而提高车辆的维修效率，确保车辆的安全运行。远程监控与维护软件具有以下功能。

（1）远程监控 远程监控与维护软件能够实时获取动力电池系统的各项数据，如电压、电流、温度、荷电状态（state of charge，SOC）等，并将这些数据以图表或报告的形式展示给车辆制造商或服务提供商。通过远程监控，制造商或服务提供商可以及时了解电池系统的运行状态，发现潜在问题，并采取相应的措施进行处理。

（2）数据分析 除了实时数据展示外，远程监控与维护软件还能够对电池系统的历史数据进行深入分析。通过对数据的挖掘和分析，制造商或服务提供商可以了解电池的健康状况和性能表现，预测电池的寿命，并为车辆的维护和保养提供科学的依据。

（3）远程故障诊断 当动力电池系统出现故障时，远程监控与维护软件可以协助进行远程诊断。通过分析故障码和数据日志，软件能够快速定位故障原因，并提供相应的维修建议。这样，车辆制造商或服务提供商可以远程指导维修人员进行处理，大大缩短故障处理时间，提高维修效率。

（4）远程维护和升级 远程监控与维护软件还支持远程维护和升级功能。制造商可以通过软件远程更新电池系统的软件程序，修复已知的安全漏洞和性能问题。同时，软件还可以对电池系统进行远程校准和优化，提高电池的性能和稳定性。

例如，OTA（over-the-air）是一款典型的远程监控与维护软件，专为新能源汽车设计。通过 OTA，汽车制造商可以远程监控车辆状态，及时发现并修复潜在问题，同时能向车辆推送系统更新、功能升级及安全补丁。这种软件的应用不仅提高了车辆的安全性和稳定性，也极大提升了用户的使用体验，是新能源汽车领域不可或缺的重要工具。

1.3.2.5　数据管理与分析软件

数据管理与分析软件负责新能源汽车动力电池系统数据的收集、存储和分析。该软件具有以下功能。

（1）数据收集 数据管理与分析软件能够实时收集新能源汽车动力电池系统的运行数据。这些数据包括电池电压、电流、温度、荷电状态等关键参数，以及车辆的行驶里程、行驶速度等运行信息。通过传感器和数据接口，软件能够准确捕获并传输这些数据。

（2）数据存储与备份 收集到的数据需要得到妥善存储和备份，以确保数据的完整性和安全性。数据管理与分析软件提供了强大的数据存储功能，能够将数据存储在高性能的数据库中，并支持多种备份方式，如定时备份、增量备份等，以防止数据丢失或损坏。

（3）数据分析 通过对收集到的数据进行分析，可以深入了解动力电池系统的性能衰减规律、故障模式等信息。数据管理与分析软件运用先进的数据挖掘和分析技术，如机器学习、模式识别等，对海量数据进行处理和分析，提取有价值的信息和规律。这些信息可以为电池系统的维护和升级提供科学依据，帮助制造商优化产品设计，提高产品质量。

（4）数据可视化展示 为了方便用户直观了解电池系统的运行状态和性能表现，数据管理与分析软件提供了丰富的数据可视化展示功能。通过图表、曲线、图像等多种形式，软件能够展示电池系统的电压、电流、温度等关键参数的变化趋势，以及车辆的行驶里程、行驶速度等运行信息。这些可视化展示可以帮助用户快速了解电池系统的健康状况和性能表现，及时发现潜在问题并采取相应的措施。

1.3.2.6　安全软件

安全软件是保障新能源汽车动力电池系统安全性的重要软件之一。安全软件具有以下功能。

（1）**数据加密与隐私保护**　安全软件采用先进的加密技术，对新能源汽车动力电池系统的关键数据进行加密处理。通过加密算法和密钥管理，确保数据的机密性和完整性，防止数据在传输和存储过程中被非法获取或篡改。同时，安全软件还能够保护用户的隐私信息，防止个人数据泄露。

（2）**实时监测与防范网络攻击**　安全软件具备实时监测网络流量的能力，能够及时发现并拦截各种网络攻击。通过防火墙、入侵检测系统等安全机制，阻止恶意 IP、黑客攻击、拒绝服务攻击等网络威胁，确保电池系统的稳定运行和数据安全。

（3）**病毒入侵防御**　安全软件配备强大的病毒检测和防御功能，能够实时监控电池系统的运行状态，发现并清除潜在的病毒和恶意软件。通过定期更新病毒库和防护措施，确保电池系统免受病毒入侵的威胁，防止系统被恶意破坏或控制。

1.4　动力电池的性能指标

1.4.1　动力电池的电化学性能指标

动力电池的电化学性能指标主要有电压、容量、能量和内阻。

1.4.1.1　电压

电池电压主要包括电动势、开路电压、工作电压、标称电压、放电终止电压和充电终止电压。

（1）**电动势**　电动势是电池内部非静电力做功，将正电荷从负极移到正极时所做的功与电荷量的比值。它是表征电源将其他形式的能转化为电能本领的物理量。电动势的数值越大，表明电源将单位正电荷从负极移到正极的过程中，非静电力做的功越多，电源把其他形式的能转化为电能的本领也越大。

例如，一个常见的 1.5V 干电池，其电动势约为 1.5V。这个电动势代表了电池内部化学能将正电荷从负极移动到正极的能力。即使电池已经部分放电，其电动势仍然保持不变，因为它是电池内部化学特性的固有属性。

（2）**开路电压**　开路电压是指电池在不接入电路（开路）的情况下，电池两极间的电势差。它等于电池在没有电流通过时的正负极之间的电位差，代表了电池的"潜在"能力。开路电压的测量可以在电池充放电循环中的任意点进行，用以评估电池的状态和健康程度。

例如，当测量一个全新的 1.5V 干电池时，其开路电压通常接近其电动势，即约 1.5V。然而，随着电池的使用和放电，其开路电压会逐渐降低。在电池接近耗尽时，其开路电压可能降至 1.2V 或更低。

（3）**工作电压**　工作电压是指电池在接入电路（闭合电路）时，在负载下的实际电压。工作电压的大小受到电池内阻、负载电流以及电池工作状态（如放电深度、温度等）的影响。工作电压的变化反映了电池在实际应用中的性能表现。

在一个电子设备中，当电池连接到电路并驱动负载时，电池的电压即为工作电压。例如，一个遥控器的电池（假设为 1.5V 干电池）在工作时的电压可能因电路阻抗和负载电流的影响而略有降低，如1.4V或更低。

（4）标称电压　标称电压是电池制造商为特定类型电池设定的电压值，通常用于标识电池的类型和性能等级。标称电压的设定是基于电池的化学特性、设计和结构，以及对电池工作条件的合理预期。标称电压是电池设计和应用中的重要参考指标。

大多数可充电电池，如锂离子电池，都有一个标称电压。例如，常见的锂离子电池标称电压通常为3.7V。标称电压是电池制造商推荐的工作电压范围，并通常对应于电池最佳性能的条件。

（5）放电终止电压　放电终止电压是指在电池放电过程中，当电池电压下降到某一特定值时，为保护电池免受过度放电而设置的最低电压限制。放电终止电压的设定考虑了电池的安全性和使用寿命，过低的放电终止电压可能导致电池损坏或无法再充电。

为了保护电池免受过度放电的损害，电池制造商通常规定一个放电终止电压。例如，在锂离子电池中，这个值通常是2.5～3.0V。当电池电压降至此值时，应停止放电，以避免对电池造成损害。

（6）充电终止电压　充电终止电压是指在电池充电过程中，当电池电压上升到某一特定值时，为保护电池免受过度充电而设置的最高电压限制。充电终止电压的设定考虑了电池的安全性和充电效率，过高的充电终止电压可能导致电池内部压力升高、电解液分解等问题。

为了保护电池免受过度充电的损害，也规定了一个充电终止电压。例如，锂离子电池的充电终止电压通常设定为4.2～4.35V。当电池电压达到此值时，充电器应停止充电以防止电池过热或损坏。

1.4.1.2　容量

动力电池的容量是指其能够储存的电荷量，是评估电池续航能力和使用时间的关键指标。容量通常以安·时（A·h）或毫安·时（mA·h）为单位，表示电池在一定条件下（如放电倍率、温度等）能够释放的电荷量。容量为1A·h就是能在1A的电流下放电1h。

容量的大小直接决定了电池的续航能力和使用时间。容量越大，电池的续航能力越强，能够满足更长的行驶里程或更长时间的使用需求。因此，在设计和选择动力电池时，需要根据实际需求合理确定电池的容量。

电池的容量可以分为理论容量、额定容量、实际容量、比容量、剩余容量等。

（1）理论容量　理论容量是指根据电池内部活性物质完全反应所能提供的电量来计算的电池容量，也称为理论电化学容量。这个值是在理想条件下计算得出的，实际情况下很难达到。理论容量的大小取决于电池内部活性物质的种类、质量以及电池的结构等因素。

例如，锂离子电池中的锂离子理论容量是基于锂离子在正极和负极之间完全迁移所能提供的电量来计算的。理论上，每摩尔锂离子能够迁移并存储一定量的电荷，通过计算可以得到锂离子电池的理论容量。然而，在实际应用中，由于电池内部结构的限制、电化学反应的不完全可逆性等因素，锂离子电池很难达到其理论容量。

（2）额定容量　额定容量是电池制造商在规定的条件下测试得出的电池容量，也称标称容量。这些条件包括放电电流、放电终止电压、环境温度等。额定容量是电池设计和生产中的重要参数，用于指导用户正确使用电池，并作为评估电池性能的重要参考。

考虑一款常见的锂离子电池，其额定容量通常为数千至数万毫安时。这意味着在标准测试条件下（如恒流放电至一定电压），该电池能够放出指定的电量。额定容量是锂离子电池生产厂商在产品上标明的性能参数，用于指导用户的使用和维护。

（3）实际容量 实际容量是指电池在实际使用中能够提供的电量。由于电池内阻、环境温度、放电电流等因素的影响，实际容量往往会小于额定容量。因此，用户在选择电池时，需要综合考虑实际使用条件和需求，以确保电池能够满足实际需求。

当用户将一款额定容量为$3A \cdot h$的锂离子电池放入智能手机中使用时，其实际提供的电量可能会少于$3A \cdot h$。这是因为手机的电路阻抗、放电电流、环境温度等因素都会影响电池的放电效率。此外，电池的老化、内阻增加等因素也会导致实际容量的下降。因此，实际容量通常小于或等于额定容量。

（4）比容量 比容量是指单位质量或单位体积的电池所能提供的电量，也称为质量比容量或体积比容量。比容量是衡量电池储能密度的重要参数，对于追求高能量密度和高性能的电子设备来说尤为重要。比容量的大小取决于电池内部活性物质的种类、结构和制造工艺等因素。

（5）剩余容量 剩余容量是指电池在放电过程中剩余的电量，也称为剩余电化学容量。剩余容量的大小可以通过测量电池的电压、内阻等参数来估算。了解电池的剩余容量对于用户合理使用电池、延长电池寿命具有重要意义。

智能手机通常会显示电池的荷电状态比例，这实际上就是电池的剩余容量。当用户看到手机的电量显示为50%时，意味着电池还剩下一半的电量。剩余容量的估算可以通过测量电池的电压、内阻等参数来实现，也可以用专门的电池管理系统来监控。了解电池的剩余容量有助于用户合理安排设备的使用时间，避免设备因电量不足而突然关机。

1.4.1.3 能量

动力电池的能量是指其在放电过程中所能释放的总电能，通常以瓦·时（W·h）或千瓦·时（kW·h）为单位。能量的大小反映了电池的储能能力，是评估电池性能的重要指标之一。

电池的能量和容量与电压密切相关。在一定条件下，电池的能量密度越高（即单位体积或单位质量所储存的能量越大），电池的储能能力越强。因此，提高电池的能量密度是提升电池性能的重要方向之一。

电池的能量主要分为理论能量、实际能量和比能量。

（1）理论能量 理论能量是指电池内部活性物质在完全反应时所能释放出的最大能量值。这个值是在理想条件下计算得出的，即假定所有的活性物质都能完全参与反应，并且反应过程中没有能量损失。然而，在实际情况下，由于电池内部结构的限制、电化学反应的不完全可逆性等因素，电池很难达到其理论能量。

例如，锂离子电池的理论能量主要基于正极材料和负极材料之间锂离子迁移所产生的电势差。在理想情况下，当锂离子完全在正负极之间迁移并发生反应时，电池将释放出其理论能量。然而，在实际使用中，由于电池内部电阻、反应动力学等因素的限制，电池的能量输出往往低于其理论值。

（2）实际能量 实际能量是指电池在实际使用过程中能够释放出的能量值。这个值受到多种因素的影响，包括电池内部电阻、放电电流、环境温度等。在实际使用过程中，由于电池内部电阻的存在，部分能量将以热能的形式散失；同时，放电电流和环境温度的变化也会影响电池的能量输出。

以一个锂离子电池组为例，在标准测试条件下（如恒流放电至一定电压），该电池组能够释放出其额定能量值。然而，在实际使用过程中，由于放电电流、环境温度等因素的变化，其实际能量输出可能低于额定值。例如，在高温环境下，电池内部的化学反应速率会加快，但同时也会增加电池内部电阻和能量损失；在低温环境下，电池内部的化学反应速率会减慢，导致电池的能量输出降低。

（3）比能量　比能量是指单位质量或单位体积的电池所能提供的能量值，也称为质量比能量或体积比能量。比能量是衡量电池能量密度的重要参数之一，对于追求高能量密度和轻量化的设备来说尤为重要。

1.4.1.4　内阻

动力电池的内阻是指电池在放电或充电过程中，由于电池内部材料的电阻、电化学反应阻抗等因素引起的电流流通阻力。它主要包括欧姆内阻和极化内阻两部分。

（1）欧姆内阻　欧姆内阻主要由电池内部的导电材料（如电极材料、集流体、电解液等）以及电池结构（如电池尺寸、形状、连接方式等）决定。欧姆内阻的大小与电池的材料、制造工艺和使用条件密切相关。在电池设计和制造过程中，通过优化材料选择和结构设计，可以有效降低欧姆内阻，提高电池的性能。

（2）极化内阻　极化内阻与电池内部的化学反应速率、电荷转移速率等因素有关。在电池充放电过程中，由于电池内部电化学反应的不完全可逆性，会导致电池内部电荷分布不均，产生极化现象。极化内阻的大小与电池的化学反应速率、电荷转移速率以及电池的使用状态有关。通过优化电池的电化学反应过程和电荷转移机制，可以降低极化内阻，提高电池的充放电效率和能量利用率。

1.4.2　动力电池的电气性能指标

1.4.2.1　功率

动力电池的功率表示其在单位时间内能够输出的电能，是评估电池驱动能力的重要指标。功率的大小直接影响车辆的加速性能和爬坡能力。高功率的电池能够在短时间内提供大量的电能，使车辆具备更强的动力性能。然而，过高的功率也可能导致电池过热、寿命缩短等，因此需要在保证车辆性能的同时，合理控制电池的功率输出。

电池的功率分为理论功率、实际功率和功率密度。

（1）理论功率　理论功率是指在理想状态下，电池所能输出的最大功率值。它基于电池内部的化学反应速率、电极材料的导电性能以及电池结构等因素进行计算。然而，在实际应用中，由于电池内部电阻、温度、充放电速率等多种因素的影响，电池很难达到其理论功率值。

理论功率的计算通常采用理论电动势和最大电流密度相乘的方式得出。例如，对于锂离子电池，其理论电动势通常为 $3.0\sim4.2V$，而最大电流密度则取决于电极材料的导电性能和电池的结构设计。因此，理论功率的计算需要考虑这些因素的影响，并进行合理的估算。

（2）实际功率　实际功率是指电池在实际使用过程中所能输出的功率值。它受到多种因素的影响，包括电池内部电阻、充放电电流、环境温度、电池状态（如新旧程度、容量大小等）等。实际功率的大小直接影响电池的性能和使用效果。

在实际应用中，可以通过测试来获取电池的实际功率。常见的测试方法包括恒流放电测试、脉冲放电测试等。通过这些测试，可以了解电池在不同条件下的实际功率输出情况，并为电池的使用提供参考依据。

(3) 功率密度 功率密度是指电池在单位质量或单位体积内所能提供的功率值。它是评估电池能量密度和性能的重要参数之一。功率密度越高，表示电池在相同质量或体积下能够提供更大的功率输出，从而提高电池的能量利用效率和使用效果。

功率密度的计算通常采用功率除以质量或体积的方式得出。例如，对于一块质量为1kg、功率为100W的电池，其功率密度为100W/kg。同样地，对于一块体积为1L、功率为100W的电池，其功率密度为100W/L。通过比较不同电池的功率密度值，可以评估它们的性能优劣和适用范围。

1.4.2.2 放电电流

放电电流是动力电池在放电过程中输出的电流大小，对电池的性能和安全性具有重要影响。合理的放电电流可以确保电池在安全可靠的状态下工作。放电电流过大会导致电池温度升高，加速内部化学反应速率，从而缩短电池寿命。同时，过高的放电电流还可能引发电池内部短路、热失控等安全隐患。因此，在使用动力电池时，需要根据电池的规格和性能要求，合理控制放电电流的大小。

放电电流一般用放电率表示。放电率是指电池放电时的时率，是电池在单位时间内放电的电量占总容量的比例。它描述了电池放电速率的快慢，是评估电池性能的重要参数之一。放电率的大小决定了电池能够持续供电的时间长短，以及电池在不同负载条件下的性能表现。放电率常用"时率"和"倍率"两种形式表示。

(1) 时率 时率也称小时率，是用放电时间表示的放电速率，是指以一定的放电电流放完额定容量所需的小时数。例如，电池的额定容量为80A·h，以10A电流放电，则时率为80/10=8(h)，称电池以8小时率放电；以20A电流放电，则时率为80/20=4(h)，称电池以4小时率放电。由此可见，放电时率所表示的时间越短，所用的放电电流越大；放电时率所表示的时间越长，所用的放电电流越小。

(2) 倍率 倍率是指放电电流与电池容量的比值，通常用 C 来表示。例如，如果一个电池容量为10A·h，放电电流为10A，那么放电倍率就是1C。倍率越大，表示放电电流越大，放电速率越快。常见的倍率有1C、2C、5C 等。

1.4.2.3 荷电状态

荷电状态是指动力电池当前所储存的电量与总容量的比值，是衡量电池荷电情况的关键指标。准确的荷电状态估计对于电池管理和整车控制具有重要意义。通过实时监测电池的荷电状态值，可以判断电池的荷电状态，合理安排车辆的充电和放电计划，确保车辆在行驶过程中不会出现电量耗尽的情况。同时，准确的荷电状态估计还可以为电池的健康状态评估提供依据，及时发现并处理电池性能下降等问题。

荷电状态值是一个相对值，一般用比例表示，SOC 的数值为 $0 \sim 100\%$。SOC=100%，表示电池为充满状态；SOC=0，表示电池为全放电状态。

1.4.2.4　输出效率

输出效率表示动力电池在放电过程中实际输出的能量与储存能量的比值，反映了电池的能量转换效率。输出效率越高，表示电池在放电过程中能量损失越少，能量利用率越高。提高动力电池的输出效率对于延长车辆续航里程、降低能源消耗具有重要意义。因此，在动力电池的研发和制造过程中，需要采取有效的技术措施和管理方法，降低电池的能耗损失，提高能量转换效率。

通常电池的输出效率用电池的容量效率和能量效率来表示。

（1）电池的容量效率　电池的容量效率是指在一定的充放电条件下，电池实际放出的电量与理论可放出电量的比值。它反映了电池在充放电过程中容量的利用率，即电池在多次充放电循环后，其容量的保持能力。

电池的容量效率受到多种因素的影响，包括电池的材料、制造工艺、充放电条件、使用环境等。例如，电池内部电阻的增加、电极材料的损耗、电解液的消耗等都会导致容量效率的降低。

（2）电池的能量效率　电池的能量效率是指电池在充放电过程中，实际转换的能量与输入或输出的总能量的比值。它反映了电池在能量转换过程中的效率，即电池将化学能转换为电能或将电能转换为化学能的能力。

电池的能量效率同样受到多种因素的影响，包括电池的内部电阻、充放电速率、温度、电池的老化程度等。例如，电池内部电阻的增加会导致能量在转换过程中的损失增加，从而降低能量效率。

1.4.3　动力电池的环境适应性指标

1.4.3.1　自放电率

自放电率是指动力电池在开路状态下，其电量自行减少的速率。它反映了电池储能能力的保持情况，即电池在静置状态下，电量自然流失的快慢程度。自放电率越低，电池的储能能力保持得越好，电池的储存时间和使用寿命也会相应延长。

自放电率受到多种因素的影响，包括电池的材料、制造工艺、存储环境等。例如，使用高质量的正负极材料、优化电池制造工艺、改善存储环境（如降低温度、减少湿度等）都可以有效降低电池的自放电率。

例如，锂离子电池的自放电率通常为每月 2%～5%，但具体数值取决于电池的质量、储存条件及使用时间。在良好的储存环境下，优质锂离子电池的自放电率可低至每月 2%，确保长时间储存后仍能维持较高电量。然而，在不良环境下储存或电池老化后，自放电率可能上升，导致电量迅速流失。因此，在选购和使用电池时，了解并控制其自放电率对于保持电池性能至关重要。

1.4.3.2　使用寿命

使用寿命是指动力电池从投入使用到性能衰退，再到无法满足使用要求为止的时间或循环次数。它是衡量电池耐用性的重要指标，反映了电池在实际使用过程中的稳定性和可靠性。

使用寿命受到多种因素的影响，包括电池的材料、制造工艺、充放电管理策略、使用条件等。例如，使用高性能的电极材料、优化电池制造工艺、制定合理的充放电管理策略、避免过度充放电和高温环境等都可以延长电池的使用寿命。

电池的使用寿命包括循环寿命和日历寿命。

（1）循环寿命　循环寿命是指电池从全充满电到完全放电再充满的过程的循环次数，是评价电池可重复使用能力的重要指标。通常情况下，电池经过一定次数的充放电循环后，其性能会逐渐下降，直到无法满足使用要求。

影响循环寿命的主要因素包括电池的制造工艺、材料、使用环境和充放电条件等。优质的电池材料、优化的制造工艺和合理的充放电管理策略可以显著提高电池的循环寿命。

在实际应用中，循环寿命的长短直接影响电池的使用寿命和成本。例如，在电动汽车领域，电池的循环寿命越长，车辆的续航里程和使用寿命就越长，用户的充电成本也会相应降低。

（2）日历寿命　日历寿命是指电池从生产日期开始，到其性能衰退至无法满足使用要求为止所经历的时间，也就是电池的实际使用时间。即使电池不进行充放电循环，随着时间的推移，其性能也会因为老化等因素而逐渐衰退。

影响日历寿命的主要因素包括电池的材料、制造工艺、存储条件和使用环境等。例如，高温环境会加速电池的老化过程，缩短其日历寿命。

在实际应用中，电池的日历寿命对于产品的长期稳定性和可靠性至关重要。例如，在储能系统中，电池的日历寿命直接影响系统的运行成本和可靠性。因此，在设计和选择储能系统时，需要充分考虑电池的日历寿命因素。

除了上述分类外，还有一些其他性能指标也值得关注，如动力电池的成本、重量、尺寸、安全性能（如防火、防爆炸等）以及充电性能等。这些指标在评估动力电池的综合性能时同样重要。

对动力电池性能指标进行分类有助于更清晰地了解各个指标的含义和重要性。电化学性能指标反映了电池的基本性能和储能能力；电气性能指标评估了电池的驱动能力和效率；环境适应性指标关注电池在不同环境下的表现；而其他性能指标则涵盖了电池的经济性、安全性和充电性能等方面。在新能源汽车的发展过程中，需要综合考虑这些性能指标来评估和选择动力电池。

1.5　动力电池的功能需求与配置

1.5.1　动力电池的功能需求

1.5.1.1　动力电池的基本功能需求

（1）能量存储与输出　动力电池作为新能源汽车的能量源，首先需要具备高效、稳定的能量存储与输出功能。电池应能够储存足够的电能，以支持车辆在各种工况下的正常运行，并在需要时能够迅速释放能量，提供足够的动力。

例如，特斯拉 Model 3 搭载了高性能的锂离子电池组，其能量存储与输出功能极为出色。在满电状态下，Model 3 能够支持车辆在城市道路、高速公路等多种工况下的正常运行，无论是加速、爬坡还是高速行驶，都能提供稳定的动力输出。同时，在制动或下坡时，电池组还能回收能量，提高能量利用效率。

（2）高能量密度 为提高新能源汽车的续航里程，动力电池需要具备较高的能量密度。这意味着在相同的体积或重量下，电池能够存储更多的电能，从而延长车辆的行驶距离。

例如，蔚来汽车的电池组在追求高能量密度方面有着突出的表现。蔚来 ES8 车型的电池组采用了先进的电芯技术和集成化设计，使得在相同的体积或重量下，电池能够存储更多的电能。这大大提高了车辆的续航里程，减少了用户对充电设施的依赖。

（3）长寿命与耐久性 动力电池的使用寿命直接关系到新能源汽车的经济性和环保性。因此，电池应具备较长的使用寿命和耐久性，能够在多次充放电循环后依然保持稳定的性能。

例如，比亚迪在电池寿命和耐久性方面有着丰富的经验，其汽车电池组采用了先进的材料技术和制造工艺，使得电池在多次充放电循环后依然能够保持稳定的性能。比亚迪的部分车型甚至承诺了电池组的长期质保服务，进一步增强了用户对电池寿命的信心。

1.5.1.2 动力电池的进阶功能需求

（1）快速充电能力 为满足用户对快速充电的需求，动力电池需要具备较快的充电速率。这不仅能够缩短充电时间，提高车辆的使用效率，还能够降低用户的时间成本。

例如，保时捷 Taycan 作为一款高端电动跑车，其动力电池具备出色的快速充电能力。该车支持高达 800V 的直流快充技术，仅需 22.5min 即可将电池从 5% 充至 80% 的电量。这种快速充电技术大大缩短了充电时间，提高了车辆的使用效率，让用户无须长时间等待即可完成充电。

（2）安全性 动力电池的安全性是新能源汽车设计中必须考虑的重要因素。电池应具备良好的热稳定性、电气安全性以及机械强度，以确保在各种极端工况下不会发生热失控、短路等安全事故。

例如，比亚迪的刀片电池以其卓越的安全性而闻名。该电池采用了独特的结构设计和先进的热管理技术，能够有效防止热失控和短路等安全事故的发生。即使在极端情况下，如高温、过充、过放等，刀片电池也能保持稳定的性能，确保车辆的安全运行。

（3）轻量化设计 为了降低新能源汽车的整车重量，提高能效和降低能耗，动力电池需要具备轻量化设计。通过采用新型材料、优化结构等方式，减少电池组的重量，同时保持或提升其性能。

例如，特斯拉的 4680 电芯是轻量化设计的典型代表。这种电芯采用了更大的尺寸和更高的能量密度，使得在相同能量存储量的情况下，电池组的重量得到了大幅降低。这不仅提高了车辆的能效和降低了能耗，还改善了整车的操控性能和舒适性。

（4）智能管理能力 随着智能化技术的发展，动力电池需要具备智能管理能力。通过电池管理系统实现电池的实时监测、故障诊断、能量优化等功能，提高电池系统的运行效率和安全性。

例如，蔚来汽车的电池管理系统具备强大的智能管理能力。该系统能够实时监测电池的状态、预测荷电状态和续航里程等信息，并通过智能算法优化能量使用效率。此外，电池管理系统还能实现故障诊断和预警功能，及时发现并解决潜在的安全隐患。

新能源汽车动力电池的功能需求涵盖了能量存储与输出、高能量密度、长寿命与耐久性、快速充电能力、安全性、轻量化设计以及智能管理能力等多个方面。为了满足这些需求，需要不断创新和改进电池技术，推动新能源汽车产业的持续发展。同时，也需要加强行业合作和标准制定，共同推动动力电池技术的进步和应用。

1.5.1.3 新能源汽车动力电池的功能需求比较

新能源汽车动力电池的功能需求比较见表1-4。

表1-4 新能源汽车动力电池的功能需求比较

功能需求	纯电动汽车	插电式混合动力电动汽车	燃料电池电动汽车
能量密度	高	中高	中
功率密度	高	高	中高
快速充放电能力	高	中高	中
循环寿命	高	高	高
安全性	高	高	高
能量回收能力	重要	重要	较为重要
智能化管理系统	重要	重要	重要

1.5.2 动力电池的配置

1.5.2.1 动力电池的配置原则

（1）性能匹配原则 动力电池的配置应与新能源汽车的性能需求相匹配，包括能量密度、功率密度、充电速率等关键性能指标。电池组应能够满足车辆在不同工况下的动力需求，同时保持较高的能量转化效率和稳定性。

例如，特斯拉Model 3采用了高性能的锂离子电池组，其配置与车辆的性能需求完美匹配。这款电池组具有较高的能量密度和功率密度，能够满足Model 3在各种工况下的动力需求。无论是城市道路、高速公路还是山路行驶，Model 3都能提供稳定而强劲的动力输出。同时，电池组还具备较快的充电速率，缩短了用户的充电时间，提高了使用效率。

（2）安全性原则 动力电池的安全性是新能源汽车设计的首要考虑因素。在配置过程中，应充分考虑电池的热稳定性、电气安全性以及机械强度，采取多重安全防护措施，确保电池在各种极端工况下的安全运行。

例如，比亚迪的刀片电池以其卓越的安全性而著称。该电池采用了独特的结构设计，具有出色的热稳定性和电气安全性。在极端情况下，如高温、过充、过放等，刀片电池能够保持稳定的性能，防止热失控和短路等安全事故的发生。同时，比亚迪还采用了多重安全防护措施，确保电池在各种极端工况下的安全运行。

（3）轻量化原则 轻量化是新能源汽车设计的重要方向，动力电池作为整车重量的重要组成部分，其配置应遵循轻量化原则。通过采用新型材料、优化结构设计等方式，降低电池组的重量，同时保持或提升电池的性能。

例如，日产Leaf采用了轻量化的电池组设计。该电池组采用了先进的材料技术和结构设计，有效降低了电池组的重量。这不仅提高了车辆的能效和降低了能耗，还改善了整车的操控性能和舒适性。同时，轻量化设计还有助于延长电池的使用寿命和降低整车制造成本。

（4）成本效益原则 动力电池的配置应考虑成本效益，在满足性能和安全要求的前提下，尽可能降低电池组的成本。通过合理的选型、布局和集成策略，提高电池组的利用率和寿命，降低整车制造成本。

例如，大众 ID.3 在动力电池的配置上充分考虑了成本效益。该车型采用了合理的电池类型和规格，通过优化电池组的布局和集成策略，提高了电池组的利用率和寿命。这不仅降低了电池组的成本，还提高了整车的经济性和环保性。

1.5.2.2　动力电池的配置策略

（1）合理选型 根据新能源汽车的性能需求和成本预算，合理选择动力电池的类型和规格。考虑电池的能量密度、功率密度、充电速率、成本等因素，综合权衡各种因素，选出最适合的电池型号。

例如，特斯拉 Model Y 在动力电池的选型上充分考虑了车辆的性能需求和成本预算。Model Y 采用了高性能的锂离子电池组，具有较高的能量密度和功率密度，能够满足车辆在各种工况下的动力需求。同时，特斯拉 Model Y 在选型时还注重电池的充电速率，为用户提供了更便捷的充电体验。

（2）优化布局 动力电池的布局应充分考虑车辆的空间结构和使用需求。合理设计电池组的安装位置和排列方式，使电池组与车辆的其他部件相互协调，确保车辆的整体性能和使用便利性。

例如，比亚迪汉 EV 在动力电池的布局上充分考虑了车辆的空间结构和使用需求。比亚迪的设计师们将电池组安装在车辆底部，不仅充分利用了空间，还降低了车辆重心，提高了操控稳定性。此外，他们还合理设计了电池组的排列方式，确保电池组与车辆的其他部件相互协调，不会相互干扰。

（3）高效集成 采用先进的集成化技术，将多个单体电池高效地集成在一起，形成电池组。通过优化电池组的结构设计和热管理技术，提高电池组的能量密度和安全性，降低整车的重量和成本。

例如，蔚来 ES8 在动力电池的集成上采用了先进的集成化技术。蔚来 ES8 将多个单体电池高效地集成在一起，形成了能量密度高、结构紧凑的电池组。同时，蔚来 ES8 还优化了电池组的结构设计和热管理技术，提高了电池组的能量密度和安全性。

（4）智能管理 引入智能管理系统对动力电池进行实时监测和管理。通过智能管理系统实现对电池的故障诊断、能量优化、热管理等功能，提高电池系统的运行效率和安全性。

例如，小鹏 P7 引入了智能管理系统对动力电池进行实时监测和管理。小鹏 PT 的智能管理系统具备故障诊断、能量优化、热管理等功能，能够实时监测电池的状态，预测电池寿命，提高电池系统的运行效率和安全性。

1.5.2.3　新能源汽车动力电池的配置比较

新能源汽车动力电池的配置比较见表 1-5。

表 1-5　新能源汽车动力电池的配置比较

配置	纯电动汽车	插电式混合动力电动汽车	燃料电池电动汽车
电池类型	锂离子电池为主	锂离子电池为主	锂离子电池或镍氢电池
电池容量	大容量,满足长距离行驶	中大容量,满足日常通勤与短途旅行	中等容量,辅助燃料电池
电池管理系统	高度集成,智能化管理	高度集成,智能化管理	高度集成,智能化管理
充电设施	依赖充电桩,快速充电技术,支持家用充电	依赖充电桩,支持家用充电	依赖充电桩,支持家用充电
能量回收系统	标配,提高能量利用效率	标配,提高能量利用效率	标配或选配,辅助燃料电池
电池热管理系统	标配,确保电池安全稳定运行	标配,确保电池安全稳定运行	标配,确保电池安全稳定运行
电池寿命与更换	长寿命设计,需定期维护	长寿命设计,需定期维护	长寿命设计,需定期维护
安全性设计	严格遵循安全标准,多重防护措施	严格遵循安全标准,多重防护措施	严格遵循安全标准,多重防护措施

第2章
新能源汽车动力电池系统的原理

新能源汽车动力电池系统的核心在于其放电与充电机制。充电时，外部电源通过充电器向电池输入电流，促使锂离子从正极材料脱出，穿越电解质，嵌入负极材料，完成充电过程。放电时，锂离子反向运动，从负极释放，穿越电解质回到正极，同时释放电子，为驱动电机提供电能，驱动车辆行驶。此过程高效转化化学能为电能，是新能源汽车续航能力的关键所在。随着科技进步，动力电池技术不断优化，旨在提升能量密度、循环寿命及安全性，推动新能源汽车行业的持续发展。

2.1 动力电池系统的放电

2.1.1 动力电池系统放电的基本原理

2.1.1.1 锂离子电池的放电过程

锂离子电池主要由正极、负极、电解液和隔膜四大核心部件构成。正极材料常用钴酸锂、镍钴锰三元材料或磷酸铁锂等，负极材料则多采用石墨。在锂离子电池的放电过程中，外部负载连接电池正负极，形成闭合电路，促使电池内部发生一系列化学反应，释放储存的化学能并转化为电能供给外部设备使用。这一过程的核心在于锂离子的迁移与嵌入/脱出反应。在放电时，负极中嵌入的锂离子脱出，进入电解液，穿过隔膜，再经电解液迁移到磷酸铁锂晶体的表面，然后重新嵌入磷酸铁锂的晶格内。锂离子电池的放电过程如图 2-1 所示。

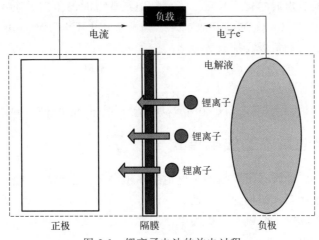

图 2-1　锂离子电池的放电过程

2.1.1.2 锂离子电池放电时锂离子的迁移路径

(1) 负极侧　放电开始时，负极（通常为石墨，化学式表示为 Li_xC_6）中的锂离子（Li^+）在电场作用下从石墨层间脱出，同时释放出电子（e^-）。这些电子通过外部电路流向正极，形成电流，为设备供电。而脱出的锂离子则进入电解液中，成为游离态。

(2) 电解液与隔膜　游离态的锂离子在电解液中溶解并随电解液流动，穿过电池内部的隔膜。隔膜的存在有效防止了电池短路，确保了锂离子迁移的单向性和安全性。

(3) 正极侧　到达正极侧的锂离子随后被吸附到磷酸铁锂（$LiFePO_4$）晶体的表面，并在电场力的作用下重新嵌入磷酸铁锂的晶格内，形成 $LiFePO_4$。这一过程中，正极材料从贫锂态（$Li_{1-x}FePO_4$）转变为富锂态（$LiFePO_4$），同时消耗了从负极迁移过来的电子，完成电荷平衡。x 表示锂离子从磷酸铁锂中脱出的比例。当 $x=0$ 时，表示所有的锂离子都牢牢地嵌在磷酸铁锂的晶格之中，没有发生任何脱出。此时，电池处于完全充电状态，正极材料储存了最大的电能，准备随时为外部设备供电。相反，当 $x=1$ 时，所有的锂离子都已经从磷酸铁锂的晶格中完全脱出，进入了电解液，并通过隔膜迁移到负极，这一过程中，正极材料释放出了储存的全部电能，电池因此处于完全放电状态。

2.1.1.3　锂离子电池放电时的化学反应

（1）磷酸铁锂电池放电时的化学反应　磷酸铁锂电池放电时的正极反应式为

$$Li_{1-x}FePO_4 + xLi^+ + xe^- \longrightarrow LiFePO_4$$

正极反应式描述了在放电过程中，磷酸铁锂晶体表面接受锂离子和电子，完成从贫锂态到富锂态的转变。

磷酸铁锂电池放电时的负极反应式为

$$Li_xC_6 \longrightarrow xLi^+ + xe^- + 6C$$

负极反应式描述了在放电过程中，石墨负极中锂离子的脱出过程，同时释放出电子。

磷酸铁锂电池放电时的总反应式为

$$Li_xC_6 + Li_{1-x}FePO_4 \longrightarrow LiFePO_4 + 6C$$

总反应式综合了正负极的反应，反映了整个放电过程中锂离子的迁移与电能的释放。

（2）三元锂电池放电时的化学反应　三元锂电池放电时的正极反应式为

$$Li_{1-x}(NiCoMn)O_2 + xLi^+ + xe^- \longrightarrow Li(NiCoMn)O_2$$

三元锂电池放电时的负极反应式为

$$Li_xC_6 \longrightarrow xLi^+ + xe^- + 6C$$

三元锂电池放电时的总反应式为

$$Li_xC_6 + Li_{1-x}(NiCoMn)O_2 \longrightarrow Li(NiCoMn)O_2 + 6C$$

2.1.2　动力电池系统的放电模式

动力电池系统的放电模式主要指的是电池组在不同工况下释放电能的方式和策略。这些模式不仅受车辆行驶状态（如加速、匀速、减速等）的影响，还与电池管理系统的控制策略密切相关。合理的放电模式能够有效提高电池的能量利用效率，延长电池寿命，并提升驾驶的平稳性和舒适性。

2.1.2.1　恒流放电模式

恒流放电模式是指在动力电池放电过程中，其输出电流保持恒定的模式。这一模式通过电池管理系统的精确控制，确保电池在放电期间能够以稳定的电流水平向外部设备（如驱动电机）供电。这一特性使得恒流放电模式成为新能源汽车动力系统中不可或缺的一部分。

恒流放电模式具有以下特点。

（1）稳定性强　恒流放电模式下，电池输出电流恒定，为车辆提供了稳定可靠的动力来源。这对于车辆加速、爬坡等需要大电流支持的场景尤为重要，能够确保车辆在这些工况下表现出色。

（2）适用广泛　由于恒流放电模式的稳定性，它被广泛应用于新能源汽车的各种工况中。无论是城市道路行驶还是高速巡航，恒流放电模式都能为车辆提供持续、稳定的动力输出。

（3）智能调整　值得注意的是，尽管恒流放电模式强调电流恒定，但电池管理系统并非一成不变地维持这一状态。随着电池电量的逐渐消耗，为了防止电池过放导致的损害，管理系统会智能地调整放电电流，确保电池在安全范围内运行。这种智能化的调整机制进一步增强了恒流放电模式的实用性和可靠性。

恒流放电模式主要有以下应用场景。

（1）车辆加速 在车辆加速过程中，驱动电机需要消耗大量的电能以产生足够的扭矩。恒流放电模式能够确保电池以稳定的电流水平向驱动电机供电，从而满足加速过程中的动力需求。

（2）爬坡行驶 面对陡峭的山坡，车辆需要更大的动力才能顺利攀登。恒流放电模式通过提供稳定的电流输出，为车辆提供了必要的动力支持，确保车辆能够轻松应对各种爬坡挑战。

（3）其他高负载工况 除了加速和爬坡外，恒流放电模式还适用于其他需要大电流支持的场景，如高速行驶、急加速等。在这些工况下，恒流放电模式能够确保电池的稳定输出，为车辆提供源源不断的动力。

2.1.2.2 恒功率放电模式

恒功率放电模式的核心目标在于维持输出功率的稳定性。在这种模式下，电池管理系统扮演着至关重要的角色，它根据电池的实时电压、荷电状态以及外部负载需求，动态地调整放电电流，以确保输出功率在预定范围内保持恒定。

恒功率放电模式具有以下特点。

（1）输出功率稳定 恒功率放电模式通过精确控制放电电流，实现了输出功率的恒定。这一特性使得新能源汽车在高速巡航、长途行驶等需要持续稳定动力输出的场景中表现更为出色。

（2）能源利用高效 由于输出功率的稳定，恒功率放电模式能够更有效地利用电池储存的电能，减少能源浪费。这不仅提高了新能源汽车的续航里程，还降低了运行成本。

（3）电池寿命延长 通过避免电池过放和过热等不利因素，恒功率放电模式有助于保护电池免受损害，从而延长其使用寿命。这对于提升新能源汽车的可靠性和经济性具有重要意义。

恒功率放电模式具有以下应用场景。

（1）高速巡航 在高速公路上行驶时，车辆需要稳定的动力输出以保持速度。恒功率放电模式能够满足这一需求，为车辆提供持续稳定的动力支持，确保行驶的安全和舒适。

（2）长途行驶 对于需要长途行驶的新能源汽车而言，恒功率放电模式能够保持输出功率的稳定，减少能源浪费和充电次数，提高整体运行效率。

（3）其他持续负载场景 除了高速巡航和长途行驶外，恒功率放电模式还适用于其他需要持续稳定动力输出的场景，如连续爬坡、重载运输等。

2.1.2.3 脉冲放电模式

脉冲放电模式是一种特殊的放电方式，它通过在短时间内释放高电流脉冲来快速输出电能。这种放电模式的特点是电流变化迅速且峰值高，能够在极短时间内为车辆提供强大的动力支持。

脉冲放电模式具有以下特点。

（1）瞬间爆发力强 脉冲放电模式能够在短时间内迅速释放大量电能，为车辆提供强大的动力输出。这一特性使得车辆在起步、超车或紧急制动等需要迅速响应的场景中表现出色。

(2) 对电池性能要求高 由于脉冲放电涉及电流的快速变化和高峰值，因此对电池的性能提出了较高的要求。电池需要具备良好的瞬态响应能力和稳定性，以承受脉冲放电带来的冲击。

(3) 精确控制与管理 为了确保电池在脉冲放电过程中的安全与稳定，电池管理系统（BMS）需要进行精确的控制和保护。电池管理系统需要实时监测电池的电压、电流、温度等参数，并根据实际情况调整放电策略，防止电池过放、过热等不利情况的发生。

脉冲放电模式具有以下应用场景。

(1) 车辆起步 在车辆起步时，需要克服较大的静摩擦力和惯性力。脉冲放电模式能够迅速提供强大的动力支持，帮助车辆快速启动并达到预定速度。

(2) 超车 在超车过程中，车辆需要短时间内加速并超越前车。脉冲放电模式能够为驱动电机提供瞬时高功率输出，使车辆在短时间内获得足够的加速度。

(3) 紧急制动 在紧急制动情况下，车辆需要迅速减速以避免碰撞。虽然脉冲放电模式不直接参与制动过程，但其提供的强大动力支持可以在必要时为制动系统提供辅助，确保车辆的快速响应和稳定性。

2.1.2.4 智能放电模式

智能放电模式是新能源汽车动力电池系统的一项创新技术，它集成了恒流放电、恒功率放电、脉冲放电等多种传统放电模式的优点，并在此基础上实现了智能化升级。该模式通过先进的传感器技术和数据分析算法，实时监测车辆行驶工况、电池状态、驾驶习惯等多维度信息，自动选择并调整最优的放电策略，以实现能量的高效利用和电池的长使用寿命。

智能放电模式的工作原理如下。

(1) 信息感知与收集 智能放电模式首先依赖车辆上分布的各种传感器，如车速传感器、加速度传感器、GPS（全球定位系统）等，实时感知并收集车辆行驶工况、路况及环境信息。

(2) 数据分析与决策 收集到的数据被传输至电池管理系统中的智能控制单元。该单元运用先进的数据分析算法，对信息进行快速处理，评估当前电池状态、荷电状态、预计行驶里程等因素，并结合驾驶习惯、路况等因素，综合判断最优的放电策略。

(3) 放电策略执行与调整 根据决策结果，电池管理系统自动调整放电电流、功率等参数，执行相应的放电策略。同时，在行驶过程中，系统会持续监测并评估放电效果，根据实际情况进行动态调整，以确保放电过程的高效与安全。

智能放电模式具有以下优势。

(1) 能量高效利用 智能放电模式能够根据实际需求精准控制放电过程，避免不必要的能量浪费，显著提高能量利用效率。

(2) 延长电池寿命 通过避免电池过充、过放及高温等不利条件，智能放电模式有助于减少电池损耗，延长其使用寿命。

(3) 提升驾驶体验 自动选择并调整最优放电策略，使新能源汽车在不同工况下都能保持稳定的动力输出和续航表现，为驾驶者带来更加便捷、舒适的驾驶体验。

(4) 适应性强 智能放电模式能够灵活应对各种复杂工况和驾驶习惯，确保新能源汽车在各种环境下都能发挥最佳性能。

2.1.3 动力电池系统的放电特性

2.1.3.1 放电曲线

放电曲线是描述电池在放电过程中电压随时间或放电容量变化的图形。新能源汽车动力电池系统的放电曲线具有以下几个关键特性。

(1) 初始阶段电压稳定 在放电初期，由于电池内部化学反应尚未充分进行，电池电压保持相对稳定，这一阶段是电池能量输出的黄金时期。

(2) 电压逐渐下降 随着放电过程的持续，电池内部化学物质不断消耗，电压开始逐渐下降。这一阶段，电池的放电速率逐渐放缓，但仍能维持一定的输出功率。

(3) 放电平台期 部分高性能动力电池在放电过程中会出现一个相对平缓的电压下降区域，即放电平台期。这一时期内，电池电压变化不大，但能够持续输出较为稳定的电流和功率，对于维持车辆动力性能的稳定性具有重要意义。

(4) 末端电压骤降 当电池接近放电终止时，其内部化学反应速率急剧加快，导致电压迅速下降。此时，电池已接近能量耗尽状态，需要及时充电以避免过放损害。

图 2-2 所示为磷酸铁锂电池不同倍率的放电曲线。可以看出，随着放电倍率的增加，电池的放电电压平台下降，放电时间缩短，即电池的可用容量减少，这是由于高倍率放电时，电池内部极化加剧，欧姆内阻和电化学极化电阻增大所致。

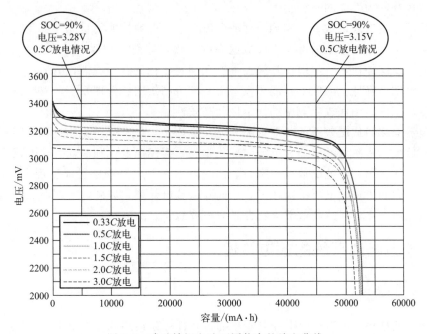

图 2-2 磷酸铁锂电池不同倍率的放电曲线

在 SOC 为 90%、初始电压为 3.28V 的条件下，以 0.5C 倍率放电时，放电曲线初期较为平稳，电压缓慢下降，进入中期后，电压下降速度略有加快，但整体仍保持在一个相对较高的水平。这一过程中，电池能够稳定输出较大的电流，且容量释放较为充分，显示出良好的放电性能。相比之下，当 SOC 同为 90％但初始电压降至 3.15V 时，以相同 0.5C 倍率放电，放电曲线初期的电压就较低，且在整个放电过程中，电压下降速度更快。这表明在较低的初始电压下，电池的内部电阻可能有所增加，导致极化现象更为严重，进而影响电池的放电性能。尽管如此，电池仍能完成放电过程，但可用容量可能有所减少。

2.1.3.2　放电效率

放电效率是指电池在放电过程中实际输出的电能与理论可输出电能之比，是衡量电池能量转换效率的关键指标。新能源汽车动力电池系统的放电效率会受到多种因素的影响，主要包括以下几个方面。

（1）电池内部电阻对放电效率的影响　电池内部电阻是阻碍电流流动的物理量，其大小直接影响着放电过程中的能量损失。内部电阻越大，意味着在放电时会有更多的电能以热能的形式散失，导致实际输出的电能减少，放电效率降低。因此，提升放电效率的关键之一在于优化电池结构设计，采用导电性能更佳的材料，以降低内部电阻。此外，合理的电池管理策略也能在一定程度上缓解内部电阻对放电效率的不利影响。

（2）放电速率对放电效率的作用　放电速率，即电池单位时间内释放的电能，是影响放电效率的另一个重要因素。在高放电速率下，虽然电池能够迅速提供大量电能，但同时也会加速电池内部化学反应的进行，产生更多的热量和电阻损失，从而降低放电效率；反之，在低放电速率下，虽然能量损失相对较小，但可能无法满足新能源汽车在高速行驶或加速时的能量需求。因此，在实际应用中，需要根据车辆行驶工况和电池状态合理选择放电速率，以实现放电效率与动力性能的平衡。

（3）环境温度对放电效率的制约　环境温度是影响电池性能的重要外部条件之一。过高或过低的温度都会导致电池内部化学反应速率的变化，进而影响放电效率。在高温环境下，电池内部化学反应加速，可能引发热失控等安全问题；在低温环境下，电池活性物质运动减缓，导致放电能力降低。因此，新能源汽车需要配备高效的热管理系统，以维持电池在适宜的工作温度范围内，确保放电效率的稳定性和高效性。

（4）电池老化对放电效率的长期影响　电池老化是一个不可避免的过程，随着使用时间的增加和充放电循环次数的增多，电池内部化学物质会逐渐老化和消耗。这不仅会导致电池容量的减少，还会影响电池的放电效率。老化的电池在放电过程中可能表现出更高的内阻、更低的电压平台和更快的电压下降速度，从而降低放电效率。因此，定期检测和维护电池系统对于延缓电池老化、保持高效放电特性具有重要意义。

2.1.4　动力电池系统的放电管理

2.1.4.1　放电控制策略

（1）动态调整放电电流　放电控制策略的首要任务是动态调整放电电流。电池管理系统作为核心，依据车辆的实时行驶状态及驾驶者的动力需求，精确计算并灵活调整放电电流。这种动态调整不仅确保了车辆在任何工况下都能获得充足的动力支持，同时有效减少了不必要的能量消耗和电池损耗，提升了整车的能效与续航能力。

（2）能量回收机制　能量回收机制是放电控制策略中的另一重要环节。在车辆制动或减速过程中，这一机制通过高效的能量回收系统，将原本会浪费掉的制动能量巧妙转化为电能，并储存回电池中。这一创新设计不仅显著提高了能源的利用效率，还延长了新能源汽车的续航里程，为驾驶者带来更加经济、环保的出行体验。

2.1.4.2 电池状态监测

（1）实时数据监控 在新能源汽车的运作中，电池状态监测是至关重要的。电池管理系统扮演着核心角色，它持续不断地对电池组的电压、电流、温度等关键参数进行实时监测。这种全面而细致的数据监控确保了电池能够始终保持在安全、健康的工作状态，有效预防了因电池异常而导致的安全隐患和性能下降。同时，实时数据监控也为后续的电池管理和维护提供了宝贵的数据支持。

（2）荷电状态估算 除了实时数据监控外，电池状态监测还包括对电池荷电状态的精确估算。这依赖电池管理系统内置的复杂算法模型，通过对电池充放电过程中的各项数据进行深入分析，准确计算出电池的荷电状态。这一功能为驾驶者提供了可靠的续航信息，帮助他们更好地规划行程，避免因电量不足而引发的困扰。同时，精确的荷电状态估算也有助于优化电池的使用效率，延长电池的使用寿命。

2.1.4.3 均衡控制

（1）必要性分析 在新能源汽车动力电池系统中，均衡控制的重要性不容忽视。由于制造工艺的细微差异、使用环境的多变性以及电池单体老化速率的不同，电池组内的单体之间难免会出现性能差异。这种差异如果得不到有效控制，将直接影响电池组的整体性能和使用寿命。因此，均衡控制成为一种必要手段，它通过调整单体之间的电量或能量，有效减少这种差异，从而提升电池组的整体性能和可靠性。

（2）实施策略 为了实现均衡控制，业界普遍采用被动均衡和主动均衡两种技术。被动均衡技术主要通过电阻放电的方式，将电量较高的单体电池的部分电能消耗掉，以达到均衡的目的。而主动均衡技术则更为先进，它通过能量转移的方式，将电量较高的单体电池的电能转移到电量较低的单体电池中，实现更加精准的均衡控制。无论是哪种技术，其核心目标都是确保电池组内的各单体都能够均匀放电，从而提高电池组的使用寿命和整体性能。

2.1.4.4 安全防护

（1）过放保护 在新能源汽车动力电池系统中，过放保护是确保电池安全的关键措施之一。当电池电量逐渐降低至预设的安全阈值时，电池管理系统会迅速响应，自动切断放电回路。这一机制有效避免了电池因过度放电而遭受的不可逆损害，如内部结构的破坏、容量的永久丧失等。过放保护不仅延长了电池的使用寿命，更在关键时刻为驾驶者提供了可靠的安全保障。

（2）热管理 新能源汽车动力电池系统的高效运行离不开精细的热管理。面对复杂多变的工况环境，电池组需要保持在适宜的温度范围内工作，以确保其性能的稳定性和安全性。为此，热管理系统通过智能化的散热或加热策略，精确调控电池组的温度。在高温环境下，散热系统及时将热量排出，防止电池过热引发安全隐患；在低温条件下，加热系统则启动，为电池组提供必要的热量，确保其正常工作。热管理的精准调控为电池组的长期健康运行提供了坚实的保障。

2.2 动力电池系统的充电

2.2.1 动力电池系统充电的基本原理

2.2.1.1 锂离子电池的充电过程

充电时，外部电源的正负极分别与锂离子电池的负极和正极相连，形成充电电路。在电场力的作用下，电池内部发生一系列化学反应，将电能转化为化学能储存起来。这一过程的核心在于锂离子的迁移与嵌入/脱出反应。在这个过程中，外部电源提供能量，促使锂离子从正极材料中脱出，通过电解液和隔膜迁移到负极材料，并最终嵌入负极的晶格中，实现电能的储存。锂离子电池的充电过程如图 2-3 所示。

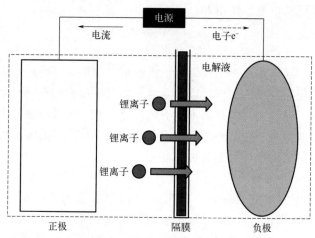

图 2-3　锂离子电池的充电过程

2.2.1.2 锂离子电池充电时锂离子的迁移路径

（1）正极侧　充电开始时，外部电源的正极向磷酸铁锂（$LiFePO_4$）晶体提供正电荷（或者说电子的移除），导致锂离子在电场力的作用下从磷酸铁锂的晶格中脱出。同时，为了保持电荷平衡，等量的电子从正极材料中移出，经外部电路流向负极。

（2）电解液与隔膜　脱出的锂离子进入电解液中，成为游离态。随后，这些锂离子在电解液中溶解并随电解液流动，穿过电池内部的隔膜。隔膜只允许离子通过而阻止电子通过，确保了锂离子迁移的单向性和安全性。

（3）负极侧　到达负极侧的锂离子被吸附到石墨晶体的表面，并在电场力的作用下嵌入石墨的晶格内，形成类似 Li_xC_6 的化合物。这一过程中，负极材料接收从正极迁移过来的电子，完成电荷平衡。

2.2.1.3 锂离子电池充电时的化学反应

（1）磷酸铁锂电池充电时的化学反应　磷酸铁锂电池充电时的正极反应式为

$$LiFePO_4 \longrightarrow Li_{1-x}FePO_4 + xLi^+ + xe^-$$

正极反应式描述了在充电过程中，磷酸铁锂晶体中的锂离子脱出，形成贫锂态的$Li_{1-x}FePO_4$，并释放出锂离子和电子。

磷酸铁锂电池充电时的负极反应式为

$$xLi^+ + xe^- + 6C \longrightarrow Li_xC_6$$

负极反应式描述了锂离子和电子在负极的嵌入过程，形成类似Li_xC_6的化合物，实现电能的储存。

磷酸铁锂电池充电时的总反应式为

$$LiFePO_4 + 6C \longrightarrow Li_xC_6 + Li_{1-x}FePO_4$$

总反应式综合了正负极的反应，反映了整个充电过程中锂离子的迁移与电能的储存。

(2) 三元锂电池充电时的化学反应　三元锂电池充电时的正极反应式为

$$Li(NiCoMn)O_2 \longrightarrow Li_{1-x}(NiCoMn)O_2 + xLi^+ + xe^-$$

三元锂电池充电时的负极反应式为

$$xLi^+ + xe^- + 6C \longrightarrow Li_xC_6$$

三元锂电池充电时的总反应式为

$$Li(NiCoMn)O_2 + 6C \longrightarrow Li_{1-x}(NiCoMn)O_2$$

2.2.2　动力电池系统的充电模式

动力电池系统的充电模式指的是为新能源汽车动力电池组提供电能的方式与方法，包括慢充、快充、换电及无线充电等多种模式，每种模式依据充电速率、效率、便捷性及成本等因素进行设计，旨在满足不同场景下的充电需求，确保车辆续航与使用的便利性。

2.2.2.1　慢充模式

慢充模式作为新能源汽车充电技术的重要组成部分，通常被称为常规充电或家用充电。该模式主要依赖家用电源（如220V交流电）或公共充电桩中的低功率设备，以相对较低的电流和电压对车辆的动力电池进行充电。这种充电方式以其独特的优势，在新能源汽车行业中占据了重要地位。

慢充模式具有以下特点。

(1) 充电平稳　慢充模式采用低电流、低电压的充电方式，确保了充电过程的平稳性。这种平稳的充电方式有助于降低电池内部的化学反应剧烈程度，从而降低电池热效应，对电池形成有效的保护。

(2) 损伤小　由于充电过程平稳，慢充模式对电池的损伤相对较小。长期使用慢充模式，有助于延长电池的使用寿命，提高车辆的续航能力。

(3) 成本低　慢充模式所需的充电设备相对简单，且可利用家用电源进行充电，因此充电成本相对较低。对于大多数车主而言，这无疑是一个经济实惠的选择。

(4) 灵活性强　慢充模式适合在多种场景下使用，包括夜间充电、长时间停车充电等。车主可以根据自身需求和时间安排，灵活选择充电时间，为日常出行提供便利。

慢充模式具有以下应用场景。

(1) 家庭充电　慢充模式最典型的应用场景即为家庭充电。车主可以在自家车库或停车位安装充电桩，利用夜间时间对车辆进行充电。这样既能满足日常出行需求，又能充分利用低谷电价，降低充电成本。

（2）办公区充电　在办公区域设置慢充充电桩，为"上班族"提供便捷的充电服务。员工可以在工作时间内将车辆停放在充电桩旁进行充电，无须担心电量不足的问题。

（3）公共停车场充电　在商业区、旅游景点等公共停车场设置慢充充电桩，为过往车辆提供充电服务。这些充电桩不仅能为新能源汽车车主提供便利，还能在一定程度上缓解城市充电设施不足的问题。

（4）长途旅行中的补充充电　虽然快充模式在长途旅行中更为常用，但慢充模式也可作为补充充电方式使用。在旅行途中的酒店、休息区等地点设置慢充充电桩，为车辆提供夜间或长时间停留期间的充电服务，确保车辆续航无忧。

图 2-4 所示为慢充示意。

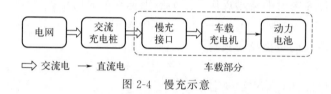

图 2-4　慢充示意

2.2.2.2　快充模式

快充模式作为新能源汽车充电技术的另一个重要分支，与慢充模式形成鲜明对比。它采用高功率直流电作为充电源，通过显著提高充电电流和电压，实现动力电池系统在短时间内的快速充电。这种充电方式旨在解决新能源汽车长途行驶或紧急情况下的电量补充问题，极大地提高了充电效率和便利性。

快充模式具有以下特点。

（1）充电速率快　快充模式最显著的特点在于其极短的充电时间。通过高功率直流电的输入，电池能够在几分钟到几小时内迅速充满电，远快于慢充模式所需的数小时甚至十数小时。

（2）充电效率高　高功率直流电的应用使得快充模式在充电过程中能够保持较高的能量转换效率，减少了电能的损耗，提高了充电的实际利用率。

（3）对电池要求较高　由于快充模式充电速率快、电流大，因此对电池的性能和散热能力提出了更高要求。频繁使用快充模式可能会对电池内部结构造成一定压力，影响电池寿命。

（4）设备成本高　与慢充设备相比，快充设备的制造和安装成本更高。这主要是因为快充设备需要采用先进的电力电子技术和高效的散热系统来确保安全、高效的充电过程。

（5）需要专业充电站　快充模式的实施需要专门的充电站支持，这些充电站通常配备有高性能的充电设备和完善的安全管理系统，以确保充电过程的安全可靠。

快充模式主要有以下应用场景。

（1）长途旅行服务站　在高速公路服务区、长途汽车站等交通枢纽设置快充站，为长途行驶的新能源汽车提供快速补电服务，确保车辆续航无忧。

（2）城市快充网络　在城市中心区域、商业区、住宅区等地建设快充站网络，为新能源汽车车主提供便捷的充电服务。这些快充站可以作为慢充模式的补充，满足车主在短时间内快速充电的需求。

（3）应急充电场景　在紧急情况下，如车辆电量耗尽无法行驶时，快充模式可以快速为车辆补充电量，确保车辆能够继续行驶至安全地带或充电站进行进一步充电。

（4）出租车、网约车等运营车辆　对于需要频繁充电的出租车、网约车等运营车辆而言，快充模式能够显著提高运营效率，减少充电等待时间，降低运营成本。

图 2-5 所示为快充示意。

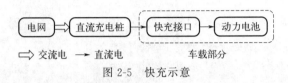

图 2-5　快充示意

2.2.2.3　换电模式

换电模式作为一种前沿且高效的新能源汽车充电解决方案，其核心在于"换电"而非传统意义上的"充电"。在换电模式下，车主无须等待电池缓慢充电，而是直接将车辆驶入指定的换电站，由专业人员快速将车辆上电量耗尽的动力电池组卸下，并替换为已充满电的新电池组，从而实现车辆的快速"充电"。这种模式极大地缩短了车辆补能时间，为新能源汽车的广泛应用提供了新的可能性。

换电模式具有以下特点。

（1）充电时间短　换电模式最大的特点在于其极短的补能时间。相比于慢充模式的数小时甚至十数小时，以及快充模式也需数分钟至 1h 不等的充电时间，换电模式仅需几分钟即可完成整个换电过程，极大提升了新能源汽车的使用便捷性。

（2）对电池损伤小　由于换电模式下电池组采用统一的充放电标准和流程进行管理，有效避免了车主因个人充电习惯不当而导致的电池过充、过放等问题，从而减少了电池损伤，延长了电池使用寿命。

（3）延长车辆续航里程　通过更换为满电电池组，换电模式能够即时为新能源汽车补充电能，使其续航里程得到即时恢复，满足长途行驶或特殊用途下的续航需求。

（4）促进电池统一管理与回收利用　换电模式的实施有利于电池生产企业或运营商对电池进行统一管理和维护，包括电池的性能监测、均衡充电、维护保养以及最终的回收再利用等。这不仅有助于提升电池资源的利用效率，还能有效降低电池废弃物的处理成本，推动新能源汽车产业的可持续发展。

换电模式具有以下应用场景。

（1）出租车、网约车等运营车辆　对于需要频繁充电以维持运营的出租车、网约车等车辆而言，换电模式能够显著提高运营效率，减少充电等待时间，降低运营成本。同时，换电模式还能确保车辆始终保持良好的续航性能，提升乘客的乘坐体验。

（2）长途客运站、高速服务区　在长途客运站、高速服务区等交通枢纽设置换电站，可以为长途行驶的新能源汽车提供快速补能服务，解决长途旅行中的续航焦虑问题。此外，这些区域的换电站还能为途经车辆提供便捷的充电选择，推动新能源汽车的广泛应用。

（3）物流、货运等领域　在物流、货运等需要频繁往返于城市间或区域间的行业中，换电模式同样具有巨大的应用潜力。通过设立换电站网络，可以为物流车辆提供高效的能源补给服务，提高物流运输的效率和可靠性。

（4）共享汽车、租车服务等　在共享汽车、租车服务等领域中，换电模式也能够发挥重要作用。通过设立共享的换电站和电池库，可以为多辆新能源汽车提供统一、高效的能源管理服务，降低运营成本和复杂性。

图 2-6 所示为换电站。

图 2-6　换电站

2.2.2.4　无线充电模式

无线充电模式作为一种革命性的能源补给技术，正逐步改变着人们对充电方式的传统认知。它摒弃了传统的物理连接（如插拔充电线），而是利用电磁感应、无线电波或磁场共振等物理学原理，在无须直接接触的情况下，将电能从充电设备传输至待充电的电池或设备中。这种非接触式充电方式不仅简化了充电流程，更极大地提升了用户使用的便捷性和安全性。

无线充电模式具有以下特点。

（1）使用方便　无线充电模式最直观的优势在于其便捷性。用户无须再为寻找充电线、插拔接口等烦琐步骤而烦恼，只需将设备放置在充电区域内，即可自动开始充电。这种"即放即充"的体验，极大地提升了用户的使用感受。

（2）安全性高　由于无线充电过程中没有物理接触，因此避免了因插拔不当、接口松动等原因导致的短路、漏电等安全隐患。同时，一些先进的无线充电技术还具备智能识别、温度控制等功能，进一步确保了充电过程的安全可靠。

（3）设计自由度高　无线充电技术的应用，使得设备在设计时不再受限于充电接口的位置和形状。这为产品设计师提供了更多的创意空间，有助于推动产品形态的创新和多样化发展。

（4）充电效率与成本　尽管无线充电模式在用户体验方面具有显著优势，但其当前面临的主要挑战在于充电效率和设备成本。相比有线充电，无线充电的转化效率普遍较低，且高质量无线充电设备的成本也相对较高。这在一定程度上限制了无线充电技术在新能源汽车等大功率设备上的广泛应用。

无线充电模式具有以下应用场景。

（1）家庭私人充电 随着技术的不断进步和成本的逐渐降低，无线充电技术有望成为家庭私人充电领域的"新宠"。用户只需在车库或停车位安装无线充电垫，即可享受便捷的充电服务，彻底告别寻找插座和插拔电线的烦恼。

（2）公共充电设施 在商业中心、办公区、景区等公共停车区域部署无线充电设备，可以极大提升新能源汽车用户的充电体验。用户可以在享受购物、工作、休闲的同时，完成车辆充电，无须额外安排时间。

（3）动态无线充电道路 虽然仍处于概念验证阶段，但动态无线充电道路技术展现了无线充电技术的巨大潜力。该技术通过在道路上铺设无线充电线圈，实现行驶中的车辆持续接收电能，有效延长续航里程，减少充电频次，对未来城市交通系统的变革具有深远意义。

（4）应急充电与救援 在自然灾害、交通事故等紧急情况下，无线充电技术可以快速部署，为被困或受损的新能源汽车提供紧急充电服务，保障车辆应急使用，提升救援效率。

新能源汽车动力电池系统的充电模式多种多样，每种模式都有其独特的优势和适用场景。图 2-7 所示为无线充电示意。

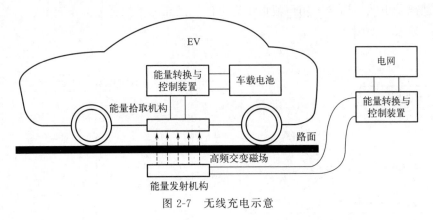

图 2-7　无线充电示意

2.2.3　动力电池系统的充电特性

2.2.3.1　充电曲线

（1）恒流充电法 恒流充电是指充电过程中使充电电流保持不变的方法，其充电曲线如图 2-8 所示。恒流充电具有较大的适应性，容易将动力电池完全充足，有利于延长动力电池的寿命。缺点是在充电过程中，需要根据逐渐升高的动力电池电动势调节充电电压，以保持电流不变，充电时间也较长。

（2）恒压充电法 恒压充电是指充电过程中保持充电电压不变的充电方法，充电电流随动力电池电动势的升高而减小。恒压充电法的充电曲线如图 2-9 所示。合理的充电电压，应在动力电池即将充足时使其充电电流趋于零。如果电压过高会造成充电初期充电电流过大和过充电，如果电压过低则会使动力电池充电不足。充电初期若充电电流过大，则应适当调低充电电压，待动力电池电动势升高后再将充电电压调整到规定值。恒压充电的优点是充电时间短，充电过程无须调整电压，较适合于补充充电。缺点是不容易将动力电池完全充足，充电初期大电流对极板会有不利影响。

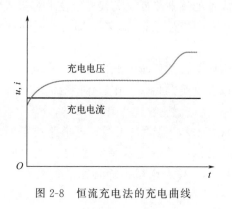

图 2-8　恒流充电法的充电曲线

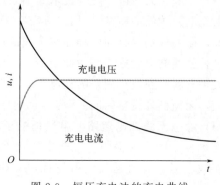

图 2-9　恒压充电法的充电曲线

(3) 恒流恒压充电法　恒流恒压充电是指先以恒流方式进行充电，当动力电池端电压上升到限压值时，充电机自动转换为恒压充电，直到充电完毕。恒流恒压充电法的充电曲线如图 2-10 所示。

对于锂离子电池，通常采用恒流恒压充电法，其充电过程可分为预充电、恒流充电、恒压充电三个阶段，如图 2-11 所示。

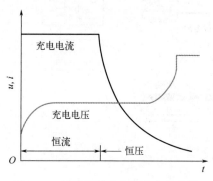

图 2-10　恒流恒压充电法的充电曲线

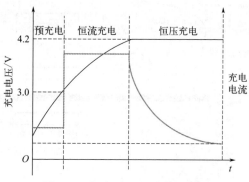

图 2-11　锂离子电池的充电曲线

(1) 预充电阶段　在该状态下，首先检测单节锂离子电池的电压是否较低（小于3.0V），如果是，则采用涓流充电，即以一个比较小的恒定电流对电池进行充电，直至电池电压上升到一个安全值，否则可省略该阶段，这也是最普遍的情况。因为预充电主要是完成对过放电的锂离子电池进行修复。

(2) 恒流充电阶段　涓流充电后，充电机转入恒流充电状态。该状态下，充电电流保持不变的较大的值，电池的最大充电电流取决于电池的容量。在恒流充电和预充电状态下，通过连续监控电池的电压和温度，可以采用电池最高电压终止法和电池最高温度终止法两种恒流充电终止法，终止恒流充电。电池最高电压终止法是指当单节锂离子电池电压达到 4.2V，恒流充电状态应立即终止；电池最高温度终止法是指在恒流充电过程中，当电池的温度达到60℃时，恒流充电状态应立即终止。

(3) 恒压充电阶段　恒流充电结束后，则转入恒压充电状态。在该状态下，充电电压保持恒定。因为锂离子电池对充电电压精度的要求比较高，单节电池恒压充电电压应在规定值的 ±1% 之间变化，因此要严格控制锂离子电池的充电电压。在恒压充电过程中，充电机连续监控电池的电压、温度、充电电流和充电时间。

2.2.3.2　充电效率

(1) 影响因素　新能源汽车动力电池系统的充电效率受多种因素影响，包括充电设备、电池状态、环境温度及充电策略等。快充设备通常具有更高的功率输出，能在较短时间内为电池充入更多电量，但可能对电池寿命造成一定影响。电池状态（如 SOC 值、温度）也会影响充电效率，过高或过低的温度都会降低充电速率。此外，合理的充电策略也是提高充电效率的关键。

(2) 充电效率指标　充电效率通常以电池实际接收的电量占充电设备输出电量的比例来衡量，最高值通常为 85%～90%。这意味着，即使充电设备输出了额定容量的电量，电池也只能吸收其中的 85%～90%，其余部分在传输过程中损失。

(3) 提高充电效率的措施

① 优化充电设备。采用高效能充电模块，集成先进电力电子技术，显著提升充电功率。同时，配备智能控制系统，精准调控充电过程，优化能量转换路径，减少损耗，大幅提高充电效率。

② 改进电池技术。研发新型电池材料，如固态电解质，提升电池能量密度，使单次充电续航里程更长。结合创新电池管理技术，延长电池循环寿命，减少充电过程中的能量衰减，从根本上提升充电效率。

③ 优化充电策略。基于电池实时状态与用户需求，制订个性化充电计划。利用智能算法预测充电需求，避免过充、欠充，同时监控充电温度，防止高温充电损害电池，确保充电过程高效且安全。

④ 改善充电环境。维持充电站环境温度与湿度在适宜范围内，减少环境因素对充电效率的影响。采用温控系统与除湿技术，保障充电设备稳定运行，提高充电过程的稳定性和安全性，间接提升充电效率。

2.2.4　动力电池系统的充电管理

2.2.4.1　充电策略制订

(1) 智能调度　智能调度系统融合车辆行驶规划、实时电池监测与电网负荷分析，智能规划充电时段。它巧妙地避开电网高峰期，既为电网减负，又为用户节省充电费用。此系统以高效能源利用与成本优化为核心，自动优化充电流程，展现未来充电服务的智慧与前瞻。

(2) 分段充电　分段充电技术，根据电池独特性能定制专属充电策略。初始阶段采用恒流快充，迅速补充电量；随后转为恒压慢充，精细调控，避免电池受损。此策略有效平衡充电效率与电池健康，延长电池寿命，强化车辆续航力，为绿色出行保驾护航。

(3) 预约充电　预约充电功能，让用户轻松掌控充电安排。通过车载智能系统或手机应用程序，用户可设定期望充电完成时间，系统随即智能规划充电计划。无论身处何地，都能确保车辆按时满电，即用即走，极大提升用车便利性与满意度，让每一次出行都更加从容不迫。

2.2.4.2　充电监控与诊断

（1）实时数据监测　在新能源汽车充电过程中，智能系统不间断地监测电池电压、电流及温度等核心参数。这一机制可以确保充电过程的精确控制与安全进行，及时发现任何潜在的安全隐患，为车辆与电池的安全保驾护航。通过实时数据反馈，系统能灵活调整充电策略，保障充电效率与电池健康。

（2）故障预警与诊断　为应对可能出现的充电故障，系统内置高效的预警与诊断机制。一旦监测到电池温度异常升高、电流超出安全范围等异常数据，系统会立即触发预警信号，并自动启动故障诊断程序。这一流程可以迅速而精准地定位问题根源，有效遏制故障恶化，为用户提供及时的安全保障与解决方案。

（3）远程监控　借助先进的云平台技术，实现对车辆充电状态的全面远程监控。用户无论身处何地，都能通过手机或计算机轻松查看充电进度、电池状态等关键信息。同时，云平台还支持故障远程排查功能，即使用户不在现场，也能迅速响应并处理充电过程中遇到的问题，极大提升了服务的便捷性与效率。

2.2.4.3　充电安全管理

（1）电气安全　在新能源汽车充电领域，电气安全是首要考量。严格遵循国际安全标准，确保所有充电设备经过严格的质量检测与认证，从根本上预防漏电、短路等电气故障的发生。通过智能监测系统，实时监控电流、电压等电气参数，确保充电过程稳定可靠，为用户及车辆安全筑起坚固防线。

（2）热管理　针对充电过程中电池易发热的问题，引入先进的热管理技术。通过精确的温度传感器与智能温控系统，实时监测并调控电池温度，避免电池过热导致性能下降及产生安全隐患。同时，优化散热设计，提高热交换效率，确保电池在最佳温度范围内工作，延长电池使用寿命，保障充电安全。

（3）应急处理　充电安全不容丝毫懈怠，应建立完善的应急预案体系。一旦发生充电安全事故，立即启动应急响应机制，快速组织专业团队进行事故调查与处理。同时，加强与消防、医疗等应急部门的沟通协调，确保事故得到有效控制，将损失降至最低。通过定期举行应急演练，提升团队应对突发事件的能力，为充电安全保驾护航。

2.2.4.4　用户交互体验

（1）便捷性设计　在新能源汽车充电服务中，设计注重极致的便捷性。操作流程经过精心优化，步骤简洁明了，旨在减少用户等待与操作时间，极大提升充电的便利性。同时，系统兼容多种支付方式，无论是现金、银行卡还是移动支付，都能轻松满足用户的不同需求，让充电过程更加顺畅无忧。

（2）信息反馈　充电期间，为确保用户能够实时掌握充电情况，系统特别设计了信息反馈功能。通过清晰的车载显示屏或智能手机应用程序，用户可以随时随地查看充电进度、剩余时间等关键信息。这种即时反馈机制，不仅增强了用户的充电体验，还让用户对充电状态了如指掌，更加安心放心。

（3）个性化服务　为了更好地满足用户的个性化需求，充电服务还融入了智能推荐与预测功能。系统可以根据用户的充电习惯、车辆状况及当前位置，智能推荐最优充电站，帮助用户快速找到充电设施。同时，系统还能预测充电成本，让用户提前规划充电预算，实现更加经济高效的充电体验。这些个性化服务让充电不再只是简单的能量补给，而是成为一种更加贴心、智能的生活方式。

2.2.4.5　充电优化与升级

（1）数据分析　深入充电领域，实施精细化数据管理。收集并分析充电全周期的各项数据，精确评估充电效率、安全表现及用户满意度，形成洞察报告。这些宝贵信息为充电管理策略的优化提供了坚实依据，助力企业持续优化服务，提升整体竞争力。

（2）软件升级　紧跟技术步伐，定期为充电管理软件实施升级。每一次更新都致力于修复已知问题，增强系统稳定性与运行效率。同时，积极引入前沿技术与创新功能，努力为用户带来更加流畅、便捷的充电体验，不断推动充电服务向智能化、个性化方向发展。

（3）硬件升级　面对日新月异的技术进步与市场需求，灵活应对，适时对充电硬件进行升级换代。采用更高效的充电技术，优化硬件设计，显著提升充电效率，同时减少能耗，降低成本。这一举措不仅增强了充电服务的竞争力，也体现了对未来可持续发展的承诺与追求。

2.3　动力电池系统在新能源汽车中的工作原理

2.3.1　动力电池系统在纯电动汽车中的工作原理

2.3.1.1　电能输出与转换

（1）动力电池系统的电能输出　当驾驶员启动车辆并踩下加速踏板时，这一动作被传感器捕捉并转化为电信号，传递至车辆的控制中心。动力电池系统随即响应，开始将储存的化学能转化为电能。这一转化过程主要依赖电池内部的化学反应，具体表现为锂离子在电池的正负极之间迁移，从而产生电流。锂离子的迁移过程伴随着电荷的转移，形成了可供外部设备使用的电能。

（2）电控系统的精确控制　电控系统作为连接动力电池系统与驱动电机的桥梁，扮演着至关重要的角色。它通常由逆变器、控制器等关键部件组成，负责接收来自加速踏板的电信号，并根据信号的大小和方向精确控制电流的输出。逆变器是电控系统的核心，它能够将动力电池系统提供的直流电转换为驱动电机所需的交流电，同时调节电流的频率和相位，以确保驱动电机能够高效、平稳地运行。

（3）电流的传输与分配　经过电控系统的精确控制后，电流通过高压电缆被输送到驱动电机。高压电缆具有高导电性、低电阻和高耐压等特点，能够确保电流在传输过程中损失最小。同时，为了确保驱动电机能够获得足够的电能，电控系统还会根据驱动电机的实际需求分配电流，确保每台驱动电机都能获得均衡、稳定的电流供应。

（4）驱动电机的电能转化　当电流到达驱动电机时，驱动电机开始工作。驱动电机利用电磁感应原理将电能转化为机械能，通过旋转产生动力驱动车辆前进。驱动电机的转速和扭矩可以通过电控系统进行调节，以满足不同工况下的驱动需求。在加速过程中，驱动电机能够迅速响应并提供强大的动力输出；而在巡航或减速时，驱动电机能够保持稳定的转速和扭矩输出，确保车辆行驶的平稳性和舒适性。

2.3.1.2　能量管理与分配

(1) 实时监控与数据采集　纯电动汽车行驶中，动力电池系统面临着多变的工况和挑战。为了确保电池始终处于最佳工作状态，电池管理系统首先需要对电池的关键参数进行实时监控。这些参数包括但不限于电压、电流、温度以及荷电状态等，它们直接反映了电池的健康状况、能量储备及释放能力。通过高精度的传感器网络，电池管理系统能够实时采集这些关键参数的数据，并将其传输至中央处理单元进行进一步的分析和处理。在这一过程中为后续的能量管理与分配提供了坚实的基础。

(2) 智能能量管理　在掌握了电池实时状态的基础上，电池管理系统开始发挥其智能能量管理的功能。它根据驾驶员的加速意图、车辆当前的负载情况以及外部路况信息等多种因素，综合评估车辆的动力需求。随后，电池管理系统会智能地调整电流的输出，确保在满足动力需求的同时，尽可能减少能量的浪费。在这一过程中，电池管理系统会采用一系列先进的算法和技术，如模糊控制、神经网络等，以实现动力输出的精准控制和能量的高效利用。通过不断优化调整，电池管理系统能够确保车辆在各种工况下都能保持稳定的动力输出和较长的续航里程。

(3) 能量分配优化　在纯电动汽车中，往往存在多个动力源或负载单元（如驱动电机、空调系统等）。为了确保各单元之间的能量分配合理且高效，电池管理系统还承担着能量分配优化的重任。在能量分配过程中，电池管理系统会综合考虑各单元的能量需求和优先级，确保关键单元（如驱动电机）始终获得足够的能量供应。同时，它还会通过优化算法对能量进行智能调度，以减少能量的浪费和损失。例如，在车辆减速或制动时，电池管理系统可以回收部分制动能量并将其重新储存到电池中，从而提高能量的利用效率。

2.3.1.3　动态响应与保护机制

(1) 动态响应机制　动态响应能力是指动力电池系统在面对瞬时变化的工况时，能够迅速调整自身状态以匹配车辆需求的能力。这种能力对于提升驾驶体验、确保行车安全至关重要。

① 电流快速调节。当驾驶员进行急加速或急减速操作时，电控系统会立即接收到相应的信号，并迅速调整电流的输出大小和方向。这一过程要求电流调节器具备极高的响应速度和精度，以确保驱动电机能够瞬间获得或释放所需的能量。

② 能量分配优化。在复杂工况下，动力电池系统需要智能地分配能量至不同的动力单元。例如，在爬坡时，系统会增加对驱动电机的能量供应，以确保车辆有足够的动力克服重力；而在下坡时，则会通过能量回收机制将部分动能转化为电能储存起来。

③ 智能预测与补偿。通过先进的算法和传感器技术，动力电池系统还能够预测驾驶员的操作意图和车辆未来的工况变化，并提前进行能量储备或调整输出策略，以实现对复杂工况的提前响应和最佳匹配。

(2) 保护机制　为了确保动力电池系统的安全运行并延长其使用寿命，一系列保护机制被设计并应用于系统中。这些机制在检测到异常情况时会立即启动相应的保护措施，以防止事故的发生。

① 过充保护。当电池电量接近或达到满电状态时，过充保护机制会自动切断充电电路或降低充电速率，以防止电池因过度充电而受损。这有助于保护电池内部结构和延长电池循环寿命。

② 过放保护。与过充保护相对应，过放保护机制会在电池电量过低时启动。它会自动切断放电电路或限制放电电流大小，以防止电池因过度放电而损坏或缩短使用寿命。

③ 过热保护。动力电池在充放电过程中会产生一定的热量。如果热量不能及时散发或温度过高，可能导致电池性能下降甚至引发安全事故。因此，过热保护机制通过监测电池温度并在必要时启动散热系统或降低充放电速率来确保电池温度保持在安全范围内。

④ 短路保护。短路是电池系统中最为严重的故障之一。一旦发生短路，电流会急剧增加并可能引发火灾或爆炸。短路保护机制通过检测电路中的异常电流并立即切断电源来防止此类事故的发生。

2.3.1.4 能量回收与再利用

(1) 能量回收的重要性 在纯电动汽车行驶过程中，制动或减速是不可避免的环节。传统汽车在制动时，大部分动能会通过刹车系统转化为热能散失到空气中，造成能量的极大浪费。而纯电动汽车不同，其驱动电机具有双向工作的能力，既可以在驱动车辆前进时作为驱动电机使用，也可以在制动时反向工作作为发电机使用。这种特性使得纯电动汽车在制动或减速时能够回收部分动能并转化为电能储存起来，从而实现能量的再利用。

(2) 能量回收机制 纯电动汽车的能量回收机制主要依赖其驱动电机的再生制动系统。当驾驶员踩下制动踏板时，车辆开始减速并产生动能。此时，电控系统会接收到制动信号，并控制驱动电机反向旋转。在这一过程中，驱动电机作为发电机工作，将车辆减速时产生的部分动能转化为电能。随后，这些电能通过逆变器等电力电子器件进行转换和调节，被储存回动力电池系统中。值得注意的是，能量回收的效率受到多种因素的影响，包括制动强度、车速、电池状态等。因此，在实际应用中，电控系统会根据实时采集的车辆状态信息智能调整能量回收策略，以实现最佳的能量回收效果。

(3) 能量再利用的优势 能量回收与再利用技术为纯电动汽车带来了显著的优势。首先，它有助于延长续航里程。通过回收制动过程中的能量并储存回电池，可以为车辆提供额外的电能支持，从而减少对外部充电设施的依赖。其次，它有助于减少制动过程中的能量损失。传统汽车在制动时会损失大量的动能，而纯电动汽车则能够将这些能量转化为电能进行储存和再利用，从而提高能源利用效率。最后，它还有助于改善车辆的驾驶体验。由于能量回收系统的介入，纯电动汽车在制动时能够更加平稳地减速，减少了因急刹车而产生的冲击感和不适感。

2.3.2 动力电池系统在混合动力电动汽车中的工作原理

2.3.2.1 初始状态与能量供应

(1) 初始状态 当混合动力电动汽车启动并准备进入行驶状态时，动力电池系统通常处于电量饱满的理想状态。这是通过前一次充电过程充分补给电能而达到的，确保了车辆在启动之初就拥有足够的能量储备。电池组高容量和高效的能量管理能力为车辆提供稳定可靠的电力支持。

（2）**能量供应**　在混合动力电动汽车行驶初期，特别是车辆起步和低速行驶阶段，动力电池系统成为主要的能量来源。由于此时车辆对动力的需求相对较低，且驱动电机在低速运行时具有较高的能效比，因此系统会优先使用驱动电机驱动车辆前进。这一策略不仅减少了发动机的启动次数和怠速时间，降低了燃油消耗和排放，还充分利用了驱动电机在低速区间内的高效特性，提升了驾驶的平顺性和舒适性。

（3）**发动机状态**　在驱动电机驱动车辆行驶的同时，混合动力电动汽车的发动机可能处于怠速状态或完全关闭状态。这种设计旨在进一步降低能耗和排放。当电池电量充足且车辆行驶速度较低时，发动机无须介入工作，从而避免了不必要的燃油消耗和排放污染。只有当车辆需要更多能量或电池电量不足时，发动机才会根据需求启动并介入工作。

（4）**驾驶体验的提升**　通过优先使用驱动电机驱动车辆并减少发动机的启动和怠速时间，混合动力电动汽车在行驶初期就为驾驶者带来了诸多优势。驱动电机的快速响应和平顺加速特性使得车辆起步更加轻松自如；同时，低噪声和零排放的特点也为驾驶者提供了更加宁静和环保的驾驶环境。此外，由于减少了发动机的启动磨损和油耗，混合动力电动汽车在长期使用过程中还能保持更好的性能和更低的维护成本。

2.3.2.2　能量需求与智能调度

（1）**能量需求的动态变化**　随着车辆行驶速度的提升和负载的增加，如加速、爬坡或携带重物等，能量需求会显著上升。这些变化要求混合动力电动汽车的能源系统能够快速响应并调整其能量输出，以满足车辆的动力需求。在这一过程中，动力电池系统作为主要的能量储存和供应单元，其性能和状态直接影响到车辆的行驶性能和能耗水平。

（2）**关键参数的实时监控**　为了准确掌握动力电池系统的运行状态和能量储备情况，电池管理系统会实时监控电池的电压、电流、温度以及荷电状态等关键参数。这些参数不仅反映了电池当前的性能状态，还为后续的智能调度提供了重要的数据支持。通过精确测量和记录这些参数，电池管理系统能够全面了解电池的健康状况、剩余能量以及潜在的能量释放能力。

（3）**智能调度策略的实施**　基于实时监控到的关键参数，电池管理系统会实施一系列智能调度策略，以优化能量分配和使用效率。当电池电量高于某一设定阈值（通常为60%）时，系统会优先使用电池能量驱动车辆。这一策略旨在保持发动机的高效运行区间并减少排放。由于发动机在低负载和低速运行时效率较低且排放较高，因此通过优先使用电池能量可以有效降低这些不利影响。同时，智能调度策略还会根据车辆的实际行驶工况和能量需求进行动态调整。例如，在车辆需要急加速或爬坡时，系统会迅速增加电池的能量输出以满足动力需求；而在车辆匀速行驶或下坡时，则会适当减少电池的能量输出并回收制动能量以延长续航里程。

（4）**高效运行与环保排放的平衡**　通过实施智能调度策略，混合动力电动汽车能够在保证高效运行的同时实现环保排放。在能量需求较低时，发动机可以保持关闭或怠速状态以减少燃油消耗和排放；而在能量需求较高时，发动机则会适时启动并介入工作以提供额外的动力支持。这种灵活的能源管理方式使得混合动力电动汽车在不同工况下都能保持最佳的能效比和排放水平。

2.3.2.3 辅助动力系统与能量协同

(1) 辅助动力系统的启动与介入 在混合动力电动汽车的行驶过程中，电池电量是动态变化的。当电池电量降至预设的阈值以下时，为了避免车辆因电量不足而失去动力，辅助动力系统将自动启动并介入工作。这一设计确保了车辆在各种工况下都能获得持续稳定的动力支持。

辅助动力系统的启动通常伴随着一系列复杂的控制策略和优化算法。系统会根据当前的行驶条件、能量需求以及电池状态等因素进行综合判断，并确定最佳的启动时机和介入方式。这样既能保证车辆的动力性能不受影响，又能最大限度地延长电池的使用寿命。

(2) 混合动力模式下的双重驱动 在辅助动力系统启动后，混合动力电动汽车将进入"混合动力模式"。在这一模式下，发动机和驱动电机将共同为车辆提供动力。这种双重驱动的策略不仅提高了车辆的动力性能，还实现了能源的高效利用。

当车辆需要较大能量时（如急加速、爬坡等工况），辅助动力系统与电池组会同时为驱动系统提供能量。这种协同作用能够迅速响应车辆的动力需求，确保车辆在短时间内达到所需的速度和扭矩。同时，通过优化能量分配策略，系统还能够减少不必要的能量浪费和排放污染。

(3) 能量协同与循环利用 在混合动力模式下，能量协同利用是提升整车能效的关键。当车辆处于能量需求较小的工况时（如匀速行驶、下坡等），辅助动力系统除了为驱动系统提供必要的能量外，还会利用多余的能量为电池组进行充电。这种能量的循环利用不仅延长了车辆的续航里程，还降低了对外部能源的依赖和排放污染。

为了实现能量协同利用的最大化，混合动力电动汽车通常配备先进的能量管理系统。该系统能够实时监控车辆的行驶状态、能量需求和电池状态等信息，并根据预设的控制策略和优化算法进行能量分配和调度。通过智能地管理发动机、驱动电机和电池组之间的能量流动，系统可以确保车辆在各种工况下都能获得最佳的能效比和排放水平。

2.3.2.4 能量回收与效率提升

(1) 能量回收系统的原理 在混合动力电动汽车的行驶过程中，动力电池系统不仅是能量的储存和供应单元，还承担着能量回收的重要任务。当车辆进行制动或减速时，传统燃油汽车中的大部分动能会通过制动系统转化为热能散失到空气中，造成能量的极大浪费。而在混合动力电动汽车中，这一过程得到了根本性的改变。通过先进的控制技术，混合动力电动汽车的驱动电机可以在制动或减速时反向工作，作为发电机使用。这样，车辆的部分动能就被转化为电能，并通过逆变器等电力电子设备储存回电池中。这一过程不仅实现了能量的有效回收，还减轻了制动系统的负担，延长了其使用寿命。

(2) 能量回收对续航里程的影响 能量回收机制对于混合动力电动汽车的续航里程具有显著的提升作用。在日常行驶中，频繁的制动和减速操作使得能量回收系统有机会捕捉到大量的动能并将其转化为电能储存起来。这些回收的能量在后续行驶过程中可以被重新利用，从而减少了对电池电量的消耗。因此，能量回收机制的存在使得混合动力电动汽车在相同的电池电量下能够行驶更远的距离。

(3) 减少能量损失与提升能源利用效率 除了延长续航里程外，能量回收机制还有助于减少制动过程中的能量损失并提升整车的能源利用效率。在传统燃油汽车中，制动时产生的热能无法被有效利用，只能通过散热系统排放到空气中。而在混合动力电动汽车中，这些原本会散失的能量被转化为电能并储存起来，实现了能量的再利用。这种转变不仅减少了能量的浪费，还提高了整车的能源利用效率。

2.3.3 动力电池系统在燃料电池电动汽车中的工作原理

2.3.3.1 动力电池系统的充电与储能机制

(1) 来自燃料电池的电能储存 在燃料电池电动汽车行驶过程中，燃料电池通过电化学反应产生电能，这部分电能首先用于驱动电机以满足车辆的行驶需求。当燃料电池产生的电能超过当前行驶所需时，剩余的电能将通过电池管理系统进行智能调节并储存至动力电池中。电池管理系统通过监测电池的电压、电流、温度及荷电状态等参数，确保电池在最佳状态下接收并储存电能，避免过充或过放现象的发生。

(2) 制动能量的回收与储存 除了接收燃料电池产生的电能外，动力电池系统还具备回收制动能量的能力。在燃料电池电动汽车制动或减速过程中，驱动电机可反向作为发电机使用，利用车辆惯性产生的动能进行发电。这些由制动回收的电能通过电力电子设备转换为适合电池储存的直流电，并储存回动力电池中。这种能量回收机制不仅提高了燃料电池电动汽车的能源利用效率，还延长了车辆的续航里程。

(3) 充电策略与储能优化 为了确保动力电池系统的安全、高效运行，电池管理系统会根据电池的实时状态及车辆行驶需求制订相应的充电策略。在充电过程中，电池管理系统会控制充电电流和电压，确保电池在最佳充电速率下接收电能，同时避免电池过热或过充现象的发生。此外，电池管理系统还会根据电池的荷电状态和行驶里程预测结果，智能调节充电策略，以优化储能效果并延长电池使用寿命。

(4) 储能机制的安全性与可靠性 动力电池系统的储能机制不仅关注能量的高效储存与释放，还高度重视安全性与可靠性。在电池设计、制造及使用过程中，采取了多重安全保护措施，如电池管理系统的实时监控与调节、电池包内部的热管理系统、防碰撞安全设计等，以确保电池在极端工况下仍能保持稳定运行，并防止因电池故障而引发的安全事故。

2.3.3.2 动力电池系统的能量释放与供给

(1) 动力电池系统的能量储备 动力电池系统作为燃料电池电动汽车的能量储存单元，通过化学反应将电能以化学能的形式储存起来。在充电过程中，外部电源向电池输入电能，驱动电池内部的化学反应，使正极材料中的金属离子被还原并嵌入负极材料中，同时负极材料中的金属离子被氧化并释放到正极材料中，完成电能的储存。这一过程为动力电池系统积累了足够的能量，以备车辆后续使用。

(2) 能量释放的触发与响应 当燃料电池电动汽车需要更多能量以满足加速、爬坡等工况时，车辆的动力控制系统会发出能量需求信号。动力电池系统接收到这一信号后，会迅速响应并启动能量释放过程。在能量释放过程中，电池内部的化学反应逆向进行，正极上的金属离子被氧化成金属原子并释放到电解质中，同时负极上的金属离子被还原成金属原子并嵌入负极材料中。这一过程中释放出的化学能被转化为电能，并通过电池的正负极输出。

(3) 电能转换与供给 从动力电池系统输出的电能通常为直流电，但驱动电机通常需要使用交流电或特定电压范围的直流电。因此，在电能供给到驱动电机之前，需要经过电力电子设备的转换与调节。电力电子设备将电池输出的直流电转换为适合驱动电机使用的直流电或交流电，并调节电压和电流以满足电机的需求。这一转换过程确保了电能的高效、稳定供给，为车辆提供了持续的动力支持。

（4）与燃料电池系统的协同工作　在燃料电池电动汽车中，动力电池系统并不是孤立工作的。当燃料电池系统产生的电能不足以满足车辆需求时，动力电池系统会迅速补充能量，与燃料电池系统协同工作，共同为车辆提供动力。这种协同工作模式不仅提高了车辆的能源利用效率，还增强了车辆的动力性能和续航能力。同时，在车辆制动或减速过程中，动力电池系统还能回收制动能量并储存起来，进一步提高了能源利用效率。

（5）能量释放与供给的安全性与可靠性　动力电池系统的能量释放与供给过程需要确保高度的安全性和可靠性。在电池设计和制造过程中，采用了多重安全保护措施，如电池管理系统的实时监控与调节、电池包内部的热管理系统、过充过放保护等，以确保电池在能量释放与供给过程中保持稳定运行并防止安全事故的发生。此外，动力电池系统还具备故障自诊断和故障隔离功能，能够在出现异常情况时及时采取措施保护电池和车辆的安全。

2.3.4　动力电池系统在新能源汽车中工作原理的比较

2.3.4.1　动力电池系统在新能源汽车中工作原理的相同点

（1）能量储存与释放　在新能源汽车领域，无论是纯电动汽车、混合动力电动汽车还是燃料电池电动汽车，动力电池系统的核心功能均聚焦于能量的储存与释放。充电时，电池内部发生化学反应，将输入的电能转化为化学能储存；放电时，则逆向进行，将储存的化学能转化为电能，驱动车辆前行。

（2）基本组成　动力电池系统由电芯、模组、电池包及电池管理系统等关键部分构成。电芯，作为电池的基本单元，集成了正极、负极、电解质与隔膜等核心部件，是能量转换的微观场所。模组是电芯的集合体，通过精心排列与连接，提升整体电压与容量。电池包作为最终形态，将模组安全封装于保护壳内，形成坚固可靠的能量储存单元。

（3）智能管理　电池管理系统是新能源汽车动力电池系统的"智慧大脑"，它时刻监控着电池的电压、电流、温度及荷电状态等关键参数。基于这些数据，电池管理系统实施智能调度策略，确保电池在最佳状态下运行，既保障了车辆的动力需求，又延长了电池的使用寿命。其精准管理与高效调度，是新能源汽车安全、高效运行的重要保障。

2.3.4.2　动力电池系统在新能源汽车中工作原理的不同点

（1）动力来源与协同工作的差异

① 纯电动汽车。动力电池系统是纯电动汽车唯一的动力来源，直接为电机提供电能，驱动车辆行驶。在制动或减速过程中，驱动电机可反向作为发电机使用，回收制动能量并储存回电池中。

② 混合动力电动汽车。动力电池系统与内燃机共同为车辆提供动力。在起步、加速或低速行驶时，电池系统作为主要动力源；在高速行驶或需要大功率输出时，内燃机发挥主要作用。同时，制动能量回收也是混合动力电动汽车中动力电池系统的重要功能之一。

③ 燃料电池电动汽车。燃料电池系统通过电化学反应将氢气的化学能转化为电能，为车辆提供动力。动力电池系统则主要承担储能任务，将燃料电池产生的多余电能或制动回收

的电能储存起来，以备车辆急加速或大功率输出时使用。此外，动力电池系统还负责为车辆的低压系统（如车灯、音响等）供电。

（2）充电方式与能量管理的差异

① 纯电动汽车。通常依赖外部充电桩进行充电，充电时间较长。电池管理系统根据电池状态和充电需求智能调整充电电流和电压，确保充电过程的安全和高效。

② 混合动力电动汽车。由于内燃机的存在，混合动力电动汽车的充电方式相对灵活。除了外部充电外，还可在车辆行驶过程中通过内燃机发电为动力电池系统充电。电池管理系统在能量管理中需平衡内燃机发电与电池放电的比例，以实现最佳的能效。

③ 燃料电池电动汽车。虽然燃料电池系统能够持续为车辆提供动力，但动力电池系统的充电仍依赖外部能源（如氢气站）。同时，电池管理系统还需协调燃料电池系统与动力电池系统之间的能量流动，确保车辆在不同工况下的能量需求得到满足。

（3）系统复杂度与成本的差异

① 燃料电池电动汽车。一般来说，燃料电池电动汽车的系统复杂度最高，因其涉及燃料电池系统、动力电池系统、氢气储存与供应系统等多个子系统的协同工作，这使得燃料电池电动汽车的制造成本和技术难度相对较高。

② 混合动力电动汽车。混合动力电动汽车次之，其需要在内燃机与电池系统之间进行复杂的能量管理和协调。

③ 纯电动汽车。纯电动汽车相对简单，主要聚焦于动力电池系统的优化与提升。随着电池技术的不断发展，纯电动汽车的成本也在不断降低。

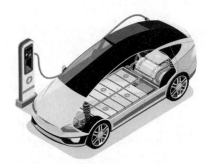

第3章
新能源汽车动力电池系统的设计

新能源汽车动力电池系统是其核心组成部分，负责电能的储存与释放。设计该系统需综合考虑电池类型、性能需求、安全性及成本。通过科学规划电池容量、优化电池模块与电池包的设计，结合先进的电池管理系统，实现高效能量管理。同时，热管理系统可确保电池在适宜温度下运行，延长使用寿命。整个设计过程需遵循行业标准，确保系统安全、可靠，推动新能源汽车的持续发展。

3.1 动力电池系统的设计原则和流程

3.1.1 动力电池系统的设计原则

3.1.1.1 满足整车动力要求

　　动力电池系统的设计首要任务是确保车辆在各种工况下均能发挥出所需的动力性能。这包括支持车辆达到预定的最高车速、提供足够的加速性能以及确保在爬坡等复杂路况下的稳定性。因此，在设计过程中，必须根据整车的具体设计要求和性能指标，精确计算并确定电池系统的总容量和功率输出。通过合理的电池组配置和能量管理策略，确保车辆在任何工况下都能稳定、高效地运行。

3.1.1.2 安全性优先

　　安全性是动力电池系统设计的核心原则。在设计过程中，必须充分考虑电池在使用过程中可能面临的各种风险和挑战，如热失控、短路、过充、过放等。为此，需要采取一系列有效的防护措施，如使用高质量的安全阀、断路器、熔丝等安全设备，以及设计完善的热管理系统和电气保护系统。同时，还需进行严格的测试和验证，确保电池系统在极端条件下仍能保持稳定运行，避免安全事故的发生。

3.1.1.3 提高比能量和比功率

　　提高电池的比能量和比功率是提升新能源汽车续航里程和动力性能的关键。在设计过程中，应选用具有高能量密度和高功率密度的电池材料和技术，通过优化电池结构和生产工艺，提高电池的能量转换效率和输出功率。这不仅有助于提升车辆的续航里程，还能在需要时快速响应加速需求，提升驾驶体验。

3.1.1.4 良好的温度适应性

　　动力电池系统应具备良好的温度适应性，以确保在不同环境温度下都能正常工作。设计过程中应充分考虑热管理系统的优化，包括采用高效的散热和加热技术，确保电池在低温环境下能快速升温至适宜工作温度，在高温环境下则能有效散热，防止过热。这不仅有助于延长电池的使用寿命，还能提高车辆的整体性能和可靠性。

3.1.1.5 延长使用寿命

　　动力电池系统的使用寿命直接关系到新能源汽车的经济性和环保性。为了延长电池系统的使用寿命，应选择性能稳定、循环寿命长的电池单体，并通过合理的电池管理系统和热管理系统进行精细化管理。同时，还需关注电池的维护和保养工作，定期进行故障诊断和性能评估，及时发现并解决潜在问题。

3.1.1.6 安装维护简易

　　动力电池系统的安装和维护应简便易行。在设计过程中，应采用模块化设计思路，将电池系统划分为多个易于更换和维修的模块。这样不仅可以降低维修难度和成本，还能提高维修效率。同时，电池管理系统应具备故障诊断和预警功能，能够实时监测电池系统的运行状态并及时报告异常情况，方便用户及时发现并解决问题。

3.1.1.7 降低综合成本

在保证性能和安全的前提下降低动力电池系统的综合成本是设计的重要目标。这包括优化电池单体的成本结构、提高生产效率以降低制造成本；通过优化电池管理系统和热管理系统的设计方案来降低系统集成成本；以及通过回收再利用等方式降低废旧电池的处理成本。通过综合成本的有效控制，可以提高新能源汽车的市场竞争力，推动新能源汽车产业的可持续发展。

3.1.1.8 良好的可持续性与环保性

动力电池系统的设计应充分考虑可持续性和环保性。在材料选择方面，应优先选用可回收、可再利用的电池材料以减少资源消耗和环境污染；在生产工艺方面，应采用环保的生产技术和设备以减少废弃物排放和能源消耗；在废旧电池处理方面，应建立完善的回收和处理机制确保废旧电池得到妥善处理和再利用。通过这些措施的实施，可以促进新能源汽车产业的绿色发展和可持续发展。

3.1.2 动力电池系统的设计流程

3.1.2.1 需求分析

(1) 市场调研 深入市场调研，洞悉行业发展趋势，掌握竞争对手产品动态，精准捕捉消费者需求变化，同时紧跟政策法规导向，为设计提供坚实市场基础。

(2) 性能要求确定 基于车型精准定位，明确续航里程、加速性能、充电速率等核心指标，科学设定电池系统性能参数，确保产品竞争力与市场适应性。

(3) 成本预算 细致规划成本预算，精准平衡性能提升与成本控制之间的关系，确保电池系统设计方案既满足性能要求，又符合经济效益原则。

3.1.2.2 概念设计

(1) 电池类型选择 基于详尽的需求分析，精选锂离子电池或固态电池等前沿技术，搭配最优化学体系，以确保动力电池系统的性能卓越与未来潜力。

(2) 系统架构规划 初步勾勒出电池系统的整体框架，细致规划电池组布局，明确模块与电池包的设计方向，并巧妙集成电池管理系统，为系统的高效运行奠定坚实基础。

(3) 初步方案评估 对概念设计方案进行多维度评估，全面考量技术实现的可行性、成本控制的效益性及生产工艺的可行性，确保方案既先进又实际可行。

3.1.2.3 详细设计

(1) 电池单体设计 精选或定制电池单体，精准定义其规格、尺寸与性能参数，确保单体性能优越，为整体系统打下坚实基础。

(2) 电池模块与电池包设计 模块化设计优化电池布局，精细规划连接方式与冷却系统。电池包结构坚固，电气连接可靠，安全防护周全，保障系统稳定运行。

（3）电池管理系统设计 硬件选型精准，软件算法高效，电池管理系统实现数据采集、均衡控制、热管理及安全保护等功能，全面监控电池状态，延长使用寿命。

（4）热管理系统设计 量身定制热管理方案，精确控制电池温度，预防过热或过冷，确保电池在最佳温度区间工作，提升系统性能与安全性。

（5）高压电气系统设计 优化布局，强化连接，增设多重保护机制，高压电气系统确保电能高效、稳定传输，保障行车安全与舒适。

3.1.2.4 仿真验证

（1）电池模型建立 依据单体性能参数，精确构建电池组数学模型，为仿真分析奠定坚实基础，确保测试环境贴近真实。

（2）系统仿真 运用先进仿真软件，全面模拟电池系统在不同工况下的运行，精准评估能量效率、热管理成效及安全性，为优化设计提供依据。

（3）优化设计 基于仿真反馈，精准识别设计短板，针对性调整方案，优化性能表现，确保动力电池系统达到最佳状态。

3.1.2.5 原型制作与测试

（1）原型制作 严格遵循设计图纸，精心打造电池系统原型样机，确保每个细节精确无误，为后续测试奠定坚实基础。

（2）实验室测试 在严控的实验环境下，对原型样机进行全面性能测试、安全验证及温度考验，确保其各项指标均满足设计要求。

（3）道路测试 将原型样机融入整车，进行实际道路行驶测试，在真实环境中评估其稳定性、耐久性及适应性，确保产品卓越品质。

3.1.2.6 评估与改进

（1）性能评估 综合测试结果，对电池系统性能进行全方位审视，确保每一项指标均达最优，为产品竞争力加码。

（2）问题诊断 深入剖析测试中的问题根源，精准定位，为改进措施提供坚实依据，力求解决每一个潜在隐患。

（3）优化设计 基于评估与诊断结果，对设计方案进行迭代优化，不断提升性能与可靠性，推动产品持续进化。

3.2 电池的选择

3.2.1 单体电池形状的分类与选择

3.2.1.1 单体电池形状的分类

新能源汽车单体电池的形状分类主要包括圆柱电池、方形电池和软包电池。

(1) 圆柱电池 圆柱电池的外形呈圆柱形，通常由正极、负极、隔膜、电解液和电池壳组成，如图 3-1 所示。常见的圆柱电池有 18650、21700 等型号，数字分别代表电池的直径和高度（mm）。

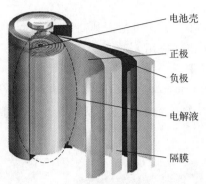

图 3-1　圆柱电池

圆柱电池具有以下特点。

① 工艺成熟。历经多年技术沉淀与革新，圆柱电池的生产工艺已发展到成熟的阶段，确保了高效稳定的批量生产。

② 散热性能优越。独特的圆柱形设计，自然形成高效散热通道，显著提升电池组整体的热管理能力，延长使用寿命。

③ 一致性佳。得益于高度标准化的生产工艺流程，圆柱电池间表现出色的一致性，为电池组性能的稳定发挥奠定坚实基础。

④ 机械稳定性强。圆柱形结构赋予了电池卓越的抗压能力，即便面临较大内部压力，也能保持形态稳定，提升使用安全性。

圆柱电池广泛应用于各类新能源汽车中，尤其是早期的小型纯电动汽车和混合动力汽车。特斯拉早期的车型就大量使用了 18650 型圆柱电池。

(2) 方形电池 方形电池即电池的外形为长方体或近似长方体，如图 3-2 所示。方形电池的外壳材料多为铝合金或不锈钢。

图 3-2　方形电池

方形电池具有以下特点。

① 空间利用率高。方形设计能够更好地匹配电池包空间，提高电池组的空间利用率。

② 功率密度高。相较于圆柱电池，方形电池的外壳材料使用较少，因此整体功率密度

更高。

③ 制造成本较高。方形电池的制造工艺相对复杂，制造成本也相对较高。

④ 散热性能一般。方形电池的散热性能较圆柱电池略逊一筹，但可通过优化电池包设计来改善。

随着新能源汽车技术的进步，方形电池因其高能量密度和空间利用率而逐渐受到青睐，如比亚迪、宁德时代等都在推广和应用方形电池。

刀片电池的外形设计灵感来源于"刀片"这一概念，但实际上它仍然属于方形电池的范畴。与传统方形电池相比，刀片电池在结构上进行了革命性的优化，通过将电芯直接集成到电池包中，形成类似"刀片"的长条形单体，从而实现了更高的空间利用率和能量密度。图 3-3 所示为刀片电池。

图 3-3 刀片电池

刀片电池具有以下特点。

① 高能量密度。刀片电池通过优化电芯形状和排列方式，有效提升了电池包的能量密度，为新能源汽车提供了更长的续航里程。

② 高安全性。比亚迪在刀片电池中采用了磷酸铁锂作为正极材料，该材料具有优异的热稳定性和化学稳定性，能够在高温、过充、短路等极端条件下保持电池的稳定运行，大大降低了电池起火、爆炸的风险。

③ 高空间利用率。刀片电池独特的"刀片"形状设计，使得电芯之间无须额外的模组和支撑结构，直接集成到电池包中，大大节省了空间，提高了空间利用率。

④ 低成本。由于简化了电池包的结构设计，减少了材料和制造成本，刀片电池在成本上具有一定优势。同时，其较长的使用寿命也降低了用户的后续维护成本。

⑤ 良好的热管理能力。刀片电池在设计上注重热管理性能，通过优化散热结构和采用先进的热管理技术，确保电池在充放电过程中保持适宜的工作温度，延长电池使用寿命。

目前，比亚迪的刀片电池已经成功应用于其多款新能源汽车产品中，如比亚迪汉、比亚迪秦 PLUS EV 等。这些车型凭借刀片电池的高能量密度、高安全性和长寿命等特点，在市场上获得了广泛的认可和好评。

(3) 软包电池 软包电池又称聚合物锂离子电池，它没有硬质外壳，而是采用铝塑膜作为封装材料。软包电池内部结构与方形电池相似，但外形更加灵活多变。图 3-4 所示为软包电池。

图 3-4　软包电池

软包电池具有以下特点。

① 设计灵活。软包电池可以根据需要设计成各种形状，以适应不同的电池包设计。

② 重量轻。由于没有硬质外壳，软包电池整体重量较轻。

③ 内阻小。软包电池的内阻相对较小，有助于提高电池组的整体性能。

④ 安全性高。铝塑膜封装材料具有良好的绝缘性和耐腐蚀性，提高了电池的安全性。

⑤ 成本高。软包电池的封装材料和制造工艺较为复杂，因此成本较高。

软包电池因其高能量密度、设计灵活性和良好的安全性，在高端新能源汽车市场中的占比逐渐上升。同时，软包电池也被广泛应用于便携式电子设备等领域。

3.2.1.2　单体电池形状的选择

在新能源汽车动力系统中，单体电池的形状选择是一个至关重要的决策环节。它不仅关系到新能源汽车的续航里程、成本效益、安全性及使用寿命，还直接影响到整车的布局设计与空间利用效率。因此，在选择新能源汽车动力电池单体电池的形状时，必须全面、系统地考虑多个因素。下面从能量密度、成本、安全性、热管理、空间利用率及可替换性六个方面阐述形状选择的考虑因素。

（1）能量密度　能量密度指的是单位体积或单位质量内储存的电能多少，是评价电池性能的重要指标之一。对于新能源汽车而言，能量密度直接关系到车辆的续航里程。

① 不同形状电池的能量密度差异。圆柱电池、方形电池和软包电池在能量密度上各有优劣。一般来说，软包电池在同等条件下往往具有更高的能量密度，而圆柱电池和方形电池虽然单体能量密度相对较低，但通过优化排列和布局，可以在电池包中实现较高的整体能量密度，特别是刀片电池，能够提升电池包整体能量密度。

② 续航里程需求。根据新能源汽车的目标续航里程，选择合适的单体电池形状以达到最佳的能量密度表现。

（2）成本　成本是企业在生产和运营过程中必须考虑的关键因素之一。对于新能源汽车制造商而言，降低电池成本是提高市场竞争力的有效手段。

① 生产成本。不同形状电池的生产工艺、原材料及生产设备投资各不相同，因此生产成本存在较大差异。

② 电池包成本。电池包的设计与制造同样需要考虑成本问题。单体电池的形状会影响电池包的布局设计、散热系统设计及保护系统设计等方面，从而影响电池包成本。

③ 后续维护成本。电池在使用过程中可能会出现性能衰退、故障等问题，因此需要考虑后续维护成本。标准化生产的电池更易于找到可替换的电池，从而降低维护成本。

（3）安全性　电池的安全性是新能源汽车的重要考量因素之一。电池过热、短路、漏液等问题都可能引发火灾或爆炸等严重安全事故。

① 材料安全性。不同形状电池的外壳材料、隔膜材料、电解液等安全性能各异。例如，软包电池采用铝塑膜封装材料，具有良好的绝缘性和耐腐蚀性；而圆柱电池和方形电池可能需要采用更加坚固的外壳材料以应对内部压力。

② 结构设计。电池的结构设计也关系到其安全性。例如，圆柱电池的圆形设计有助于均匀分布内部压力；而方形电池和软包电池需要通过优化内部结构来提高安全性能。

③ 热管理能力。良好的热管理能力能够有效降低电池的温度梯度，避免局部过热引发安全事故。

（4）热管理　热管理是指对电池系统进行温度控制和热量管理的过程。良好的热管理能力能够延长电池的使用寿命，提高电池组的整体性能。

① 散热性能。不同形状电池的散热性能各异。由于圆柱电池具有较大的表面积和较短的热量传导路径，通常具有较好的散热性能；而方形电池和软包电池需要通过增加散热面积、优化散热结构设计等方式来提高散热性能。

② 温度均匀性。温度均匀性对电池的性能和寿命有重要影响。在设计电池包时，需要合理布置单体电池的位置和间距，以确保温度分布均匀。

（5）空间利用率　空间利用率是指电池仓内实际可利用的空间与总空间之比。提高空间利用率可以增加电池的存储容量，从而提升新能源汽车的续航里程。

① 电池仓设计。电池仓的形状、尺寸和布局都会影响单体电池的形状选择。单体电池的形状应适应电池仓的设计要求，以确保最大化利用空间。

② 电池排列方式。不同形状的电池在排列方式上也有所不同。例如，圆柱电池可以通过紧凑的排列方式提高空间利用率；而方形电池和软包电池需要根据具体情况进行优化布局。

（6）可替换性　可替换性是指单体电池在发生故障或性能衰退时能否方便地更换为新的电池。提高可替换性可以降低维护成本并提高用户的使用体验。

① 标准化生产。标准化生产的电池具有统一的规格和接口标准，更易于找到可替换的电池。

② 模块化设计。将单体电池设计成模块化结构可以简化更换过程并提高更换效率。同时，模块化设计也有助于实现电池的梯次利用和回收再利用。

3.2.2　电池组参数的选择

3.2.2.1　电池组容量选择

（1）选择原则

① 续航里程需求。电池组容量的选择应基于车辆的续航里程需求。这需要根据目标用户群体的日常出行习惯、长途旅行需求以及充电设施的便利性等因素进行综合考虑。

② 动力性能要求。电池组容量还需满足车辆的动力性能要求。较大的电池容量可以提供更持久的动力输出,有助于提升车辆的加速性能和最高车速。

③ 成本效益。在选择电池组容量时,还需考虑成本效益。虽然大容量电池可以显著提升续航里程,但也会增加车辆的成本和重量。因此,需要在续航里程和成本之间找到平衡点。

④ 安全性与可靠性。电池组的安全性与可靠性也是选择容量的重要原则。大容量电池可能带来更高的热失控风险,需要采取更加严格的安全措施。同时,电池的可靠性也直接影响到车辆的使用寿命和用户的满意度。

⑤ 技术发展趋势。还需关注电池技术的发展趋势。随着电池技术的不断进步,电池的能量密度和安全性将不断提高,这将为电池组容量的选择提供更多的可能性。

(2)选择方法

① 市场需求分析。通过市场调研,了解目标用户群体对新能源汽车续航里程的需求。根据需求分布,设定合理的续航里程目标范围。

② 车型定位与性能要求。根据车型定位(如城市通勤车、长途旅行车、运动型轿车等)和性能要求(如加速性能、最高车速等),确定电池组容量的初步范围。

③ 能耗模拟与计算。利用专业的能耗模拟软件,对车辆在不同工况下的能量消耗进行模拟计算。考虑车辆重量、风阻系数、滚动阻力、电机效率等因素,得出百公里耗电量。结合续航里程目标,计算出所需的电池容量范围。

④ 成本效益分析。对不同容量的电池组进行成本效益分析。考虑电池成本、车辆重量增加对动力性能的影响以及用户对续航里程的敏感度等因素,选择性价比最高的电池容量。

⑤ 安全性与可靠性评估。对所选电池容量进行安全性与可靠性评估。分析电池在高能量密度下的热管理需求、过充过放保护策略以及电池管理系统的监测和均衡能力。确保所选电池容量在保障安全的前提下具有较高的可靠性。

3.2.2.2 电池组电压选择

(1)选择原则

① 电机匹配原则。电池组电压应与所选电机的额定电压相匹配,以确保电机能够正常工作并发挥最佳性能。过高的电压可能损坏电机,而过低的电压则可能导致电机性能不足。

② 系统效率优化原则。在满足电机匹配的前提下,应尽可能选择能够提升系统整体效率的电压值。高电压有助于减少电流传输过程中的损耗,提高电池放电效率和电机工作效率。

③ 安全性与可靠性原则。电池组电压的选择必须考虑其安全性与可靠性。高电压可能增加热失控、短路等风险,因此需采取严格的安全措施。同时,电池组的可靠性也是保障车辆长期稳定运行的重要因素。

④ 法规与标准符合性原则。在选择电池组电压时,需遵循相关法规和标准的要求。不同国家和地区对新能源汽车电池组的电压可能有不同的限制和规定,因此需确保所选电压值符合当地法规和标准。

⑤ 成本效益原则。在满足以上原则的基础上,还需考虑成本效益。高电压电池组可能带来更高的成本,包括电池单体、电池管理系统及热管理系统的成本。因此,在选择电压时,需综合考虑性能与成本之间的平衡。

（2）选择方法

① 电机需求分析。根据车辆的动力性能需求（如加速性能、最高车速等），选择合适的电机类型和额定功率。然后，根据电机的额定电压范围，初步确定电池组的电压范围。

② 系统效率模拟分析。利用专业的模拟软件，对不同电压下的系统效率进行模拟分析。考虑电池放电效率、电机效率、传输线路损耗等多种因素，找出能使系统效率最大化的电压值。

③ 安全性与可靠性评估。对所选电压值进行安全性与可靠性评估。分析电池组在高电压下的热管理需求、过充过放保护策略以及电池管理系统的监测和均衡能力。确保所选电压值在保障安全的前提下具有较高的可靠性。

④ 法规与标准符合性检查。确认所选电压值符合当地法规和标准的要求。如有必要，可咨询相关机构或专家以获取准确的法规和标准信息。

⑤ 成本效益分析。综合考虑电池组电压对成本的影响，包括电池单体成本、电池管理系统成本、热管理系统成本等。通过成本效益分析，选择性价比最高的电压值。

3.2.2.3 单体电池数量选择

（1）选择原则

① 容量匹配原则。确保单体电池的总容量能够精确匹配或稍大于电池组的总容量要求，这是保证车辆续航里程和动力性能的基础。

② 电压适应性原则。单体电池的额定电压应与电池组的额定电压相适应，以保证电池组在充放电过程中的稳定性和安全性。

③ 成本效益原则。在满足性能要求的前提下，尽可能减少单体电池的数量，以降低电池组的成本。同时，考虑单体电池的成本差异，选择性价比高的电池。

④ 模块化与可扩展性原则。单体电池的数量应便于电池组的模块化设计，提高生产效率和可维护性。同时，考虑未来技术升级和市场需求的变化，预留一定的扩展空间。

⑤ 安全性与可靠性原则。合理控制单体电池的数量，避免过多导致系统复杂性和故障率增加。同时，确保单体电池之间的均衡性和电池管理系统的有效性，提高电池组的安全性和可靠性。

（2）选择方法

① 容量计算法。根据电池组的总容量和单体电池的额定容量，计算所需单体电池的数量。计算公式为：单体电池数量＝电池组总容量/单体电池额定容量。注意，实际生产中可能需要向上取整或考虑一定的冗余量。

② 电压验证法。在确定了单体电池数量后，验证这些电池串联后的总电压是否满足电池组的额定电压要求。单体电池串联的总电压应等于或略大于电池组的额定电压。

③ 模块化布局考虑。根据单体电池的数量和尺寸，设计电池组的模块化布局。确保电池模块之间的连接可靠、散热良好，并便于后续的维护和管理。

④ 成本效益分析。结合单体电池的成本和电池组的总成本，进行成本效益分析。比较不同单体电池数量下的成本差异和性能表现，选择最优方案。

⑤ 安全性与可靠性评估。对所选单体电池数量进行安全性与可靠性评估。分析系统的热管理能力、电池管理系统的性能以及单体电池之间的均衡性等因素，确保电池组的安全性和可靠性。

3.2.2.4 单体电池的连接方式

(1) 串联连接 串联连接是指将多个单体电池的正极与负极依次相连，形成一个闭合的电流路径。在串联电路中，电流强度在所有单体电池中保持一致，而总电压等于各单体电池电压之和。此方案适用于高电压需求场景，如新能源汽车电池组，有效应对空间限制，实现高效空间利用。其优势在于总电压高、结构简单、空间利用率高；但需注意单体间的电压差异可能引发能量不均衡，且单体出现故障易致整体失效。

(2) 并联连接 并联连接是指将多个单体电池的正极都连接在一起，负极也都连接在一起，形成一个并联电路。在并联电路中，各单体电池两端的电压保持一致，而总电流等于各单体电池电流之和。此方案在高电流需求场合尤为适用，能显著增强电流供给，保障大型设备启动或应对短时高负载。同时，并联能促进单体间能量均衡，提升系统稳定性与可靠性，即便某个单体出现故障，系统仍可持续运行。然而，并联也面临总电压受限及电流分配不均的挑战，需采取均衡措施加以优化。

(3) 混联连接 混联连接是串联和并联两种连接方式的组合。在混联电路中，单体电池首先通过串联或并联形成子模块，然后这些子模块再通过串联或并联的方式连接成整个电池组。在新能源汽车等领域，混联设计既能提升电池组电压匹配电机需求，又能增强电流供给优化加速性能。此方案便于能量管理与均衡控制，提升系统能效。然而，其结构复杂，设计维护难度大，且成本较高，需更多连接部件与均衡系统支持。

3.2.2.5 电池组参数选择示例

设计一款面向长途旅行与城市日常通勤的新能源汽车。该车设定了不低于 600km（NEDC 工况）的卓越续航里程，旨在消除用户对行驶距离的焦虑。同时，集成快速充电技术，确保在短时间内迅速恢复大部分电量，提升充电效率。动力系统上，车辆将展现出色的加速性能与持续的动力输出，无论长途跋涉还是城市穿梭，均能轻松应对。安全性与可靠性方面，特别注重电池组的高安全性能、长循环寿命及优异的热管理能力，为用户带来安心无忧的驾驶体验。

(1) 电池类型选择 考虑到长途旅行对续航里程的高要求，以及快速充电技术的需求，选择高能量密度的三元锂电池作为电池组类型。三元锂电池以其较高的能量密度、良好的循环稳定性和支持快速充电的特点，能够较好地满足设计目标。

(2) 电池组电压确定

① 单体电池电压。三元锂电池单体标称电压通常为 3.6～3.7V，假设选用单体标称电压为 3.7V 的电池。

② 电池组电压。根据车辆电气系统设计和电机控制器要求，以及考虑高压电气系统的安全性和效率，确定电池组电压为 400V。由此，单体电池串联数量＝电池组电压/单体电池电压＝400/3.7≈108.11（取整为 108 个单体电池串联）。

(3) 电池组容量确定

① 能量需求估算。基于设计目标中的续航里程（600km）和车辆在不同工况下的平均能耗（假设为 120W·h/km），计算出电池组所需的总能量为 72kW·h（即 72000W·h）。

② 容量计算。电池组容量＝总能量/电池组电压＝72000/400＝180（A·h）。实际生产中，容量值可能会根据具体电池型号和系统设计进行适当调整，并考虑一定的余量。

（4）单体电池数量及布局

① 单体电池数量。如前所述，为达到 400V 的电池组电压，需要 108 个单体电池串联。

② 模块化布局。为了提高生产效率、便于维护和更换，通常将单体电池组合成电池模块。假设每个模块包含 12 个单体电池，则共需要 9 个模块（108/12＝9），并可能需要一个额外的单体电池作为备用或均衡使用。模块布局需考虑电池组的散热性能、空间利用率及安全性能。

（5）电池组布局设计

① 物理布局。电池组应均匀分布于车辆底部，以降低重心、提高车辆稳定性和操控性。同时，需确保电池组与车辆其他部件之间有足够的间隙，便于散热和维护。

② 热管理系统。设计高效的热管理系统，包括冷却液循环、风扇散热或热管技术等，确保电池组在充放电过程中保持适宜的工作温度。

③ 安全防护。采用物理防护结构、电气隔离措施、过充过放保护、短路保护等安全设计，确保电池组在各种工况下的安全稳定运行。

通过上述分析，根据新能源汽车的设计目标（长途旅行与日常通勤兼顾）成功确定了电池组的参数。电池组采用高能量密度的三元锂电池类型，电压设定为 400V，容量约为 180A·h，由 108 个单体电池串联组成，并通过模块化布局优化电池组结构。

3.2.3 电池包结构类型的选择

目前，市场上主流的电池包结构主要包括 CTM（cell to module）、CTP（cell to pack）、CTB（cell to body）以及 CTC（cell to chassis）四种，每种结构都有其独特的设计理念和优势。

3.2.3.1 CTM

CTM 是从电芯到模组的结构，是将多个电芯组装成一个独立的模组，再将多个模组封装在电池包壳体内形成完整的电池系统，如图 3-5 所示。这种结构在传统燃油车向新能源汽车转型初期被广泛采用，因为它便于电池包的模块化生产和后期的维护更换。

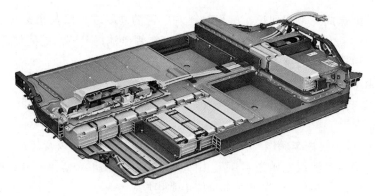

图 3-5 CTM

（1）CTM 技术的优势

① 模块化设计。CTM 技术的模块化设计是其显著优势之一。该设计使得电池包的生产过程更加灵活，便于实现规模化生产，有效提升了生产效率。同时，模块化结构也简化了组装流程，使得电池包能够快速组装完成，缩短了生产周期。

② 维修便利。另一大优势在于维修便利性。CTM 技术允许在电池包出现故障时，仅对单个模组进行更换，无须拆解整个电池包，大大降低了维修的复杂性和成本。这种设计不仅提高了售后服务的效率，也增强了用户对新能源汽车的信心。

（2）CTM 技术的劣势

① 空间利用率低。由于模组及壳体占用了较多空间，导致电池包整体的空间利用率受到限制，进而影响了电池包的能量密度，这在追求高续航里程的新能源汽车市场中显得尤为不利。

② 重量较大。额外的模组和壳体材料增加了电池包的重量，这不仅对新能源汽车的能耗和续航里程产生了一定的影响，也对车辆的操控性和安全性提出了更高的挑战。因此，在轻量化设计日益受到重视的今天，CTM 技术在这方面仍需不断优化和改进。

3.2.3.2　CTP

为了克服 CTM 结构的不足，提升电池包的空间利用率和能量密度，CTP 技术应运而生。CTP 技术是一种创新的电池包结构，它省去了模组环节，直接将电芯集成在电池包内部，如图 3-6 所示。这种设计大幅减少了中间结构件，提高了电池包的空间利用率和能量密度。

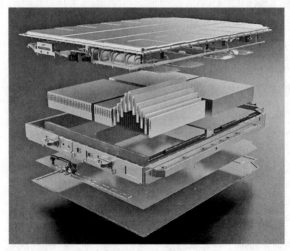

图 3-6　CTP

（1）CTP 技术的优势

① 高能量密度。CTP 技术通过省去模组环节，使电芯能够直接排布在电池包内部，这一创新设计极大地提高了空间利用率。相比传统结构，CTP 技术显著提升了电池包的能量密度，为新能源汽车提供更长的续航里程，满足了消费者对高性能新能源汽车的期望。

② 轻量化。CTP 技术的另一大优势在于其轻量化特性。该技术减少了不必要的结构件，如模组框架和连接件等，从而有效降低了电池包的重量。轻量化设计不仅提升了新能源汽车的能效，还有助于提升车辆的操控性和加速性能，为消费者带来更加愉悦的驾驶体验。

③ 提高生产效率。CTP 技术简化了电池包的生产流程，使生产过程更加高效。由于省去了模组组装环节，CTP 电池包的生产周期得以缩短，同时提高了生产线的灵活性和产能。这种高效的生产方式有助于降低制造成本，提高市场竞争力。

（2）CTP 技术的劣势

① 维修难度增加。CTP 技术的劣势之一在于其维修难度的增加。由于电芯直接固定在

电池包内部，没有模组的缓冲，一旦电芯出现故障，需要更复杂的操作来定位和更换故障电芯。这增加了维修的复杂性和时间成本，对售后服务提出了更高的要求。

② 热管理挑战。CTP技术的紧凑布局也对热管理系统提出了更高要求。电芯之间的间隙减小，导致热量更易积聚，需要更高效的散热设计来保持电池包的温度稳定。这对热管理系统的设计、制造和维护都带来了挑战，需要不断的技术创新和优化来应对。

作为CTP技术的先驱，宁德时代在2019年率先推出了CTP结构的电池产品。其为特斯拉Model 3标准续航版提供的CTP磷酸铁锂电池就是一个典型的例子。这款电池包内仅包含4个电池组，相比传统CTM电池的8～12个电池组大幅减少。此外，CTP电池还采用结构胶固定电芯的方式，取代了传统的机械结构固定，进一步减少了螺栓、面板等结构件的数量，提高了空间利用率。宁德时代的第一代CTP电池空间利用率达到了55%，电池包能量密度提升至180W·h/kg，生产效率也显著提升。

在CTP技术的基础上，比亚迪进一步推出了"刀片电池"。刀片电池最大的创新在于其独特的电芯设计——将原本"砖块"状的电芯改造成类似"刀片"一样扁平的长方形。这种设计不仅使电芯能够更紧密地排列在电池包内，还实现了无电池组设计，使得电池包内除了散热板、结构胶外，基本都是刀片电芯。因此，刀片电池的空间利用率提升到了60%以上。尽管磷酸铁锂电池的能量密度本身不如三元锂电池，但比亚迪凭借刀片电池在空间利用率上的优势，成功将磷酸铁锂电池包的能量密度提升至140W·h/kg。

从CTM到CTP的跨越，不仅是电池包结构设计的一次重大变革，更是新能源汽车行业技术创新的一个重要里程碑。CTP技术的应用不仅提高了电池包的空间利用率和能量密度，还推动了生产效率的显著提升。

3.2.3.3　CTB

CTB是一种更为激进的电池包设计，它将电池的上盖与车身底板合二为一，实现了电池与车身的深度融合，如图3-7所示。这种设计不仅进一步提高了空间利用率，还增强了车身的刚性和安全性。

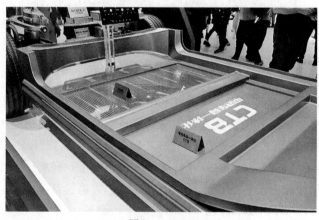

图3-7　CTB

（1）CTB技术的优势

① 极致空间利用率。CTB技术通过将电池与车身深度融合，实现了空间利用率的最大化。这种一体化设计取消了传统电池包的外壳，使得电池组直接成为车身结构的一部分，显

著提升了车内空间的利用效率。

② 车身刚性提升。CTB 技术的另一大优势在于车身刚性的显著增强。电池包作为车身的重要组成部分，其分布合理、结构坚固，能够有效分担碰撞力，从而提升车辆的整体安全性能。这种设计不仅提升了驾驶的稳定性，也为乘客提供了更加安心的乘车环境。

③ 安全性增强。CTB 技术通过电池与车身的一体化设计，显著增强了车辆在碰撞情况下的安全性。电池包被有效整合至车身结构中，使得车辆在遭受外部冲击时能够更好地保护电池不受损害，减少了因电池受损而引发的安全风险。这种设计思路不仅提升了车辆的被动安全性能，也彰显了汽车制造业在安全防护方面的技术革新。

（2）CTB 技术的劣势

① 技术难度大。CTB 技术的实施面临诸多技术挑战，包括电池包的精确封装、车身结构的重新设计以及两者之间的紧密融合等。这些技术难题要求汽车制造商投入更多的研发资源和时间，以确保技术的可行性和稳定性。因此，CTB 技术的推广应用在一定程度上受到了技术难度的限制。

② 维修成本高。由于电池与车身紧密结合，一旦出现故障需要维修时，往往需要同时考虑电池和车身的修复或更换。这种复杂的维修过程不仅增加了维修难度，也显著提高了维修成本。对于消费者而言，高昂的维修费用可能会成为他们选择 CTB 技术车型的一大顾虑。

比亚迪海豹搭载的 CTB 技术是电池车身一体化技术的创新应用。CTB 技术简化了车身结构，使整车扭转刚度大幅提升，从而提升了车辆的安全性和操控性。同时，电池与车身的紧密结合，也为车辆带来更长的续航里程和更高的能效。

3.2.3.4　CTC

CTC 技术即电池底盘一体化技术，它通过将电芯直接集成到车辆底盘或车身结构中，实现了电池与底盘/车身的高度融合，从而极大地简化了电池包的结构，提升了空间利用率，并降低了整车重量。CTC 技术不仅提升了新能源汽车的续航里程和动力性能，还优化了车辆的内部空间布局，为用户带来更加舒适的驾乘体验。

（1）CTC 技术的分类　根据车身结构形式的不同，CTC 技术可分为两种类型。

① 滑板底盘。在非承载式车身上，电芯直接布置在底盘大梁中，形成所谓的"滑板底盘"。这种设计使得电池与底盘融为一体，车辆底部成为一个平整的"滑板"，便于模块化生产和更换。图 3-8 所示为滑板底盘。

图 3-8　滑板底盘

② 电池底盘一体化。在承载式车身上，电芯布置在车身下方的底盘上，与车身结构紧密结合。这种设计保留了车身的承载功能，同时实现了电池与底盘的一体化，提升了整车的刚性和稳定性。图 3-9 所示为电池底盘一体化。

图 3-9　电池底盘一体化

（2）CTC 技术的优势

① 更高集成度。CTC 技术实现电芯与底盘的无缝结合，显著提升了整体系统的集成度。这种设计减少了中间环节，提高了能量传输效率，是新能源汽车技术的一大进步。

② 性能提升。通过轻量化设计和更低的重心布置，CTC 技术为车辆带来了操控性和稳定性的双重提升。这不仅增强了驾驶乐趣，也提升了行车的安全性和稳定性。

③ 空间优化。该技术通过精简结构件，有效优化了车内空间布局，用户将获得更宽敞的乘坐和储物空间，提升了车辆的实用性和舒适度。

（3）CTC 技术的劣势

① 技术复杂度高。CTC 技术对电芯、底盘及整车系统的设计和制造提出了前所未有的高要求。这需要企业投入大量研发资源，并具备高度的技术实力。

② 维修挑战。高度集成的 CTC 设计在带来性能提升的同时，也增加了维修的难度和成本。一旦发生故障，可能需要更加专业的设备和技术来进行诊断及修复。

特斯拉率先在 Model Y 上应用了 CTC 技术。特斯拉的 CTC 设计将电池上盖板直接作为车身地板使用，既简化了结构又提升了车内垂直空间。这一创新设计不仅为 Model Y 带来了更低的坐姿和更宽敞的头部空间，还通过优化空间布局提升了电池容量。然而，特斯拉的 CTC 方案也带来了维修难度的增加，因为电池无法单独拆卸，维修时需要拆除座椅和地毯等部件。

国内新势力品牌之一的零跑也在积极探索 CTC 技术，但其设计思路与特斯拉略有不同。零跑的 CTC 方案保留了车身地板，取消了电池上盖，用车身地板充当电池上盖的角色。这种设计在简化结构的同时，也对底盘的密封性能提出了更高要求。零跑在 C10 车型上采用了 CTC 2.0 技术，取消了电池组，实现了真正的 CTC 设计，进一步提升了车辆的性能和竞争力。

3.2.3.5　电池包结构选择的原则

（1）性能需求　根据新能源汽车的性能需求（如续航里程、加速性能、动力输出等）选择合适的电池包结构。例如，对于追求极致续航和动力性能的车型，可以选择 CTP 或 CTC 结构以提高能量密度。

（2）成本控制　成本是选择电池包结构时需要考虑的重要因素。在保证性能的前提下，应选择成本更低、效率更高的结构方案。例如，CTP 结构通过省略模块环节可以降低生产成本。

（3）安全性与可靠性　安全性和可靠性是新能源汽车的生命线。在选择电池包结构时，必须确保其具有良好的热管理能力、防护性能以及故障检测机制，以保障车辆和乘客的安全。

（4）生产工艺与制造能力　生产工艺和制造能力是限制电池包结构选择的重要因素。企业应根据自身的生产条件和技术水平，选择适合自己的电池包结构方案。例如，CTB 和 CTC 结构对车身设计和制造工艺要求较高，需要企业具备较强的技术实力。

（5）维护与保养　维护与保养的便捷性也是选择电池包结构时需要考虑的因素之一。CTM 结构因其模块化设计而具有较好的维修和更换便利性；而 CTP、CTB 和 CTC 结构需要考虑如何在保证性能的同时提高维护与保养的效率。

3.3　电池管理系统的设计

3.3.1　电池管理系统的功能需求

3.3.1.1　数据采集与监控

（1）高精度数据采集　电池管理系统应能够实时、准确地采集电池组及每块单体电池的电压、电流、温度等关键参数，为后续的数据分析与处理提供可靠依据。

（2）全面监控　除了基本参数外，电池管理系统还应监控电池组的充放电状态、健康状态（state of health，SOH）、荷电状态以及电池包的均衡状态等，确保电池组在安全、高效的状态下运行。

3.3.1.2　均衡管理

（1）主动均衡　电池管理系统应具备主动均衡功能，通过调节单体电池之间的充放电电流，使电池组中各个电池的电压和容量保持一致，从而延长电池组的整体寿命。

（2）智能均衡策略　均衡管理应基于实时数据和电池组的实际状态，采用智能算法制定均衡策略，以实现最优的均衡效果。

3.3.1.3　热管理

（1）温度监控与预警　电池管理系统应实时监控电池组的温度，并根据预设的阈值进行预警，防止电池因过热而损坏或引发安全事故。

（2）温度调节　通过控制风扇、冷却液循环等装置，电池管理系统应能够调节电池组的温度，确保其在最佳工作温度范围内运行。

3.3.1.4　安全保护

（1）过充过放保护　电池管理系统应具备过充过放保护功能，在电池电压达到预设的上下限值时自动切断充放电回路，防止电池受损。

（2）短路与漏电检测　实时监测电池组的短路与漏电情况，一旦发现异常立即采取措施保护电池组及车辆安全。

（3）故障诊断与报警　对电池组及电池管理系统自身的故障进行诊断，并通过仪表板、声音等方式向驾驶员发出报警信号。

3.3.1.5　能量管理与优化

（1）能量回收　在车辆制动等情况下，电池管理系统应能够控制电机进行能量回收，将制动能量转化为电能储存到电池组中。

（2）能量分配　根据车辆行驶状态及驾驶员需求，电池管理系统应合理分配电池组的能量，确保车辆的动力性能和经济性。

（3）充电管理　与充电设备通信，控制充电过程，确保电池组在充电过程中保持安全、高效。

3.3.1.6　通信与数据管理

（1）与整车控制器通信　电池管理系统应通过 CAN（控制局域网）总线等方式与整车控制器进行通信，实现数据交换和指令传递。

（2）数据存储与分析　记录并存储电池组的使用历史数据，包括充放电记录、温度记录、故障记录等，为后续的故障诊断、性能评估及优化提供依据。

（3）远程监控与诊断　支持远程监控电池组的运行状态，并通过云平台实现远程故障诊断与升级。

3.3.2　电池管理系统的数据采集

3.3.2.1　电压数据采集

（1）电压数据采集原理　电压数据采集是电池管理系统通过特定传感器或电路，实时获取电池组中单体电池或电池模块的电压值的过程。这一过程涉及信号隔离、电压转换、滤波处理以及模数转换等多个环节，旨在确保数据的准确性和可靠性。

① 信号隔离。由于电池组电压通常较高，直接测量存在安全风险，因此需采用隔离技术将高压信号与低压测量电路分离，防止高压信号对测量设备造成损害或影响测量精度。

② 电压转换。将电池的高电压信号通过分压电路或隔离运放等器件转换为模数转换器可接收的低电压信号。这一过程需确保转换的准确性和线性度，以避免引入误差。

③ 滤波处理。对转换后的电压信号进行滤波处理，以消除噪声和干扰，提高信号的信噪比。常用的滤波方法包括低通滤波、带通滤波等。

④ 模数转换。将滤波后的模拟电压信号通过数模转换器转换为数字信号，以便微控制器或处理器进行后续的数据处理和分析。

（2）电压数据采集方法

① 集中式采集。采用一个中央控制器和多个采集模块，每个采集模块负责一定数量单体电池的电压采集，并通过总线［如 CAN、LIN（串行通信网络）等］将数据传输到中央控制器。该方法结构相对简单，易于实现数据同步和集中处理。

② 分布式采集。每个单体电池或电池模块配备独立的电压采集单元，通过无线通信或菊花链等方式将数据汇总到电池管理系统主控制器。该方法提高了系统的灵活性和可扩展性，但可能增加成本和复杂性。

（3）电压数据采集示例 表 3-1 为新能源汽车电池管理系统电压数据采集示例。时间戳表示数据采集的具体时间点；单体电池电压表示单个电池单元的电压值，通常新能源汽车使用的锂离子电池单体电压范围为 2.5～4.2V（具体取决于电池类型和化学性质）；电池模块平均电压表示该模块内所有单体电池电压的平均值，有助于评估模块的整体性能；电池组总电压是电池组中所有单体电池电压之和，是电池管理系统监控和管理的重要参数之一。

表 3-1　新能源汽车电池管理系统电压数据采集示例

时间戳	单体电池 1 电压/V	单体电池 2 电压/V	…	电池模块 A 平均电压/V	电池模块 B 平均电压/V	电池组总 电压/V
2024-04-01 08：00	3.35	3.36	…	335.0	334.8	670.0
2024-04-01 09：00	3.34	3.35	…	334.9	335.1	670.0
2024-04-01 10：00	3.33	334	…	334.7	334.9	669.6
…	…	…	…	…	…	…
2024-04-01 15：00	3.28	3.29	…	328.5	328.7	657.4
2024-04-01 10：00	3.30	3.31	…	330.2	330.4	660.6

（4）数据分析与应用

① 电池状态监控。通过实时监测电池组的电压数据，电池管理系统可以评估电池的健康状态、荷电状态以及是否存在过充、过放等问题。

② 均衡控制。当发现单体电池之间电压差异较大时，电池管理系统可以启动均衡控制功能，通过调整电池充放电电流，使各单体电池电压趋于一致，延长电池使用寿命。

③ 能量管理。根据电压数据，电池管理系统可以优化充电和放电策略，提高能量的利用效率，同时保护电池不受损害。

④ 故障诊断。电压数据的异常变化往往预示着电池组存在潜在问题。通过定期分析电压数据，电池管理系统可以及时发现并解决故障，确保电池组的稳定运行。

3.3.2.2　电流数据采集

（1）电流数据采集原理 电流数据采集是指通过特定的传感器或电路，实时获取电池组在充放电过程中的电流值。这一数据对于评估电池的工作状态、计算荷电状态、优化能量分配以及实现电池均衡等关键功能至关重要。

① 电流传感器选择。为了准确测量电池组的电流，通常采用高精度的电流传感器，如霍尔效应传感器、分流器等。这些传感器能够感知电流的变化，并将其转换为可测量的电压或电流信号。

② 信号转换。传感器输出的信号（如模拟电压或电流）需要经过适当的转换，以便与电池管理系统的数据采集系统兼容。这通常涉及信号的放大、滤波和模数转换等步骤。

③ 数据处理。转换后的数字信号被送入电池管理系统的微控制器或处理器中进行进一步的处理和分析。在这一阶段，数据可能需要进行校准、滤波和异常检测等处理，以确保数据的准确性和可靠性。

（2）电流数据采集方法

① 直接测量法。使用电流传感器直接串联在电池组的正负极之间，测量整个电池组的充放电电流。这种方法简单直接，但可能对电池组的电气连接造成一定的影响。

② 间接测量法。通过测量电池组中某个关键点的电压变化，结合已知的电阻值或电路特性，间接计算出电流值。这种方法避免了直接串联传感器可能带来的问题，但计算过程相对复杂且可能引入误差。

（3）电流数据采集示例 表 3-2 为新能源汽车电池管理系统电流数据采集示例。充放电状态表示电池组当前的工作模式，包括充电、放电和待机状态。充电时电流值为正，放电时电流值为负，待机状态下电流值接近零但可能因系统自检或维护任务而有轻微波动；电流值表示电池组的总电流，正值表示充电，负值表示放电。电池模块电流表示各个电池模块内的电流分配情况，有助于了解电池组内部的能量流动和均衡状态。电池组总电流是电池组中所有电流的总和，它直接反映了电池组的充放电强度和能量转换效率。

表 3-2 新能源汽车电池管理系统电流数据采集示例

时间戳	充放电状态	电流值/A	电池模块 A 电流/A	电池模块 B 电流/A	电池组总电流/A
2024-04-01 08:00	充电	50.0	25.0	25.0	50.0
2024-04-01 09:00	放电	−80.0	−40.0	−40.0	−80.0
2024-04-01 10:00	待机	0.5	0.25	0.25	0.5
⋮	⋮	⋮	⋮	⋮	⋮
2024-04-01 15:00	充电	75.0	37.5	37.5	75.0
2024-04-01 16:00	放电	−100.0	−50.0	−50.0	−100.0

（4）数据分析与应用

① 能量管理。通过分析电流数据，电池管理系统可以优化充电和放电策略，以最大限度地提高能量利用效率，并减少能量损失。

② 安全保护。在电流异常（如过大或过小的电流值）时，电池管理系统可以迅速响应，采取措施保护电池组和车辆免受损害。例如，在电流过大时可能会暂停充电或放电，以避免

过热或电池损坏。

③ 续航里程预测。结合电流数据和电池荷电状态，电池管理系统可以预测车辆的剩余续航里程，为驾驶者提供有价值的参考信息。

④ 故障诊断。电流数据的异常变化可能预示着电池组或相关系统的潜在问题。通过定期分析电流数据，电池管理系统可以帮助诊断并解决潜在的故障，确保电池组的稳定运行。

3.3.2.3 温度数据采集

（1）温度数据采集原理 温度数据采集是指通过温度传感器等装置，实时获取电池组中各个关键位置的温度值。这些温度数据是评估电池热状态、预测热失控风险以及调整热管理策略的重要依据。

① 温度传感器选择。根据电池组的工作环境和要求，选择合适的温度传感器。常见的温度传感器包括热敏电阻、热电偶、红外温度传感器等。这些传感器能够将温度变化转换为电信号输出。

② 信号转换与传输。传感器输出的电信号通常需要经过信号调理电路进行放大、滤波等处理，以便与电池管理系统的数据采集系统兼容。处理后的信号通过有线或无线方式传输到电池管理系统的控制单元。

③ 数据处理。控制单元接收到温度数据后，进行进一步的处理和分析。这包括数据校准、异常检测、趋势分析等环节，以确保数据的准确性和可靠性。

（2）温度数据采集方法

① 点测法。在电池组的关键位置（如单体电池表面、电池模块之间等）安装温度传感器，直接测量这些点的温度。这种方法简单直接，但可能无法全面反映电池组的整体热状态。

② 分布式测量法。在电池组的多个位置安装温度传感器，形成分布式温度监测网络。这种方法能够更全面地获取电池组的温度分布信息，提高温度数据采集的准确性和可靠性。

③ 非接触式测量法。利用红外温度传感器等非接触式测量设备，在不接触电池表面的情况下测量其温度。这种方法适用于高温、高压等难以直接接触的测量环境，但可能受到环境光、距离等因素的影响。

（3）温度数据采集示例 表 3-3 为新能源汽车电池管理系统温度数据采集示例。

表 3-3　新能源汽车电池管理系统温度数据采集示例

时间戳	单体电池 1 温度/℃	单体电池 2 温度/℃	...	电池模块 A 平均温度/℃	电池模块 B 平均温度/℃	电池组总 平均温度/℃
2024-04-01 08：00	25.0	24.8	...	24.9	25.1	25.0
2024-04-01 09：00	26.5	26.3	...	26.4	26.6	26.5
2024-04-01 10：00	28.0	27.8	...	27.9	28.1	28.0
⋮	⋮	⋮	⋮	⋮	⋮	⋮

时间戳	单体电池 1 温度/℃	单体电池 2 温度/℃	...	电池模块 A 平均温度/℃	电池模块 B 平均温度/℃	电池组总 平均温度/℃
2024-04-01 15:00	32.0	31.8	...	31.9	32.1	32.0
2024-04-01 10:00	30.5	30.3	...	30.4	30.6	30.5

（4）数据分析与应用

① 热管理优化。通过观察电池组整体及各个模块、单体电池的温度变化趋势，电池管理系统可以调整冷却系统的运行策略，如增加或减少冷却介质的流量，以维持电池组在最佳工作温度范围内。

② 预防热失控。当发现某个单体电池或模块的温度异常升高时，电池管理系统可以立即采取措施，如降低充电功率、暂停充电或启动散热系统，以防止热失控的发生。

③ 能量管理优化。温度是影响电池性能的重要因素之一。通过监测电池组的温度数据，电池管理系统可以优化充电和放电策略，以提高能量的利用效率。

④ 故障诊断与维护。温度数据的异常变化可能指示电池组存在潜在问题。通过定期分析温度数据，可以及时发现并解决故障，确保电池组的稳定运行。

3.3.3　电池管理系统的状态估计

3.3.3.1　SOC 估算

（1）SOC 估算的定义　SOC 即电池的荷电状态，是指电池当前存储的电量占其总容量的比例（％）。它是衡量电池剩余可用电量的重要参数，直接影响新能源汽车的续航里程和性能表现。SOC 的准确估算对于驾驶员了解车辆剩余行驶能力、制订合理的充电计划以及避免电池过充或过放具有重要意义。

（2）SOC 估算的基本原理　SOC 估算的基本原理是通过测量电池的某些物理量（如电压、电流、温度等），结合电池的化学特性和历史数据，运用特定的算法和模型，计算出电池的荷电状态。由于电池内部复杂的化学反应和外部环境因素的影响，SOC 估算具有一定的复杂性和不确定性。因此，在实际应用中，需要综合考虑多种因素，采用多种方法相结合的方式进行估算。

（3）SOC 估算的常用方法

① 安时积分法。安时积分法是最常用的 SOC 估算方法之一。它基于电池的电流积分来计算 SOC 的变化量。通过测量电池在充放电过程中的电流值，并对其进行时间积分，得到电池充入或放出的电量，从而更新 SOC 值。该方法简单易行，但受电流测量精度和初始 SOC 值准确性的影响较大，且无法消除累积误差。

② 开路电压法。开路电压法利用电池在静置状态下的开路电压与 SOC 之间的对应关系进行估算。由于电池的开路电压与其内部化学反应状态密切相关，因此可以通过测量开路电压来间接反映电池的 SOC。然而，该方法需要电池处于静置状态，且受温度等环境因素影响较大，因此在实际应用中具有一定的局限性。

③ 卡尔曼滤波法。卡尔曼滤波法是一种基于系统状态空间模型的递推估计算法。它将电池的 SOC 视为系统的一个状态变量，通过构建电池的状态空间模型，结合电流、电压等测量数据，运用卡尔曼滤波算法对 SOC 进行实时估算。该方法能够有效地处理测量噪声和系统噪声对估算结果的影响，提高 SOC 估算的准确性和鲁棒性。

④ 神经网络法。神经网络法是指利用神经网络的强大非线性映射能力，通过训练神经网络模型来建立电池电压、电流、温度等参数与 SOC 之间的复杂关系。在实际应用中，可以通过输入实时测量数据到训练好的神经网络模型中，得到电池的 SOC 估算值。该方法具有较高的估算精度和泛化能力，但模型训练过程较为复杂且需要大量的实验数据支持。

（4）SOC 估算示例 假设有一个新能源汽车的电池组，其总容量为 60A·h，初始 SOC 为 100%，模拟了一段时间内的充放电过程。新能源汽车电池组 SOC 估算示例见表 3-4。

表 3-4 新能源汽车电池组 SOC 估算示例

时间段	充放电状态	电流/A	持续时间/h	电量变化/(A·h)	累计电量/(A·h)	SOC 估算/%
T0～T1	放电	−15	1.0	−15	−15	85
T1～T2	静止	0	0.5	0	−15	85
T2～T3	充电	10	1.0	10	−5	91.67
T3～T4	放电	−20	0.75	−15	−20	66.67
T4～T5	充电	25	0.8	20	0	100
T5～T6	放电	−30	0.5	−15	−15	75

① 时间段。表示 SOC 估算的时间区间。

② 充放电状态。指电池组在该时间段内的工作状态，分为充电、放电和静止三种。

③ 电流。表示该时间段内电池组的平均电流值，正值代表充电，负值代表放电。

④ 持续时间。该时间段内充放电或静止状态的持续时间。

⑤ 电量变化。根据电流和时间的乘积计算得出的电量变化量，放电为负值，充电为正值。

⑥ 累计电量。从初始状态开始到当前时间点的电量累计变化量，初始值为 0 或根据初始 SOC 计算得出。注意，这里为了方便展示，直接从 SOC 为 100% 且电量为满（60A·h）开始模拟，因此初始累计电量并非绝对意义上的 0，而是基于假设的初始条件。在实际应用中，需要根据实际电池状态进行调整。

⑦ SOC。根据累计电量和电池总容量计算得出的 SOC 值，计算公式为：SOC=（总容量＋累计电量)/总容量×100%。但在此例中，由于是从满电状态开始模拟，且考虑到实际 SOC 计算中可能涉及的库仑效率等因素，因此直接使用累计电量与总容量的相对值来近似表示 SOC 的变化。

请注意，表 3-4 中的 SOC 值仅为示例，实际应用中电池管理系统会使用更为复杂的算法和模型，结合电压、温度、内阻等多种参数，以及电池的化学特性和历史数据，来实现对 SOC 的精确估算。

通过表 3-4 可以直观地看到在不同充放电过程中，SOC 是如何随着电量变化的。这个例子虽然简化了实际情况中的许多因素，但为理解 SOC 估算的基本原理提供了一个清晰的框架。在实际应用中，电池管理系统会采用更为精确和复杂的方法来确保 SOC 估算的准确性和可靠性。

3.3.3.2　SOH 评估

(1) SOH 评估的定义　SOH 即电池的健康状况，是指电池在特定使用条件下，相对于其初始状态或全新状态下的性能保持能力。它反映了电池在使用过程中因循环充放电、温度波动、老化等因素导致的性能衰减程度。SOH 评估通常基于电池的容量、内阻、电压特性等多个参数进行，旨在量化电池的剩余使用寿命和性能表现。

(2) SOH 评估的原理　SOH 评估的原理在于通过测量电池的多个物理量，结合电池的化学特性和历史数据，运用特定的算法和模型，对电池的性能衰减程度进行量化评估。由于电池内部复杂的化学反应和外部环境因素的影响，SOH 评估具有一定的复杂性和不确定性。因此，在实际应用中，需要综合考虑多种因素，采用多种方法相结合的方式进行评估。

(3) SOH 评估的常用方法

① 容量衰减法。容量衰减法是最直接且常用的 SOH 评估方法之一。它基于电池的可用容量与其初始容量或额定容量的比值来评估 SOH。通过定期对电池进行满充满放测试，测量其实际可用容量，并与初始容量或额定容量进行比较，即可得到电池的 SOH 值。该方法简单直观，但测试过程耗时且对电池有一定损伤。

② 内阻增长法。内阻增大是电池性能衰减的重要表现之一。随着电池的老化和使用次数的增加，其内部电阻会逐渐增大。因此，通过测量电池的内阻变化，可以间接评估电池的 SOH。内阻增长法通常结合电池的充放电曲线和温度特性进行分析，以提高评估的准确性。

③ 数据驱动法。数据驱动法利用大数据和机器学习技术，通过收集和分析电池的历史运行数据，建立电池性能衰减与多种因素之间的复杂关系模型。在实际应用中，可以通过输入实时测量数据到训练好的模型中，得到电池的 SOH 评估结果。该方法具有较高的评估精度和泛化能力，但需要大量的实验数据支持，且模型训练过程较为复杂。

④ 增量容量分析法。增量容量分析（incremental capacity analysis，ICA）法是一种基于电池充放电过程中电压-容量曲线的分析方法。该方法通过计算充放电过程中电压微小变化对应的容量增量，分析电池内部化学反应的变化情况，从而评估电池的 SOH。ICA 法能够揭示电池老化过程中的细微变化，具有较高的灵敏度和准确性。

(4) SOH 评估示例　假设有一款新能源汽车的电池组，经过一定周期的使用后，需要对其进行 SOH 评估。评估过程中，主要关注电池的容量退化情况，因为容量退化是电池老化最直观的体现。同时，为了全面了解电池状态，也会考虑其他相关参数，如内阻变化、充放电效率等。新能源汽车电池组 SOH 评估示例见表 3-5。

表 3-5　新能源汽车电池组 SOH 评估示例

测试项目	初始值	当前值	退化量	退化率/%	SOH/%
额定容量/(A·h)	60	55	5	8.33	91.67
可用容量/(A·h)	58	52	6	10.34	89.66
内阻/mΩ	2.0	2.2	0.2	10.0	—
充放电效率/%	98	96	−2	2.04	—
循环寿命/次	—	500	—	—	—
SOH 综合评估	—	—	—	—	90.5

① 额定容量与可用容量。额定容量是电池在理想条件下能够存储的最大电量，可用容

量则考虑了电池在实际使用过程中由于内阻、温度、充放电效率等因素导致的损失。在本例中，初始可用容量略低于额定容量，以考虑效率损失。

② 容量退化。通过比较当前可用容量与初始可用容量的差值，可以计算出容量的退化量及退化率，这是评估 SOH 最直接的指标。

③ 内阻变化。内阻的增加是电池老化的一个重要标志，虽然在本例中未直接用于 SOH 的计算，但它是评估电池健康状态的重要参考。

④ 充放电效率。充放电效率反映了电池在充放电过程中的能量转换效率，其下降也是电池性能退化的表现之一。

⑤ 循环寿命。记录电池经历的充放电循环次数有助于了解电池的使用历史和剩余寿命潜力。

⑥ SOH 综合评估。基于多个参数的评估结果，通过一定算法计算得出 SOH 的综合评估值，这个值能够更全面地反映电池的健康状态。

通过表 3-5 和以上解释可以看到新能源汽车电池管理系统中 SOH 评估的复杂性和综合性。在实际应用中，电池管理系统会运用先进的算法和模型，结合实时监测的数据，对电池的健康状态进行精确评估。这不仅有助于使用者了解电池性能，还能为电池维护、性能优化及车辆管理提供重要依据。

3.3.3.3　SOP 预测

(1) SOP 预测的定义　SOP 即电池的最大功率输出能力，是指在特定条件下（如温度、SOC、电池老化程度等），电池能够在短时间内安全提供的最大功率。SOP 预测是指通过一定的方法和模型，对电池在特定工况下的最大功率输出能力进行预测。这一预测结果对于车辆的动力性能评估、能量管理策略的制定以及驾驶员的驾驶决策都具有重要参考价值。

(2) SOP 预测的原理　SOP 预测基于电池的电化学特性和热力学原理，结合电池的实际使用状态和外部环境条件，通过复杂的计算和模拟，预测电池在特定工况下的最大功率输出能力。这一过程需要综合考虑电池的多个参数，如 SOC、内阻、温度、老化程度等，以及它们之间的相互作用和影响。

(3) SOP 预测的常用方法

① 基于模型的预测方法。这种方法通过建立电池的详细数学模型，包括电化学模型、热模型和老化模型等，来模拟电池在不同工况下的行为，并预测其 SOP。这些模型通常基于电池的物理和化学原理构建，具有较高的准确性和可靠性。然而，模型的复杂性和计算量也较大，对硬件和软件资源要求较高。

② 数据驱动的方法。利用大数据和机器学习技术，通过收集和分析电池的历史运行数据，建立电池性能与多种因素之间的复杂关系模型。在实际应用中，可以通过输入实时测量数据到训练好的模型中，快速预测电池的 SOP。这种方法具有较高的灵活性和适应性，能够快速适应不同工况和电池状态的变化。然而，模型的准确性和可靠性很大程度上依赖数据的质量和数量。

③ 实时在线估计方法。实时在线估计方法结合了模型和数据的优势，通过在线监测电池的实时状态（如电压、电流、温度等），结合预先建立的模型或算法，对电池的 SOP 进行实时预测。这种方法能够及时反馈电池的当前状态，为车辆的动力性能评估和能量管理策略的制定提供有力支持。然而，实时在线估计方法也面临计算复杂性和实时性要求的挑战。

（4）SOP 预估示例 在新能源汽车行驶过程中，电池管理系统需要实时评估电池的 SOP，以便为车辆动力控制系统提供准确的电池功率输出能力信息。SOP 预估通常考虑电池当前的电量、温度、老化程度以及车辆的驾驶需求等多个因素。新能源汽车电池组 SOP 预估示例见表 3-6。

表 3-6 新能源汽车电池组 SOP 预估示例

条件/参数	数值/状态	SOP 预估值/kW
电量	80%	150%
	50%	120
	20%	80
电池温度	25℃（最佳温度）	150
	0℃（低温）	100
	45℃（高温）	120
电池老化程度	新电池	150
	使用 1 年后	145
	使用 3 年后	130
驾驶需求	平稳驾驶	100
	急加速	150
	高速巡航	120

① 电量。电池电量是影响 SOP 的关键因素之一。随着电量的减少，电池的 SOP 也会相应下降。

② 电池温度。电池温度对 SOP 有显著影响。在最佳工作温度下，电池的 SOP 达到最高；而在低温或高温条件下，SOP 会受到不同程度的限制，以保护电池不受损害。

③ 电池老化程度。随着电池的老化，其内部电阻增加，导致 SOP 逐渐降低。因此，在使用不同年份的电池时，SOP 预估值也会有所不同。

④ 驾驶需求。不同的驾驶需求对 SOP 的要求也不同。在平稳驾驶时，电池只需提供较低的功率输出；而在急加速或高速巡航时，则需要更高的 SOP 来满足动力需求。

在实际应用中，电池管理系统会根据上述多个参数和条件进行综合考虑，以得出最准确的 SOP 预估值。这个值将作为车辆动力控制系统的输入参数之一，用于优化动力分配和能量管理策略。

以上通过表格形式展示新能源汽车电池管理系统中 SOP 预估的例子，可以清晰地看到不同条件下电池的 SOP 预估结果。电池管理系统通过实时监测电池状态和驾驶需求，结合先进的算法和模型进行 SOP 预估，为车辆提供了强大的动力支持，同时确保了电池的安全性和使用寿命。在实际应用中，SOP 预估的准确性对于提升新能源汽车的驾驶性能和用户体验具有重要意义。

3.3.4　电池管理系统的均衡控制

3.3.4.1　电池不均衡现象产生的原因

（1）电池单体差异性 在电池生产过程中，由于制造工艺、材料纯度、结构设计等方面的微小差异，即使是同一批次生产的电池单体，在性能上也会存在一定的差异。这些差异在电池组成组后，随着充放电循环的进行，会逐渐累积并放大，导致电池不均衡现象的产生。

(2) 使用环境差异　新能源汽车在使用过程中，电池组中的各个单体电池所处的环境（如温度、湿度、振动等）往往不尽相同。这种环境差异会导致电池单体在充放电过程中的反应速率、效率以及内部化学反应的程度产生差异，从而引发电池不均衡。

(3) 充放电管理不当　充放电管理是电池组性能维持的关键因素之一。如果充电过程中充电电流、电压控制不当，或者放电过程中负载分配不均，都可能导致电池单体之间的电量差异增大，进而引发电池不均衡。

(4) 电池老化　随着电池使用时间的延长，电池内部的活性物质会逐渐减少，电化学反应速率下降，导致电池性能衰退。而电池单体之间的老化速率往往存在差异，这种差异也会加剧电池不均衡现象。

3.3.4.2　不均衡现象对电池的影响

(1) 降低电池组整体性能　电池不均衡会导致电池组中某些单体电池的电量过高或过低，从而影响整个电池组的充放电效率和能量密度。在放电过程中，电量较低的单体电池会首先达到放电截止电压，限制了电池组的整体放电能力；而在充电过程中，电量较高的单体电池会先充满，限制了电池组的整体充电速率。

(2) 缩短电池使用寿命　电池不均衡会加剧电池单体之间的性能差异，导致某些单体电池长期处于过充或过放状态。这种状态会加速电池内部化学反应的速率，产生更多的热量和副反应产物，对电池材料造成损害，从而缩短电池的使用寿命。

(3) 增加安全隐患　电池不均衡还可能引发安全隐患。当电池单体之间的电量差异过大时，可能会导致电池组内部的热量分布不均，产生局部高温。如果这种高温得不到及时控制，就有可能引发电池热失控、起火甚至爆炸等严重后果。

3.3.4.3　电池被动均衡控制技术

(1) 定义　电池被动均衡控制技术是一种通过物理方式将电池组中电量较高的单体电池的能量以非目标形式（如热能）耗散掉，以实现电池组均衡的技术。该技术不涉及能量的主动转移，而是依靠电池自身的放电特性或外部电阻来实现均衡。

(2) 原理　电池被动均衡控制技术的核心原理在于利用并联在每个单体电池两端的电阻（或其他耗散元件）来消耗多余电量。当电池管理系统检测到某个单体电池的电压超过预设阈值时，会控制相应的开关导通，使多余电量通过电阻以热能的形式释放到环境中。这种方式虽然简单，但会造成能量的浪费，并且可能因发热量大而影响电池的性能和寿命。

(3) 示例　假设一个由 8 个单体电池串联组成的电池组，每个单体电池的额定电压为 3.6V，总电压为 28.8V。由于生产和使用过程中的差异，各单体电池的初始容量、内阻等参数存在微小差异，导致在充电和放电过程中，某些单体电池的电压会高于或低于其他电池。为了保持电池组的整体性能，需要采用被动均衡控制技术进行调整。电池被动均衡控制示例见表 3-7。

表 3-7　电池被动均衡控制示例

单体电池编号	初始电压/V	均衡前电压/V	均衡电阻/Ω	均衡时间/s	均衡后电压/V
B1	3.6	3.72	0.5	60	3.65
B2	3.61	3.68	0.3	45	3.64
B3	3.6	3.62	—	—	3.62
B4	3.59	3.55	0.2	90	3.60
B5	3.62	3.66	0.4	55	3.63
B6	3.6	3.69	0.6	70	3.65
B7	3.58	3.54	0.1	120	3.59
B8	3.61	3.67	0.5	65	3.64

① 初始电压。表示各单体电池在均衡控制前的初始电压值，由于生产和使用过程中的差异，这些值略有不同。

② 均衡前电压。表示在未进行均衡控制时，各单体电池在特定工况下的电压值。由于电池性能的差异，部分单体电池的电压高于或低于平均值。

③ 均衡电阻。为进行被动均衡控制，在每个单体电池上并联了不同阻值的电阻。电阻的选择基于单体电池的电压差异和期望的均衡速度。电压差异较大的单体电池将配备较大阻值的电阻，以加快均衡过程。

④ 均衡时间。表示各单体电池通过并联电阻进行均衡控制所需的时间。这个时间由电阻值、单体电池的电压差异和电池管理系统的控制策略共同决定。

⑤ 均衡后电压。表示经过均衡控制后，各单体电池的电压值。可以看出，经过均衡控制，所有单体电池的电压都更接近平均值，达到了均衡的效果。

通过表 3-7 和以上解释可以看到电池被动均衡控制技术在新能源汽车电池管理系统中的应用。虽然这种技术存在能量浪费和发热量大的问题，但它以简单且成本较低的方式实现了电池组的均衡，对于保障电池组的整体性能和延长使用寿命具有重要意义。

3.3.4.4　电池主动均衡控制技术

(1) 定义　电池主动均衡控制技术是一种通过能量转换装置（如 DC/DC 转换器）将电池组中电量较高的单体电池的能量主动转移到电量较低的单体电池中，以实现电池组均衡的技术。与被动均衡不同，主动均衡技术能够实现能量的有效利用，减少能量浪费。

(2) 原理　电池主动均衡控制技术的核心在于能量转换装置，该装置能够将电量较高的单体电池的能量转换为适合其他电池接收的形式（如电压、电流等），并通过导线或中间储能元件（如电容器）传递给电量较低的单体电池。这种方式需要复杂的控制算法和电路设计，但能够实现高效的能量转移和均衡，提升电池组的整体性能。

(3) 示例　假设一个由 10 个单体电池串联组成的电池组，每个单体电池的标称电压为 3.7V，总电压为 37V。由于电池单体间的初始容量、内阻等参数差异，以及使用过程中的不同放电深度，电池组内的单体电池电压会逐渐出现偏差。为了维持电池组的整体性能，采用电池主动均衡控制技术进行调整。电池主动均衡控制示例见表 3-8。

表 3-8　电池主动均衡控制示例

单体电池编号	均衡前电压/V	目标电压/V	均衡电流/A	均衡时间/s	均衡后电压/V
B1	3.85	3.70	−0.15	100	3.70
B2	3.72	3.70	−0.02	50	3.70
B3	3.68	3.70	0.02	50	3.70
B4	3.65	3.70	0.05	75	3.70
B5	3.71	3.70	−0.01	25	3.70
B6	3.78	3.70	−0.08	125	3.70
B7	3.67	3.70	0.03	60	3.70
B8	3.69	3.70	0.01	25	3.70
B9	3.70	3.70	0	0	3.70
B10	3.64	3.70	0.06	100	3.70

① 均衡前电压。表示各单体电池在均衡控制前的电压值。由于电池单体间的差异，这些电压值并不完全相同。

② 目标电压。设定为所有单体电池应达到的理想电压值，通常为电池组的标称电压除以单体电池数量（本例中为 3.7V）。

③ 均衡电流。表示在均衡过程中，通过 DC/DC 转换器或其他能量转换装置，从电压较高的单体电池流向电压较低的单体电池的电流大小。负值表示电流流出，正值表示电流流入。

④ 均衡时间。根据均衡电流大小和单体电池间的电压差异，计算出达到目标电压所需的时间。这个时间由电池管理系统的控制策略和算法决定。

⑤ 均衡后电压。表示经过均衡控制后，各单体电池的电压值。可以看出，所有单体电池的电压都已调整至目标电压附近，实现了电池组的均衡。

通过表 3-8 和以上解释可以清晰地看到电池主动均衡控制技术在新能源汽车电池管理系统中的应用效果。该技术通过能量转换装置实现能量的主动转移，有效平衡了电池组内各单体电池之间的能量差异，提高了电池组的整体性能和寿命。

3.3.4.5　电池智能化均衡控制技术

（1）定义　电池智能化均衡控制技术是在主动均衡控制技术的基础上，结合先进的传感器、数据处理算法和人工智能技术，实现对电池状态的实时监测、精准预测和智能控制的一种均衡技术。该技术能够根据电池的实际状态和工况需求，动态调整均衡策略，以达到最优的均衡效果和电池性能。

（2）原理　电池智能化均衡控制技术的核心在于其智能化系统。该系统通过高精度传感器实时监测电池组的电压、电流、温度等关键参数，并利用先进的数据处理算法对监测数据进行处理和分析。基于这些数据，系统能够预测电池的未来状态变化趋势，并据此制定最优的均衡策略。同时，系统还能够根据工况需求和电池状态实时调整均衡参数和策略，以实现动态均衡控制。此外，通过人工智能技术的学习和优化，系统能够不断提升其自适应能力和均衡效率。

（3）示例　假设一个由 12 个单体电池串联组成的电池组，每个单体电池的额定电压为

4.2V，总电压为50.4V。为了应对复杂多变的工况和延长电池使用寿命，该电池组采用智能化的电池均衡控制策略。电池智能化均衡控制示例见表 3-9。

表 3-9　电池智能化均衡控制示例

单体电池编号	初始 SOC /%	均衡前电压 /V	均衡策略	均衡后 SOC/%	均衡后电压/V	均衡时间 /s
B1	85	4.25	主动放电	80	4.18	120
B2	78	4.12	被动均衡	79	4.15	90
B3	82	4.20	无须均衡	82	4.20	0
B4	75	4.05	主动充电	78	4.12	150
B5	80	4.18	无须均衡	80	4.18	0
B6	83	4.23	主动放电	81	4.20	100
B7	76	4.08	被动均衡	77	4.10	75
B8	81	4.20	无须均衡	81	4.20	0
B9	77	4.09	被动均衡	78	4.11	85
B10	84	4.24	主动放电	82	4.20	110
B11	79	4.17	无须均衡	79	4.17	0
B12	74	4.03	主动充电	77	4.10	160

① 初始 SOC。表示各单体电池在均衡控制前的荷电状态，是评估电池状态的重要指标。

② 均衡前电压。表示各单体电池在均衡控制前的电压值，反映了电池当前的充放电状态。

③ 均衡策略。根据单体电池的 SOC 和电压差异，电池管理系统决定采用的均衡策略，包括主动放电（将电量从高 SOC 电池转移到外部负载或储能装置）、主动充电（通过外部电源为低 SOC 电池补充电量）以及被动均衡（通过电阻放电等方式实现能量转移，但效率较低，本例中仅作为辅助手段）。

④ 均衡后 SOC。表示经过均衡控制后，各单体电池的荷电状态。可以看出，通过智能化均衡控制，各单体电池的 SOC 更加接近，达到了均衡的效果。

⑤ 均衡后电压。表示均衡控制后各单体电池的电压值，也反映了均衡控制的效果。

⑥ 均衡时间。表示完成均衡控制所需的时间，这个时间由均衡策略、单体电池间的差异以及电池管理系统的控制算法共同决定。

通过表 3-9 和以上解释可以看到电池智能化均衡控制技术在新能源汽车电池管理系统中的应用效果。这种技术不仅依赖先进的传感器来实时监测每个单体电池的状态，还通过复杂的算法和智能决策机制，为每个单体电池量身定制均衡策略。

3.3.5　电池管理系统的安全保护

3.3.5.1　过充保护

过充是指电池在充电过程中，由于充电电流过大、充电时间过长或充电控制不当等原因，导致电池内部电压超过其设计允许的最高值。过充会破坏电池内部的化学平衡，加速电池老化，降低电池性能，甚至引发安全事故。

为了有效防止电池过充，新能源汽车电池管理系统通常采用以下几种保护策略。

(1) 电压监测与保护 电池管理系统通过高精度电压传感器实时监测电池组的总电压及各单体电池的电压。当电池电压接近或达到设定的过充保护阈值时，电池管理系统会立即切断充电回路，防止电池继续充电。同时，电池管理系统还会记录并上报过充事件，以便进行后续分析和处理。

(2) 电流限制 在充电过程中，电池管理系统会根据电池的状态和充电需求动态调整充电电流。当电池接近满电状态时，电池管理系统会逐步减小充电电流，以减缓电池电压的上升速度，降低过充风险。

(3) 温度控制 过充往往伴随着电池温度的升高。因此，电池管理系统还通过温度传感器监测电池组的温度，并在必要时启动散热系统，如风扇或液冷系统，以降低电池温度，防止热失控。

(4) 软件算法优化 电池管理系统内部集成了复杂的算法，用于分析和预测电池的充电行为。通过不断优化这些算法，电池管理系统可以更准确地判断电池的充电状态，提前采取过充保护措施。例如，利用机器学习算法对电池充电数据进行分析，建立电池健康状态与充电行为的关联模型，提高过充保护的准确性和响应速度。

(5) 硬件冗余设计 为了提高系统的可靠性和安全性，电池管理系统通常采用硬件冗余设计。例如，在充电控制电路中设置多个保护元件（如熔丝、继电器等），确保在单个元件失效时仍能切断充电回路，防止电池过充。

3.3.5.2　过放保护

过放是指电池在放电过程中，由于放电电流过大、放电时间过长或电池管理系统控制不当等原因，导致电池内部电量过度消耗，电压降至其设计允许的最低值以下。

为了有效防止电池过放，新能源汽车电池管理系统通常采用以下几种保护策略。

(1) 电压监测与保护 电池管理系统通过高精度电压传感器实时监测电池组的总电压及各单体电池的电压。当电池电压降至设定的过放保护阈值时，电池管理系统会立即切断放电回路，防止电池继续放电。这一机制确保了电池在安全范围内运行，避免了过放对电池的损害。

(2) 电流限制 在放电过程中，电池管理系统会根据电池的当前状态和放电需求动态调整放电电流。当电池电量接近或达到设定的低电量阈值时，电池管理系统会逐步减小放电电流，以减缓电池电压的下降速度，降低过放风险。

(3) 荷电状态估算 电池管理系统通过复杂的算法估算电池的荷电状态，即电池当前可用的电量占其总容量的比例（％）。准确的 SOC 估算有助于电池管理系统更精确地判断电池的放电状态，及时采取过放保护措施。

(4) 均衡控制 电池组中的单体电池性能可能存在差异，导致在放电过程中某些电池先达到过放阈值。为了避免这种情况，电池管理系统会实施均衡控制策略，通过转移电量或调整放电顺序等方式，使各单体电池的放电状态趋于一致，从而延长整个电池组的使用寿命。

(5) 预警与报警 当电池接近过放阈值时，电池管理系统会发出预警信号，提醒驾驶员注意电池电量。一旦电池进入过放状态，电池管理系统会立即切断放电回路，并发出报警信号，确保车辆及乘客的安全。

3.3.5.3 短路保护

短路是指电池正负极之间直接或通过低阻抗路径相连，导致大量电流瞬间通过，产生大量热量和可能的火花。在新能源汽车电池组中，短路可能由多种因素引起，如电池内部故障、外部物理损伤、连接线路错误等。短路不仅会导致电池组迅速放电，降低电池性能，还可能引发电池热失控、电解液泄漏甚至爆炸等严重后果，对车辆及乘客安全构成巨大威胁。

为了有效防止电池组短路，新能源汽车电池管理系统通常采用以下几种保护策略。

(1) 硬件熔丝与继电器保护　在电池组的输入/输出端以及关键连接点，设置高电流熔断熔丝和继电器。当发生短路时，熔丝会迅速熔断，切断电路；继电器则会在检测到异常电流时自动断开，从而防止短路电流继续通过。这种保护方式简单可靠，是短路保护的第一道防线。

(2) 电流监测与保护　电池管理系统通过高精度电流传感器实时监测电池组的充放电流。当检测到异常大电流（超过设定阈值）时，电池管理系统会判断为短路故障，并立即切断相关电路，防止短路电流对电池组造成进一步损害。同时，电池管理系统还会记录并上报短路事件，以便进行后续分析和处理。

(3) 绝缘电阻监测　电池组内部的绝缘电阻是评估电池组绝缘性能的重要指标。电池管理系统通过绝缘电阻测试仪定期检测电池组的绝缘电阻值。当绝缘电阻低于设定阈值时，可能意味着电池组内部存在漏电或短路风险。此时，电池管理系统会发出预警信号，并采取相应的保护措施，如限制充放电功率或切断电路等。

(4) 温度监测与保护　短路往往伴随着电池温度的急剧升高。因此，电池管理系统还通过温度传感器实时监测电池组的温度。当检测到异常高温时，电池管理系统会判断为可能发生了短路故障，并立即启动散热系统（如风扇、液冷等）以降低电池温度。如果温度持续升高且无法有效控制，电池管理系统将切断相关电路以防止热失控和火灾的发生。

(5) 软件算法优化　电池管理系统内部集成了复杂的算法，用于分析和预测电池组的运行状态。通过不断优化这些算法，电池管理系统可以更准确地判断电池组是否处于短路风险之中，并提前采取相应的保护措施。例如，利用机器学习算法对电池组运行数据进行分析，建立短路故障预测模型，提高短路保护的准确性和响应速度。

3.3.6　电池管理系统的硬件设计

3.3.6.1　硬件架构设计

(1) 模块化设计　电池管理系统硬件设计遵循模块化原则，将复杂的系统划分为若干独立的功能模块，如数据采集、状态监控、均衡控制、热管理、通信等。每个模块都经过精心设计和封装，具备独立的功能和接口，便于安装、调试和维护。模块间通过标准化的接口与主控制单元相连，实现数据的交互与协同工作，从而提高了系统的整体可维护性、可扩展性和灵活性。

(2) 主控单元　主控单元是电池管理系统的核心部件，其性能直接决定了整个系统的运行效率和控制精度。通常采用高性能的微控制器或数字信号处理芯片作为主控单元，这些芯片具备强大的计算能力、丰富的外设接口以及高可靠性，能够应对复杂多变的工作环境。主控单元负责数据采集、处理、算法运算及决策控制等核心任务，确保电池管理系统能够实时、准确地监测和控制电池组的状态。

3.3.6.2 关键组件设计

(1) 数据采集模块 数据采集模块是电池管理系统获取电池组状态信息的重要途径。该模块包含高精度模数转换器、多路模拟开关及温度传感器等元件，能够实时采集电池组的电压、电流、温度等关键参数。为确保数据采集的准确性和可靠性，还需采用滤波、校准等处理技术对数据进行预处理，以提高数据质量。

(2) 均衡控制模块 均衡控制模块用于解决电池组中单体电池间的不一致性问题。该模块通过均衡电路和控制逻辑，采用主动均衡或被动均衡策略，根据电池组的实时状态动态调整均衡电流，实现能量的均衡分配。均衡控制模块的有效运行能够显著提高电池组的整体性能和循环寿命。

(3) 热管理模块 热管理模块负责监测和控制电池组的温度，确保其在适宜的工作范围内运行。该模块包括温度传感器、风扇、加热器等元件，通过闭环控制策略调节电池组的散热或加热。有效的热管理能够防止电池组因温度过高或过低而导致的性能下降和安全隐患。

(4) 通信接口模块 通信接口模块负责电池管理系统与其他车载系统之间的数据交换。该模块通常采用 CAN 总线、LIN 总线或以太网等标准通信协议，具备高速、可靠、灵活的数据传输能力。同时，还支持远程升级、故障诊断等高级功能，提高了系统的可维护性和智能化水平。

电池管理系统的通信接口设计需满足以下要求。

① 高速性。确保数据在电池管理系统与其他系统之间能够实时、快速地传输，以满足实时控制的需求。

② 可靠性。采用差分信号传输、冗余设计等技术手段，提高通信的抗干扰能力和可靠性，确保数据传输的稳定性和准确性。

③ 灵活性。支持多种通信协议和接口标准，以适应不同车型和厂家的需求，便于系统集成和升级。

3.3.6.3 安全机制设计

电池管理系统的安全机制设计是保障电池组和整车安全的重要环节。硬件方面需考虑以下安全策略。

(1) 电气隔离 采用隔离变压器、光耦等隔离器件，实现电气信号的隔离传输，防止电气干扰和短路风险，提高系统的电气安全性。

(2) 过压过流保护 在电源输入端和电池组输出端配置过压过流保护电路，当电压或电流超过设定阈值时自动切断电源或放电回路，防止电池组因过压或过流而损坏。

(3) 故障诊断与报警 通过传感器和算法实时监测电池管理系统的运行状态，一旦发现异常，立即进行故障诊断并发出报警信号，提醒驾驶员或维修人员及时处理故障。

(4) 冗余设计 对关键部件如主控单元、通信接口等采用冗余设计，提高系统的可靠性和容错能力，确保在部分组件失效时仍能维持系统的正常运行。

3.3.7　电池管理系统的软件设计

3.3.7.1　软件需求分析

（1）功能需求

① 数据采集。实时采集电池组中每个单体电池的电压、电流、温度等关键参数。

② 状态评估。基于采集的数据，对电池组的荷电状态、健康状态进行评估。

③ 故障检测与诊断。监控电池组运行状态，及时发现并诊断异常情况，如过充、过放、过热等。

④ 均衡控制。通过调整电池组单体之间的充电或放电电流，实现能量均衡，延长电池使用寿命。

⑤ 热管理。根据电池温度控制散热或加热系统，确保电池组在适宜的温度范围内运行。

⑥ 通信管理。与整车控制器、电机控制器等其他车载系统进行数据交换，同时支持远程监控和升级。

（2）性能需求

① 实时性。快速响应电池状态变化，确保数据采集和处理的及时性。

② 准确性。高精度地采集和评估电池状态，避免误报和漏报。

③ 可靠性。系统应具备高可用性和容错能力，保障车辆在极端工况下的稳定运行。

④ 可扩展性。支持软件功能的后续升级和扩展，以适应电池技术的进步和车型变化。

3.3.7.2　系统架构设计

（1）分层架构　电池管理系统软件设计常采用分层架构，从下至上依次为硬件抽象层、驱动层、操作系统层、应用层等。这种架构有助于降低系统耦合度，提高代码的可维护性和可扩展性。

① 硬件抽象层。封装与硬件设备的交互接口，为上层软件提供统一的硬件访问方式。

② 驱动层。提供硬件设备的具体驱动支持，如模数转换器驱动、CAN 通信驱动等。

③ 操作系统层。运行嵌入式操作系统，负责任务调度、资源管理、中断处理等任务。

④ 应用层。实现电池管理系统的核心功能，包括数据采集、状态评估、故障检测、均衡控制、热管理和通信管理等。

（2）模块化设计　在应用层内部，进一步采用模块化设计原则，将复杂的功能划分为多个独立的模块。每个模块都具有明确的职责和接口，便于开发和维护。常见的模块包括数据采集模块、状态评估模块、故障检测与诊断模块、均衡控制模块、热管理模块和通信管理模块等。

3.3.7.3　功能模块划分与实现

（1）数据采集模块　负责从电池管理系统传感器网络中获取电池电压、电流、温度等原始数据。通过高精度的模数转换器实现数据采集，并采用滤波算法对原始数据进行预处理，提高数据的准确性和可靠性。

（2）状态评估模块　基于采集到的数据，运用复杂的算法模型对电池组进行 SOC 评估和 SOH 评估。SOC 评估通常采用安时积分法结合开路电压校准等方法，SOH 评估则依赖容量衰减模型或内阻增长模型等。通过定期校准和参数调整，确保评估结果的准确性。

（3）故障检测与诊断模块　实时监测电池组的运行状态，发现并记录任何异常情况。当检测到过充、过放、过热等故障时，立即启动保护机制并生成故障诊断报告。该模块应具备强大的数据分析和决策能力，能够快速准确地定位故障原因并给出处理建议。

（4）均衡控制模块　根据电池组单体之间的电压差异，智能调整均衡电流以实现能量均衡。常见的均衡方法包括被动均衡（如电阻放电均衡）和主动均衡（如电容转移均衡）。该模块应能够根据电池组的实时状态动态调整均衡策略，确保均衡过程的高效性和准确性。

（5）热管理模块　根据电池组的温度数据控制散热或加热系统，确保电池组在适宜的温度范围内运行。该模块需具备温度检测、风扇控制、加热器控制等功能，并能够根据温度变化自动调整控制参数以维持电池组的温度稳定。

（6）通信管理模块　负责与整车控制器、电机控制器等其他车载系统以及远程监控平台进行数据交换。该模块支持多种通信协议和接口标准（如 CAN 总线、LIN 总线、以太网等），能够实现高效、可靠的数据传输。同时，还支持远程升级和故障诊断等高级功能。

3.3.7.4　关键算法实现

（1）SOC 估算算法　SOC 估算算法是电池管理系统中的核心技术之一。常用的算法包括安时积分法、开路电压法、卡尔曼滤波法等。为了提高估算精度和鲁棒性，可以综合运用多种算法进行融合。例如，结合安时积分法与开路电压法进行 SOC 初值与实时更新的结合，同时使用卡尔曼滤波或扩展卡尔曼滤波对估算过程进行动态调整，以应对电池模型的不确定性和测量噪声。

（2）SOH 评估算法　SOH 评估算法通常基于电池的容量衰减、内阻增长或循环次数等参数进行。常用的方法有容量测试法、内阻测量法、增量容量分析法和机器学习法等。机器学习法，特别是深度学习算法，近年来在 SOH 评估中展现出巨大潜力，能够通过大量历史数据学习电池老化特性，预测未来性能变化。

（3）故障诊断算法　故障诊断算法需要快速准确地识别电池组中的异常状况。常见的算法包括基于阈值的诊断方法，通过设定电压、电流、温度等参数的上下限来检测故障；基于模型的方法，利用电池模型预测正常状态下的行为，并与实际测量值进行比较以检测偏差。此外，数据驱动的故障诊断方法，如支持向量机、神经网络等，也能在复杂系统中实现高效的故障检测和分类。

（4）均衡控制算法　均衡控制算法旨在平衡电池组中单体电池之间的能量差异，延长电池使用寿命。常见的均衡算法包括基于电流分配的策略，如被动均衡（电阻放电均衡）和主动均衡（电容/电感转移均衡）。主动均衡方法因其更高的能量利用率和更快的均衡速度而备受关注。优化均衡控制算法时，需要考虑均衡效率、系统复杂性和成本之间的平衡。

3.3.7.5　数据管理与通信

（1）数据管理　电池管理系统软件设计需要高效的数据管理机制，以处理大量实时采集的数据。这包括数据的存储、索引、查询和分析等功能。采用数据库或文件系统来存储历史数据，并通过索引技术提高数据检索速度。同时，利用数据分析工具（如 MATLAB、Python 等）对历史数据进行处理，以提取有用信息并优化系统性能。

（2）通信协议与接口　电池管理系统需要与整车其他系统以及外部设备进行通信。因此，选择合适的通信协议和接口标准至关重要。CAN总线因其高可靠性和实时性在汽车行业得到广泛应用；而以太网、LIN总线等其他协议也可根据具体需求进行选择。此外，电池管理系统还应支持远程监控和诊断功能，通过无线通信技术（如4G/5G、Wi-Fi）与远程服务器进行数据交换。

3.3.7.6　测试与验证

（1）单元测试　对电池管理系统软件中的各个模块进行单元测试，确保每个模块的功能都正确无误。单元测试应覆盖所有可能的输入和边界情况，并验证输出结果是否符合预期。

（2）集成测试　将各个模块集成在一起进行整体测试，验证系统各模块之间的协同工作能力。集成测试应重点关注模块间的接口和数据交互是否正确。

（3）系统测试　将电池管理系统安装在实车上进行实际运行测试，以评估其在各种工况下的性能和可靠性。系统测试应包括常温测试、高温测试、低温测试、振动测试、电磁兼容性测试等多种测试场景。

（4）验证与确认　通过对比测试数据与预期结果，验证电池管理系统软件的设计是否满足设计说明书的要求。同时，邀请用户参与测试并收集反馈意见，以便对软件进行进一步的优化和改进。

3.4　电池热管理系统的设计

3.4.1　电池热特性分析

3.4.1.1　电池热产生机理

（1）内阻产热　电池在充放电过程中，由于内部电阻的存在，电流通过时会产生焦耳热。这部分热量是电池热量的主要来源之一，其大小与电流的平方、内阻及时间成正比。

（2）化学反应热　电池内部发生的化学反应（如锂离子在正负极之间的嵌入与脱出）也伴随着热量的产生。这部分热量与电池的材料、结构、充放电状态等因素有关。

（3）极化热　极化是电池充放电过程中不可避免的现象，包括浓差极化和电化学极化。极化会导致电池内部电位差增大，从而产生极化热。

3.4.1.2　电池温度分布规律

（1）横向分布　在电池单体内部，由于电极结构、材料分布及电流密度的不均匀性，温度分布往往存在横向差异。这种差异可能导致电池局部过热，影响电池性能。

（2）纵向分布　在电池模组或电池包中，由于热传导、对流和辐射等热传递方式的存在，电池单体之间的温度也会存在差异。通常，靠近热源（如电池组中央）的电池单体温度较高，而远离热源的电池单体温度较低。

（3）环境因素　环境温度、风速、湿度等外部条件也会对电池温度分布产生影响。例如，在高温环境下，电池散热困难，易导致温度升高；而在低温环境下，电池加热需求增加，能耗也会相应提高。

3.4.1.3　热效应对电池性能的影响

（1）电池效率　电池温度升高会导致内阻增大，从而降低电池效率。同时，高温还会加速电池内部化学反应速率，增加副反应的发生，进一步降低电池效率。

（2）循环寿命　电池温度是影响其循环寿命的关键因素之一。高温会加速电池材料的老化和腐蚀，导致电池容量衰减速率加快；低温会导致电池内阻增大，充放电性能下降。

（3）安全性　电池过热是引发新能源汽车安全事故的主要原因之一。高温环境下，电池内部压力增大，易导致电池鼓包、漏液甚至爆炸等危险情况的发生。

3.4.1.4　电池热特性分析的方法

（1）数值模拟　利用计算机模拟软件对电池进行热分析，通过建立电池的热模型，模拟电池在不同工况下的温度分布和变化规律。这种方法具有成本低、效率高、可重复性好等优点。

（2）实验测试　通过搭建实验平台对电池进行实际测试，获取电池在不同条件下的温度数据和性能参数。实验测试可以验证数值模拟结果的准确性，并为热管理系统的设计提供实际依据。

3.4.2　电池热管理技术

热管理技术是保障电池高效、稳定运行的重要手段，它可以有效控制电池的温度，提高电池的能量密度、寿命和安全性。常见的电池热管理技术有自然冷却技术、强制风冷技术、液冷技术和热管冷却技术。

3.4.2.1　自然冷却技术

自然冷却技术主要依赖电池包自身的热传导、对流和辐射能力，将电池产生的热量散发到周围环境中，无须额外的能耗和复杂设备。该技术通常通过优化电池包结构设计（如增加散热面积、设置风道等）来提高散热效率。

自然冷却技术的优点是成本低廉，结构简单，无须额外能耗，适用于低功率、低热负荷的新能源汽车。自然冷却技术的缺点是散热效率有限，难以满足高功率、高能量密度的电池需求；受环境温度影响较大，高温环境下散热效果不佳。

自然冷却技术主要应用于低速电动车、短途通勤车等低功率、低速度的新能源汽车领域。

3.4.2.2　强制风冷技术

强制风冷技术通过风扇等外部设备产生强制对流，加快电池包内外空气流动，将电池产生的热量迅速带走。该技术通常采用风道设计，将冷空气引入电池包内部，经过热交换后再排出。

图 3-10 为典型的动力电池风冷系统示意。该系统主要由压缩机、冷凝器、膨胀阀、蒸发器、动力电池组以及鼓风机（用于排气和空气循环）等关键部件组成。这些部件通过管道和电路相互连接，形成一个闭环的冷却系统。

（1）压缩机　压缩机负责将低温低压的制冷剂气体压缩成高温高压的气体。在这一过程

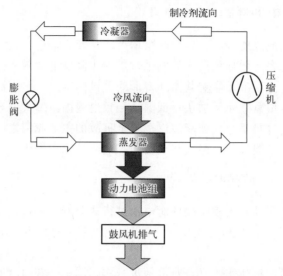

图 3-10　典型的动力电池风冷系统示意

中，制冷剂吸收外部能量（如电能），其温度和压力均显著升高。压缩后的制冷剂气体随后进入冷凝器进行下一步处理。

（2）冷凝器　冷凝器位于压缩机之后，其主要作用是将高温高压的制冷剂气体冷却并液化，释放出大量的热量。这一过程通常通过冷凝器表面的散热片与外界空气进行热交换实现。冷凝后的制冷剂变为高压液态，准备进入膨胀阀。

（3）膨胀阀　膨胀阀是风冷系统中的节流装置，其作用是将高压液态制冷剂降压并转化为低温低压的雾状制冷剂。这一过程使得制冷剂在蒸发器内能够迅速蒸发并吸收大量热量。

（4）蒸发器　蒸发器是风冷系统中直接对动力电池进行冷却的关键部件。低温低压的雾状制冷剂在蒸发器内蒸发，吸收电池组产生的热量，使电池温度下降。同时，蒸发的制冷剂气体再次被压缩机吸入，开始新一轮的循环。

（5）动力电池组　动力电池组是新能源汽车的能量来源，也是风冷系统的主要冷却对象。在充放电过程中，电池会产生大量热量，需要通过风冷系统及时散出，以保持电池在适宜的工作温度范围内。

（6）鼓风机及排气系统　鼓风机负责将外界空气引入冷凝器进行热交换，并驱动空气在电池组内循环，增强风冷效果。排气系统负责将热交换后的空气排出车外，确保车内空气流通和温度控制。

当电池组温度升高时，风冷系统自动启动。压缩机开始工作，将制冷剂压缩并送入冷凝器。在冷凝器中，制冷剂释放热量并液化，随后通过膨胀阀降压进入蒸发器。在蒸发器内，制冷剂蒸发并吸收电池组产生的热量，实现电池降温。同时，鼓风机驱动空气在电池组内循环，加速热交换过程。最终，热交换后的空气通过排气系统排出车外，完成整个冷却循环。

强制风冷技术的优点是散热效率高，响应速率快，能够较好地满足中等功率电池包的散热需求；结构相对简单，成本适中。强制风冷技术的缺点是能耗较高；风扇噪声可能影响乘客舒适度；在极端高温或高功率密度下，散热效果可能受限。

强制风冷技术广泛应用于乘用车、轻型商用车等中等功率的新能源汽车领域。日产聆风

（Leaf）纯电动汽车在散热技术上采用风冷系统作为典型代表。该系统通过专用鼓风机驱动空气，经空调制冷系统蒸发器冷却后，为动力电池提供冷风散热。该技术虽成熟，但由于空气比热容小，散热效果相对有限，更适用于散热量较小的电池系统。

3.4.2.3　液冷技术

液冷技术利用冷却液在电池包内的管道或容器中循环流动，通过热交换将电池产生的热量带走。该技术具有高效的热传导能力和均温性能，能够确保电池组各部位温度均匀。

图 3-11 所示为典型的动力电池液冷系统示意。该系统采用双循环设计，包括制冷剂循环和冷却液循环，主要组件包括压缩机、冷凝器、膨胀阀 1、蒸发器、膨胀阀 2、中间换热器以及动力电池组。这些组件通过管道和电路相互连接，共同实现对动力电池组的高效冷却。

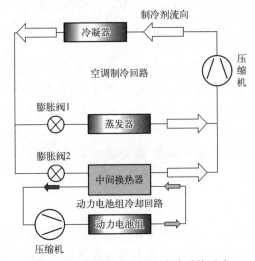

图 3-11　典型的动力电池液冷系统示意

（1）压缩机　作为液冷系统的动力源，压缩机负责将低温低压的制冷剂气体压缩成高温高压的气体。这一过程中，制冷剂吸收外部能量，为后续的冷却过程提供动力。

（2）冷凝器　冷凝器是制冷剂循环中的关键部件之一，其主要作用是将高温高压的制冷剂气体冷却并液化，释放出大量的热量。这一过程通常通过冷凝器内部的冷却介质（如水或空气）与外界环境进行热交换实现。

（3）膨胀阀 1　膨胀阀 1 位于冷凝器之后，用于调节进入蒸发器的制冷剂流量和压力。通过节流作用，膨胀阀 1 将高压液态制冷剂降压并转化为低温低压的雾状制冷剂，为蒸发器内的蒸发过程做准备。

（4）蒸发器　蒸发器是制冷剂与冷却液进行热交换的场所。在这里，低温低压的制冷剂蒸发并吸收冷却液中的热量，使冷却液温度降低。随后，冷却液被输送到动力电池组内部，对电池进行冷却。

（5）膨胀阀 2　膨胀阀 2 位于中间换热器之前，其作用是进一步调节进入中间换热器的冷却液流量和压力。通过精确控制膨胀阀 2 的开度，可以确保冷却液在最佳状态下进入中间换热器进行高效的热交换。

（6）中间换热器　中间换热器是冷却液循环中的关键部件，它连接了蒸发器和动力电池组。在中间换热器中，经过蒸发的冷却液与来自电池组的热冷却液进行热交换，将电池产生的热量传递给制冷剂循环，实现热量的有效传递和散热。

（7）动力电池组 动力电池组是新能源汽车的能量来源，也是液冷系统的主要冷却对象。冷却液通过管道流经电池组内部，吸收并带走电池在充放电过程中产生的热量，确保电池在适宜的工作温度范围内运行。

当动力电池组温度升高时，液冷系统自动启动。压缩机开始工作，将制冷剂压缩并送入冷凝器进行冷却。随后，制冷剂通过膨胀阀1降压进入蒸发器蒸发，吸收冷却液中的热量。冷却后的冷却液通过中间换热器与电池组内的热冷却液进行热交换后，再次进入蒸发器进行循环。同时，经过热交换的制冷剂气体被再次吸入压缩机进行新一轮的循环。整个过程中，通过调节膨胀阀1和膨胀阀2的开度以及中间换热器的热交换效率，可以实现对动力电池组温度的精准控制，确保电池在最佳工作温度范围内运行。

液冷技术的优点是散热效率高，均温性能好，能够满足高功率、高能量密度电池的散热需求；系统稳定性好，受环境温度影响小。液冷技术的缺点是结构复杂，成本较高；冷却液泄漏可能导致安全问题；维护难度较大。

液冷技术主要应用于高端乘用车、商用车及重型电动汽车等高性能、高功率密度的新能源汽车领域。特斯拉采用了先进的液冷技术来管理其庞大的电池组。具体而言，特斯拉将电池组封装在一个密封的冷却系统中，系统内充满了冷却液。冷却液通过精密设计的管道网络在电池组内循环流动，带走电池产生的热量。这种液冷技术不仅散热效率高，而且能够确保电池组内各个部分的温度均匀分布，从而延长电池的使用寿命和提高安全性。

3.4.2.4 热管冷却技术

热管冷却技术利用热管内部工作介质的相变过程（如蒸发和冷凝）来传递热量。当电池产生热量时，热管蒸发段的工作介质受热蒸发并携带热量进入冷凝段，在冷凝段释放热量并凝结为液体后回流至蒸发段，形成循环。

图3-12所示为某纯电动汽车用动力电池的热管理示意。当动力电池温度过高时，动力电池冷却器开启，对动力电池进行冷却；当动力电池温度过低时，开启中间换热器，对动力电池进行加热。水泵的作用是对冷却液加压，促使冷却液在冷却系统中循环，以带走动力电池散发的热量。水泵的开启由纯电动汽车冷却系统的电子控制单元自动控制。

热管冷却技术的优点是散热效率高，均温性能好；无须额外能耗（除启动阶段外）；结构紧凑，适合空间有限的电池包设计。热管冷却技术的缺点是成本较高，特别是在大规模生产时，对热管材料和制造工艺要求较高。

热管冷却技术适用于对散热效率、均温性能有较高要求的新能源汽车领域，如高性能跑车、赛车等。

在选择电池热管理技术时，应根据电池的具体需求、环境温度、散热需求等因素综合考虑。对于散热需求较小、环境温度较低的场合，可以采用自然冷却技术；对于散热需求较大、需要快速降温的场合，可以采用强制风冷技术；对于高功率密度、高散热需求的动力电池系统，液冷技术和热管冷却技术可能是更好的选择。同时，在实际应用中，还需要注意系统的成本、维护便利性、可靠性等因素，以确保热管理技术能够满足实际需求。

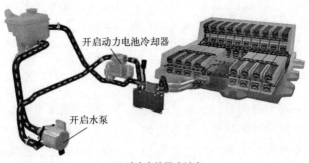

(a) 动力电池温度过高

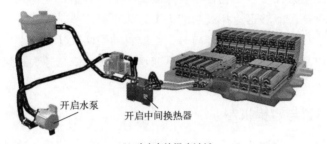

(b) 动力电池温度过低

图 3-12 某纯电动汽车用动力电池的热管理示意

3.4.3 电池热管理综合策略

3.4.3.1 高效热管理系统

（1）液冷系统 液冷系统作为高效热管理的首选方案，通过冷却液在电池组内部的精密循环，有效吸收并带走电池充放电过程中产生的热量。该系统具备散热效率高、温度控制精准、响应速率快等显著优点，能够确保电池组在最佳工作温度范围内运行，从而延长电池寿命，提高整车性能。

（2）风冷系统 针对小型或低功率电池组，风冷系统以其结构简单、成本较低的优势成为可行选择。通过风扇将外部冷空气引入电池组内部，利用空气对流原理实现散热。虽然相比液冷系统，风冷系统的散热效率略低，但在特定应用场景下仍能满足散热需求，确保电池组的安全运行。

（3）热管技术 热管技术以其高效传热性能在电池热管理中展现出独特优势。该技术利用热管内部工质的相变过程，将电池产生的热量迅速传递至散热片或外部环境，实现远距离、高效率的热量传输。热管技术不仅提高了散热效率，还减少了系统复杂度，为新能源汽车电池热管理提供了新的解决方案。

3.4.3.2 智能温度监测与预警

（1）温度传感器 在电池组内部精心布置多个高精度温度传感器，实现对每个关键区域的温度实时监测。这些传感器能够确保数据的准确性和全面性，为后续的数据分析提供可靠依据。

（2）数据分析与预警 通过先进的数据采集系统收集温度数据，并运用智能算法进行深度分析处理。系统能够自动识别温度异常模式，一旦发现温度异常升高或下降趋势，立即发出预警信号，并自动启动相应的保护措施，如调整冷却系统工作状态、限制电池充放电功率等，以防止热失控事故的发生。

3.4.3.3　多级热失控防护机制

（1）被动防护　采用耐高温材料、隔热层等设计手段，提高电池组对外部热源的抵抗能力。这些材料能够有效隔绝外部热量对电池组的影响，降低热失控风险。

（2）主动防护　在电池组内部设置热失控探测器和灭火装置。热失控探测器能够实时监测电池内部的温度、压力等参数变化，一旦探测到热失控迹象，立即触发灭火装置启动。灭火装置采用高效灭火剂，能够迅速扑灭初期火灾，防止火势蔓延。

（3）断电保护　在电池温度异常升高时，系统自动切断电池与外部电路的连接，防止电流进一步加剧电池内部反应。这一措施能够迅速切断热源，降低热失控风险，保护车辆及乘客安全。

3.4.3.4　冗余设计与容错机制

（1）冗余传感器　在关键位置设置多个传感器，形成冗余配置。当某个传感器出现故障时，其他传感器仍能继续工作，确保系统数据的连续性和准确性。这种冗余设计提高了系统的可靠性和容错能力，降低了因传感器故障导致的误报或漏报风险。

（2）备用冷却系统　在主冷却系统失效时，自动切换至备用冷却系统。备用冷却系统采用与主冷却系统不同的工作原理或结构形式，以确保在主冷却系统失效时仍能继续为电池组提供有效的散热支持。这种设计进一步提高了系统的可靠性和安全性。

3.5　电池高压电气系统的设计

3.5.1　电池高压电气系统的组成

3.5.1.1　电流电压传感器

电流电压传感器是高压电气系统中的"眼睛"，负责实时监测电池组、电机及整个驱动系统的高压电流和电压参数。这些传感器通过高精度测量，为电池管理系统和其他控制系统提供准确、可靠的数据支持，从而确保系统能够做出正确的决策，优化能量管理，防止过充、过放等异常情况的发生，保障电池组的安全与寿命。

3.5.1.2　高压接插件

高压接插件作为连接电池组、电机控制器、DC/DC 转换器等高压部件的桥梁，其性能直接影响电能传输的可靠性和安全性。优质的高压接插件需具备良好的密封性，以防止水分、灰尘等杂质侵入，引发短路或腐蚀；同时，还需耐高压、耐磨损，以应对高电压、大电流工作环境下的严峻挑战；此外，易插拔的设计也是提高系统维护便捷性的重要因素。

3.5.1.3　熔丝

熔丝是高压电气系统中的安全卫士,其作用是在电路中出现异常增大的电流时,迅速熔断以切断电路,从而防止设备损坏和火灾事故的发生。熔丝的选择需根据电路的实际需求和保护等级进行匹配,确保其能够在关键时刻发挥作用,有效保护系统安全。

3.5.1.4　接触器

接触器是控制高压电路通断的关键元件,其性能直接影响到系统的自动化程度和保护效果。高可靠性的接触器能够在恶劣的工作环境下稳定工作,减少故障率;低能耗设计有助于降低系统能耗,提高能源利用效率;而快速响应的特性则能够在紧急情况下迅速切断电路,防止事态扩大。

3.5.1.5　高压线缆

高压线缆是高压电气系统中传输电能的重要载体,其质量直接影响到电能传输的效率和安全性。优质的高压线缆需采用高绝缘、耐高温、耐磨损的材料制成,以确保在高电压、大电流环境下能够安全稳定地传输电能。同时,合理的线缆布局和固定方式也是减少电磁干扰、提高系统性能的关键因素。

3.5.2　电池高压电气系统的设计目标及实现路径

3.5.2.1　稳定传输

确保高压电能在新能源汽车内部各部件(包括电池组、电机控制器、DC/DC 转换器等)之间实现稳定、无损耗的传输,是高压电气系统设计的基石。这一目标直接关系到车辆的动力响应速率、加速性能以及续航里程,是提升用户驾驶体验的关键因素。

(1) 高质量电气元件　选用经过严格筛选与测试的高品质电气元件,如耐高温、耐高压的线缆、连接器及接触器,确保其在极端工况下依然能够稳定工作,减少因元件故障导致的传输不稳定问题。

(2) 优化电气布局　通过科学合理的电气布局设计,缩短电流传输路径,减少阻抗与电磁干扰,从而降低能量在传输过程中的损失。同时,合理的布局也有助于提高系统的散热效率,避免因过热而导致的性能下降。

(3) 智能控制技术　引入先进的智能控制算法,实时监测并分析电能传输状态,根据车辆运行工况动态调整传输策略,确保系统始终处于最优传输状态,提升传输效率与稳定性。

3.5.2.2　安全可靠

在追求高效传输的同时,高压电气系统的安全性与可靠性同样不容忽视。通过采取一系列有效措施,防止电击、火灾等安全事故的发生,保障驾驶者与乘客的人身安全。

(1) 电气隔离　采用高绝缘性能的材料将高压部件与低压部件、人员可接触部分进行有效隔离,确保在任何情况下都不会发生电击事故。

(2) 多重保护机制　设置多重保护元件(如熔丝、继电器、温度传感器等),实时监测电路状态,一旦发现异常立即启动保护措施,切断电源或调整传输状态,防止故障进一步扩大。

（3）安全认证与测试　遵循国际及国内相关安全标准与法规，对高压电气系统进行全面的设计与测试验证，确保系统在设计、生产、使用等各个环节均满足安全要求。

3.5.2.3　高效节能

优化电气设计，降低电能传输与转换过程中的损耗，提高能源利用率，是高压电气系统设计的重要目标之一。这不仅有助于延长车辆续航里程，还能降低用户的使用成本，提升产品的市场竞争力。

（1）高效能转换器件　选用高效率的电机控制器、DC/DC 转换器等关键部件，减少能量在转换过程中的损失，提升整体能效。

（2）智能能量管理　通过电池管理系统等智能控制单元，实现对电池组充放电过程的精细化管理，根据车辆实际需求合理分配电能，避免浪费。

（3）轻量化设计　在保证系统强度的前提下，采用轻量化材料与结构设计，降低电气系统自身重量，从而减少因重量增加而导致的能耗上升。

3.5.2.4　易于维护

采用模块化设计理念与标准化接口，使高压电气系统易于故障排查、维修与更换，是提高系统维护效率、降低维护成本的重要手段。

（1）模块化设计　将高压电气系统划分为多个独立的功能模块（如电源模块、控制模块、保护模块等），每个模块均可独立拆卸与更换，便于故障定位与维修。

（2）标准化接口　制定统一的接口标准与规范，确保各模块之间能够无缝连接与互换，提高系统的兼容性与可维护性。

（3）故障自诊断与提示　集成先进的故障自诊断功能，能够实时监测并提示系统故障信息，帮助维修人员快速定位问题所在，缩短维修时间，提高维修效率。

3.5.3　电池高压电气系统的设计要点

3.5.3.1　电气布局与隔离

（1）合理布局　高压电气系统的布局设计需充分考虑新能源汽车的空间结构特点和电气需求，通过科学规划，确保各高压部件之间的连接路径短捷、高效，同时避免电磁干扰和热能集中现象的发生。合理布局有助于提升系统的整体性能和安全性，降低能耗和故障率。

（2）电气隔离　电气隔离是高压电气系统设计中的关键环节。通过采用高绝缘材料和先进的隔离技术，实现高压电路与低压电路、人体及外部环境之间的有效隔离，防止触电事故的发生。电气隔离的设计应满足相关安全标准和法规要求，确保系统在任何工况下都能保持足够的绝缘强度。

3.5.3.2　传感器与监测技术

（1）高精度传感器　传感器作为高压电气系统的重要组成部分，其精度和稳定性直接影响到监测数据的准确性和可靠性。因此，在高压电气系统设计中，应选用高精度、高稳定性的电流电压传感器，确保监测数据的准确性和实时性。

（2）实时监测与反馈　通过集成电池管理系统等控制系统，实现对高压电气系统运行状态的实时监测和反馈。控制系统能够及时发现并处理异常情况，如电流异常、电压波动等，确保系统始终处于安全、稳定的工作状态。

3.5.3.3　保护措施

（1）过载保护　在高压电气系统中设置过载保护装置，当电路中的电流超过设定值时，保护装置能够自动切断电路，防止设备因过热而损坏。过载保护的设计应充分考虑系统的工作特性和负载情况，确保在保护设备安全的同时，不影响系统的正常运行。

（2）短路保护　采用熔丝、熔断器等元件实现短路时的快速切断保护。这些元件能够在短路发生时迅速熔断，切断故障电路，防止故障扩大并引发火灾等严重后果。短路保护的设计应满足快速响应、可靠性高、易更换等要求。

（3）绝缘监测　定期对高压电气系统的绝缘性能进行检测，确保系统的绝缘强度符合安全要求。绝缘监测有助于及时发现绝缘老化、损坏等问题，防止因绝缘失效而引发的触电事故。

3.5.3.4　接触器与接插件设计

（1）高可靠性　接触器作为控制高压电路通断的关键元件，其可靠性直接影响到系统的安全性和稳定性。因此，在接触器设计中，应选用高质量的材料和先进的制造工艺，确保接触器在恶劣环境下仍能正常工作，并具有较长的使用寿命。

（2）快速响应　接触器应具备快速响应能力，以应对突发情况。当接收到控制信号时，接触器能够迅速动作，切断或接通电路，确保系统能够在短时间内恢复到正常状态。

（3）接插件标准化　采用标准化的接插件接口设计，提高系统的互换性和通用性。标准化的接插件接口便于维修和升级，降低了维修成本和时间成本。同时，标准化的设计也有助于提高接插件的可靠性和安全性。

3.5.3.5　仿真验证

利用仿真软件对设计进行模拟验证是确保系统设计质量的重要手段。通过仿真，可以评估系统的性能、稳定性及安全性，发现潜在的设计缺陷和问题。仿真验证过程中，需设置合理的仿真场景和参数，模拟新能源汽车在不同工况下的运行情况，观察系统的响应和表现。根据仿真结果，对设计进行必要的调整和优化。

3.6　电池箱体的设计

3.6.1　电池箱体材料的选择

3.6.1.1　高强度特性

在电池箱体的材料选择上，首要考虑的是其高强度特性。电池箱体需承受车辆行驶过程中的剧烈振动、冲击及可能的挤压，因此所选材料必须具备优异的力学性能和结构完整性，以确保箱体在极端工况下仍能保持稳定，保护内部电池模块免受损害。常用材料包括高强度铝合金、镁合金以及部分特种钢材，这些材料均能在保证强度的同时，满足轻量化设计的需求。

3.6.1.2　轻质化设计

为减轻车辆整体重量，提高能效，电池箱体的材料应尽可能轻质。铝合金以其优异的强度与重量比成为首选材料，不仅减轻了箱体重量，还提升了车辆的续航里程。此外，镁合金及高性能复合材料如碳纤维等也是轻质化设计的备选材料，它们能在保证结构强度的同时，实现更大幅度的减重效果。图 3-13 所示为铝合金电池箱体；图 3-14 所示为碳纤维电池箱体。

图 3-13　铝合金电池箱体

图 3-14　碳纤维电池箱体

3.6.1.3　耐腐蚀性

考虑到电池系统可能面临的复杂环境，包括潮湿、盐雾等腐蚀性环境，箱体材料需具备良好的耐腐蚀性能。这不仅有助于延长电池箱体的使用寿命，还能减少因腐蚀导致的性能下降和安全隐患。因此，在选择材料时需优先考虑具有天然耐腐蚀性的材料，如不锈钢、铝合金（经过适当表面处理）等，或对选定的材料进行额外的防腐蚀处理。

3.6.2　电池箱体的结构设计

3.6.2.1　密封性设计

（1）材料选择　选用高密封性能的材料作为箱体主体，如耐腐蚀、抗老化的高分子材料或经过特殊处理的金属合金，确保箱体本身具有良好的密封基础。

（2）密封结构设计　设计合理的密封结构，如采用 O 形圈、密封圈或密封胶条等，在箱体接缝处实现多重密封，有效阻挡水分、灰尘等外部因素侵入。

（3）测试验证　通过压力测试、浸泡试验等方法，对箱体的密封性能进行全面验证，确保在极端环境条件下仍能保持良好的密封效果。

3.6.2.2　散热性设计

（1）热管理系统布局　在箱体设计中集成高效热管理系统，包括散热片、热管、风扇等元件，合理规划其布局，确保热量能够高效传导至散热面并迅速散发至周围环境中。

（2）风道设计　设计合理的风道结构，利用空气对流原理，加速箱体内部热空气的排出和冷空气的补充，提升散热效率。

（3）智能温控　集成温度传感器和智能温控系统，实时监测电池温度，根据温度变化自动调节散热设备的运行状态，实现精准控温。

3.6.2.3　结构强度设计

（1）加强筋设计　在箱体内部适当位置设置加强筋，增强箱体的抗弯、抗扭刚度，提高整体结构强度。

（2）支撑架优化　设计稳固的支撑架结构，确保电池模块在箱体内的稳定固定，同时能够分散和抵抗外部冲击载荷。

（3）材料强度　选用高强度、轻量化的材料，如铝合金、碳纤维复合材料等，在保证结构强度的同时减轻箱体整体重量。

3.6.2.4　易维护性设计

（1）模块化设计　将电池系统划分为多个可独立拆卸的模块，便于单独更换故障电池模块，减少维护难度和成本。

（2）可拆卸设计　优化箱体结构设计，使其具备良好的可拆卸性，如采用快拆锁扣、滑轨等设计，方便用户进行电池更换和日常维护。

（3）维修通道　在箱体设计中预留足够的维修通道和接口，便于维修人员进入箱体内部进行检修作业，提高维护效率。

3.6.3　电池箱体的布局规划

3.6.3.1　电池排列规划

（1）形状与尺寸匹配　首先，需根据电池模块的具体形状和尺寸进行排列规划。通过精确测量和建模，确保每个电池模块都能紧密而有序地排列在箱体内，最大化空间利用率。同时，应避免因形状不匹配导致的空间浪费或安装困难。

（2）重量分布优化　在排列过程中，需特别关注电池模块的重量分布。通过合理布局，确保电池组的重心稳定，以减少车辆在行驶过程中因振动和冲击对电池造成的损害。具体来说，可将较重的电池模块放置在箱体底部或靠近车辆中心的位置，以降低重心高度，提高稳定性。

（3）通风与散热考虑　电池排列时还需考虑通风与散热的需求。通过合理设置电池模块之间的间隙和排列方式，确保空气能够顺畅流通，有利于热量的散发。同时，应避免电池模块之间的紧密堆积，以减少热积聚的风险。

3.6.3.2　线束布置规划

（1）整洁有序原则　线束作为电池系统的重要组成部分，其布置需遵循整洁有序的原则。通过合理规划线束走向和固定方式，避免线束相互缠绕、交叉或悬垂，以减少磨损和干扰的风险。同时，还需确保线束的弯曲半径符合规范要求，以保护导线不受损伤。

（2）便于检修设计　线束布置时还需考虑便于检修的需求。通过预留足够的检修空间和设置易于识别的标识，方便维护人员在需要时能够快速找到并处理与线束相关的问题。此外，还可采用模块化设计思路，将线束按功能区域进行划分和固定，以提高检修效率。

3.6.3.3　管理系统布局规划

（1）便于监测位置　电池管理系统作为电池系统的核心控制单元，其布局应便于监测和维修。通常，可将电池管理系统布置在电池箱体的顶部或侧面等易于接近的位置，并确保其与电池模块之间的数据传输线路短而直，以减少信号衰减和干扰的风险。

（2）数据传输准确性　为确保数据传输的准确性和及时性，电池管理系统的布局还需考虑数据传输线路的保护和隔离措施。通过采用屏蔽线、双绞线等抗干扰性能较好的线材，并合理设置接地和屏蔽层等保护措施，确保数据传输的稳定性和可靠性。

3.6.3.4　热管理系统布局规划

（1）冷却管道布局　热管理系统的布局中，冷却管道的规划至关重要。通过合理设置冷却管道的走向和分支点，确保冷却介质能够均匀、高效地流经每个电池模块表面，带走产生的热量。同时，还需考虑冷却管道的密封性和耐腐蚀性等因素，以确保其长期稳定运行。

（2）风扇与散热片配置　风扇和散热片作为热管理系统的关键部件之一，其配置也需合理规划。通过合理设置风扇的位置和数量以及散热片的形状和尺寸等参数，确保空气能够顺畅地流经散热片表面并带走热量。同时，还需考虑风扇的噪声和能耗等因素，以实现节能降噪的目标。

（3）温度监测与控制　为确保电池在最佳温度范围内工作，热管理系统还需具备温度监测与控制功能。通过在电池模块表面或附近设置温度传感器等监测元件，并将监测数据实时传输给电池管理系统进行处理和分析，实现对电池温度的精确控制和调节。同时，还需设置相应的报警和保护机制以应对异常情况的发生。

3.6.4　电池箱体的防护处理和产品标识

3.6.4.1　防护处理

（1）表面防腐蚀　电池箱体长期暴露于复杂多变的外界环境，易遭受湿气、盐雾、紫外线等不利因素的侵蚀，进而引发腐蚀与老化问题，严重影响其使用寿命与性能。因此，对箱体表面实施有效的防腐蚀处理显得尤为关键。常见的防护策略包括喷涂高耐候性、强抗腐蚀性的防腐漆，通过均匀覆盖形成一层致密的保护膜，有效隔绝腐蚀介质的侵害；而对于铝制箱体，则可采用阳极氧化技术，利用电化学原理在表面生成一层坚硬且耐腐蚀的氧化铝膜，进一步增强其抵抗外界侵蚀的能力。

（2）绝缘措施　电池系统安全运行中，绝缘措施是不可或缺的关键环节，旨在严防短路与电击风险。为此，需采取多重保障措施：首先，精选绝缘性能卓越的 PVC（聚氯乙烯）、环氧树脂等材料，精心制作绝缘垫、绝缘套等关键部件，并妥善安装于电池与箱体之间及电池连接处，形成有效的物理屏障；其次，在箱体设计阶段即融入绝缘理念，通过精细的电路与元器件布局，确保电气连接部分得到科学合理的隔离；最后，实施定期的绝缘电阻检测机制，严密监控电池系统的绝缘性能，确保其持续符合严格的安全标准，从而全方位保障电池系统的安全稳定运行。

（3）防火防爆　为确保电池系统的高安全性，防火防爆措施的实施至关重要。首先，箱体及其内部关键部件应选用阻燃材料制造，这些材料在遭遇火源时能显著减缓火势蔓延速度，为应急处理争取宝贵时间。其次，在箱体内部精心设置防火隔层，有效隔离电池模块与其他电气部件，即便在局部火灾发生时，也能将火势控制在有限范围内，防止火势扩大。此外，还应在箱体顶部或侧面安装防爆阀，作为最后一道安全防线，一旦电池内部因故产生异常高压，防爆阀将自动开启，迅速释放内部压力，从而有效避免爆炸事故的发生，全方位保障电池系统的安全稳定运行。

3.6.4.2　产品标识

（1）基本信息　为提升电池箱体的追溯与管理效率，确保信息透明化，箱体表面应明确且清晰地标注一系列基本信息。这包括但不限于制造商的详细信息，如制造商名称、具体地址及联系方式，以便快速建立与厂商的直接沟通渠道；箱体型号或规格代码，用以识别产品的类型与规格特征；生产日期或批次号，作为产品生产时间与生产批次的重要依据；以及序列号，作为产品的唯一识别码，确保每件产品均可精确区分，实现高效且准确的管理与追踪。

（2）安全警示　为确保电池系统的安全使用与维护，必须在其显眼位置设置一系列明显的安全警示标识。这些标识包括直观且易于识别的警示图标，如高压警示符号用以警示操作人员注意潜在的高压危险，易燃警示符号则强调电池系统的易燃特性，提醒防范火灾风险。同时，配合简洁明了的文字说明，详细阐述安全操作的具体要求与注意事项，确保操作人员能够全面了解并遵守相关规范，共同维护电池系统的安全运行。

（3）操作指南　为便于用户迅速掌握电池箱体的使用方法并留意相关注意事项，特提供双重操作指南支持。随产品配送的，是一份简明扼要、易于理解的纸质操作手册或说明书，旨在通过文字与图示直观展示操作细节。此外，箱体表面还印有二维码，用户仅需使用智能手机扫描，即可访问电子版操作指南或观看配套的视频教程，享受更加便捷、直观的学习体验。

第4章
新能源汽车动力电池系统的制造

新能源汽车动力电池系统的制造是集精密加工、智能装配与严格测试于一体的综合性过程。从原材料选择、电芯生产到模块组装，每一步都需精细操作与严格质控。自动化生产线确保高效生产，同时融入智能化检测手段，保障电池性能与安全。最终，经过层层把关的电池系统，将为新能源汽车提供稳定可靠的动力源。

4.1 电芯的制造工艺

4.1.1 圆柱电芯的制造工艺

圆柱电芯的制造工艺分别为正极匀浆，负极匀浆，涂布，对辊，分切，制片，卷绕，入壳，点底与极耳预焊，滚槽，分档，短路测试，注液前极组烘烤，注液，焊盖帽、封口与清洗，喷码、预充、老化与分容。

4.1.1.1 正极匀浆

正极匀浆的主要材料和设备如下。

(1) 正极材料 作为电池的核心组成部分，正极材料的选择直接影响电池的能量密度、循环寿命等关键指标。常见的正极材料包括钴酸锂、锰酸锂、镍钴锰三元材料及磷酸铁锂等。

(2) 导电剂 为了提高正极材料的导电性，减少电池内阻，通常会添加一定量的导电剂，如炭黑、石墨等。

(3) 黏结剂 黏结剂用于将正极材料颗粒黏结在一起，并使其牢固地附着在集流体上，确保电池在充放电过程中的结构稳定性。常用的黏结剂有聚偏氟乙烯、丁苯橡胶等。

(4) 溶剂 在正极匀浆过程中，溶剂起到分散和溶解黏结剂的作用，使各组分能够均匀混合。根据黏结剂的类型和特性，可能需要使用不同的溶剂。此外，在制胶过程中，溶剂还参与调节胶液的黏度和流动性，以满足后续涂布工艺的需求。

(5) 搅拌机 作为原料混合的核心设备，搅拌机通过高速旋转的叶片或搅拌桨，将正极材料、导电剂、黏结剂及溶剂等原料充分混合，形成初步的浆料混合物。

(6) 制胶罐 在制胶罐中，通过进一步加热、搅拌或加入特定的添加剂，使初步混合的浆料转化为具有所需物理和化学性质的胶液。制胶罐的设计和工艺参数对最终胶液的质量有重要影响。

(7) 浆料小车 完成制胶后，浆料小车负责将制备好的浆料安全、高效地运输至下一生产阶段，如涂布机或储存区，确保生产流程的连续性和稳定性。

正极匀浆的工艺流程如下。

(1) 原料混合 将称量好的正极材料、导电剂、黏结剂及适量的溶剂依次加入搅拌机中。在搅拌机的强力作用下，各组分逐渐混合均匀，形成初步的浆料混合物。

(2) 制胶过程 将初步混合的浆料转移至制胶罐中，根据工艺要求调整温度、搅拌速度及添加特定的添加剂。在制胶罐内，通过进一步的物理和化学作用，浆料逐渐转化为具有适当黏度、流动性和黏附性的胶液。

(3) 浆料制备与运输 当胶液达到预设的质量标准后，使用浆料小车将其从制胶罐中抽出，并运输至涂布机等后续设备或储存区。在运输过程中，应注意保持浆料的稳定性和温度控制，以防止其性能发生变化。

4.1.1.2 负极匀浆

负极匀浆的主要材料和设备如下。

（1）负极材料 负极材料提供电池充放电过程中锂离子的嵌入与脱出场所，直接影响电池容量和性能。石墨和硅碳是当前应用最广泛的负极材料。石墨具有稳定的结构、良好的导电性和较低的成本；硅碳则因其高比容量而受到关注。根据电芯的设计要求和性能目标，选择合适的负极材料是关键。

（2）导电剂 导电剂添加于负极材料中，以提高浆料的导电性，确保电子在活性材料颗粒间快速传输，减少极化现象，提升电池充放电效率。

（3）黏结剂 丁苯橡胶乳液，用于将负极活性材料颗粒牢固地黏结在一起，同时保持与集流体的良好附着，确保电池在循环使用过程中结构的稳定性。

（4）CMC（羧甲基纤维素钠） 作为增稠剂，CMC用于调节浆料的黏度和流动性，使浆料在涂布过程中能够均匀、稳定地覆盖在集流体上，避免产生缺陷。

（5）溶剂 通常为水或有机溶剂，用于溶解或分散上述固体成分，形成均匀浆料。

（6）制胶罐 制胶罐是混合各种原料的容器，内部配备搅拌装置，用于初步混合负极材料、导电剂、黏结剂、CMC及溶剂，形成初步混合液。

（7）搅拌机 搅拌机位于制胶罐内部或外部，通过高效搅拌使各组分充分混合均匀，达到分子级别的分散，确保浆料的一致性和稳定性。

（8）浆料小车 用于将制备好的负极浆料输送至涂布机，进行下一步的涂布操作。小车需具备恒温恒湿功能，以保证浆料在输送过程中性能稳定。

负极匀浆的工艺流程如下。

（1）原料准备 精确称量负极材料、导电剂、黏结剂、CMC及溶剂，确保各组分比例符合配方要求。

（2）原料混合 将称量好的负极材料、导电剂、黏结剂及适量的溶剂依次加入搅拌机中。在搅拌机的强力作用下，各组分逐渐混合均匀，形成初步的浆料混合物。

（3）制胶过程 将初步混合的浆料转移至制胶罐中，根据工艺要求调整温度、搅拌速度及添加特定的添加剂。在制胶罐内，通过进一步的物理和化学作用，浆料逐渐转化为具有适当黏度、流动性和黏附性的胶液。

（4）检测调整 对浆料进行黏度、固含量等关键参数的检测，根据检测结果进行适当调整，确保浆料性能满足工艺要求。

（5）输送涂布 使用浆料小车将制备好的负极浆料输送至涂布机，进行集流体上的均匀涂布。

4.1.1.3 涂布

涂布是将正负极浆料通过涂布机均匀涂布在铜箔（负极）或铝箔（正极）集流体上的过程。集流体作为电流的载体，其表面平整度、粗糙度及与浆料的黏附性对极片质量有直接影响。涂布原理如图4-1所示。涂布过程主要包括浆料的准备、涂布机的操作、烘区的干燥处理以及废气的排放等环节。

（1）准备好的浆料 在涂布之前，需要确保浆料已经按照既定的配方和工艺条件制备完成，并达到规定的黏度、固含量等性能指标。准备好的浆料应具有良好的流动性、均匀性和稳定性，以便在涂布过程中能够顺利且均匀地涂覆在集流体上。

（2）涂布机 涂布机是实现浆料均匀涂覆的关键设备。在图4-1中，涂布机被示意为一个包含涂布头和烘区的装置。涂布头负责将浆料从储料罐中导出并均匀地涂覆在集流体上，

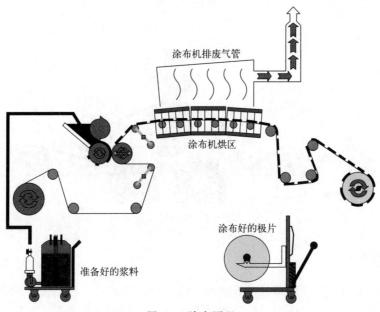

图 4-1　涂布原理

烘区用于对涂覆后的极片进行干燥处理，以去除溶剂并固化浆料。

（3）烘区的作用　烘区是涂布过程中不可或缺的一部分，它利用热能将涂覆在集流体上的湿膜快速干燥成固态膜。烘区的温度、风速和时间等参数对极片的干燥效果和最终性能有着重要影响。在图 4-1 中，烘区被示意为一个加热的通道，涂覆后的极片在此通道内完成干燥过程。

（4）涂布机排废气管　在涂布和干燥过程中，会产生一定量的废气，主要包括溶剂挥发物和少量粉尘等。这些废气如果不及时排放，会对生产环境和工人健康造成不利影响。因此，涂布机通常配备排废气管，用于将废气收集并排放到专门的处理系统中。在图 4-1 中，排废气管被示意为从烘区引出的管道，其末端连接到废气处理系统。

（5）涂布好的极片　经过涂布和干燥处理后，集流体上均匀地覆盖了一层固态的活性物质膜，即涂布好的极片。极片的质量直接影响到电池的性能和安全性。因此，在涂布过程中需要严格控制各项工艺参数和设备状态，以确保极片的质量符合要求。在图 4-1 中，涂布好的极片被示意为从烘区出口处输出的产品。

4.1.1.4　对辊

对辊是将涂布后的极片通过一对或多对辊轮进行压实的过程。辊轮之间的压力使极片中的活性物质颗粒更加紧密地结合在一起，从而提高极片的致密度和导电性。对极片进行适当辊压可以增大电池放电容量，减小内阻，从而减少极化损失，延长电池循环寿命，提高锂离子电池的利用率。极片辊压厚度过大或过小，都不利于锂离子的嵌入嵌出，直接影响电池性能。

对辊原理如图 4-2 所示，主要设备是碾压机。两个直径相等或不等、表面可能经过特殊处理的辊子（通常称为对辊），在电机的驱动下相对旋转。物料被送入两辊之间，随着辊子的旋转和挤压，物料发生塑性变形，进而达到预期的加工效果。对辊之间的距离（即辊隙）

可根据加工需求进行调整，以控制加工产物的厚度或粒度。

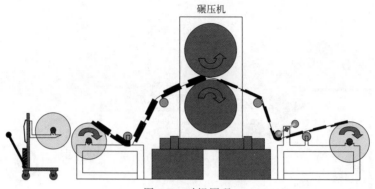

图 4-2 对辊原理

4.1.1.5 分切

分切是将压实后的极片按照设计好的尺寸进行精确裁剪的过程。这一步骤不仅要求极高的精度，还需要确保切割边缘的平整度和无毛刺现象，以避免在后续的电芯组装过程中引起短路或影响电芯性能。为实现这一目标，通常采用高精度的分切机械，配合先进的自动化控制系统，对极片进行精确测量和定位，确保每一次切割都能准确无误地完成。

在分切过程中，还需特别注意对极片的保护，避免在切割过程中产生过多的碎屑或损伤极片表面。为此，通常会在分切机械上配备吸尘装置和碎屑收集系统，以及时清理产生的废弃物，保持工作环境的清洁和整洁。

分切原理如图 4-3 所示。在该示意图中，可以清晰地看到分切机如何接收来自上游工序的连续材料，并通过精密的分切刀进行切割。分切刀在电机的驱动下，以恒定的速度和精度沿材料行进方向进行切割，同时，材料在张力控制系统的调节下保持稳定的移动速度，以确保切割的准确性和一致性。

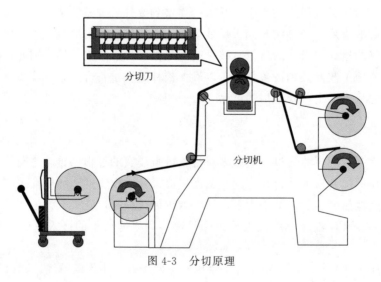

图 4-3 分切原理

分切直观图如图 4-4 所示。

分切工艺要点如下。

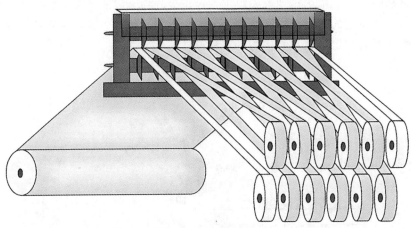

图 4-4　分切直观图

(1) 材料预处理　在分切前，需对材料进行必要的预处理，如去除毛刺、调整张力等，以确保材料在分切过程中的稳定性和一致性。

(2) 参数设置　根据电芯的设计要求和材料的特性，合理设置分切机的各项参数，如切割速度、切割深度、张力大小等，以获得最佳的切割效果。

(3) 质量控制　在分切过程中，需对切割质量进行实时监控和检测，如检查切割面的平整度、宽度一致性等，以确保电芯的质量符合标准。

(4) 安全操作　分切机属于高速运转设备，操作人员需严格遵守安全操作规程，佩戴好防护用品，确保人身安全。

4.1.1.6　制片

制片是对分切好的极片进行进一步加工的过程，主要包括裁剪、冲孔等工序。裁剪是将极片按照既定的尺寸和形状进行精确裁切，以满足电芯组装时的具体需求。冲孔是在极片上冲出用于后续焊接或固定的孔洞，如极耳孔等。这些孔洞的位置和尺寸都需要严格控制，以确保电芯组装时的精度和稳定性。

制片过程中同样需要高精度的加工设备和严格的质量控制措施。裁剪机械需具备精确的定位和切割能力，以确保裁剪出的极片尺寸和形状符合要求；冲孔机械需具备稳定的冲压力和精准的冲孔位置控制能力，以避免冲孔偏差或孔洞变形等问题的发生。

此外，在制片过程中还需注意对极片的保护和处理。例如，在裁剪和冲孔后需及时清理极片表面的碎屑和毛刺，并进行适当的表面处理以提高其焊接性能和耐腐蚀性。同时，还需对极片进行严格的检验和测试，以确保其符合质量要求并满足后续电芯组装的需求。

4.1.1.7　卷绕

卷绕是将正极片、隔膜和负极片这三者精心组合，通过自动卷绕机的精密操作，层层叠放并紧密卷绕成电芯初步形态——电芯卷芯的过程。这一步骤不仅要求极高的精确度，还需要严格控制各项工艺参数，以确保电芯卷芯的质量。

锂离子电池卷绕工艺的原理如图 4-5 所示。在该图中可以看到一条连续的卷芯运输带作为支撑和传输载体，其上依次排列着隔膜1卷、正极片卷、隔膜2卷、负极片卷以及终止胶带卷。这些材料在特定的机械结构和控制系统的引导下，按照一定的顺序和速度进行叠放和卷绕，最终形成具有特定层数和结构的电芯雏形。

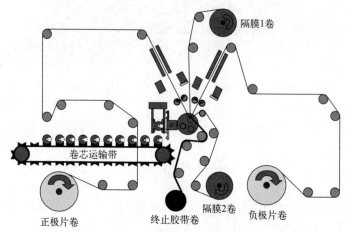

图4-5　锂离子电池卷绕工艺的原理

（1）卷芯运输带　作为整个卷绕过程的核心部件之一，卷芯运输带负责承载并传输正在卷绕的电芯。它通常采用高强度、耐磨损的材料制成，以确保在高速运转过程中保持稳定性和精度。同时，卷芯运输带还设计有特殊的张紧和定位机构，以确保卷绕过程中的材料对齐和紧密度。

（2）隔膜1卷与隔膜2卷　隔膜是锂离子电池中的关键组件之一，它位于正负极片之间，起到隔离正负极、防止短路的作用。在图4-5中，隔膜以卷状形式存在，并分别位于正极片卷和负极片卷的两侧。在卷绕过程中，隔膜会被连续地拉出并放置在正负极片之间，以形成电芯的层状结构。

（3）正极片卷与负极片卷　正极片和负极片是锂离子电池中存储电能的主体部分。它们分别含有活性物质、导电剂和黏结剂等成分，并经过涂布、干燥等工艺制成。在卷绕过程中，正极片卷和负极片卷会被同步地拉出并交替叠放在隔膜上，以形成电芯的正负极交替层状结构。

（4）终止胶带卷　终止胶带卷用于在卷绕过程的末尾阶段固定电芯的结构并防止其散开。在卷绕即将完成时，终止胶带会被粘贴在电芯的外层上，以确保电芯的完整性和稳定性。终止胶带通常具有良好的黏附性和耐腐蚀性能，以适应电池的工作环境。

卷绕工艺要点如下。

（1）材料准备　在卷绕前，需对正极片、负极片、隔膜等材料进行严格的检查和预处理，以确保其尺寸精度、表面质量和洁净度符合要求。

（2）参数设置　根据电芯的设计要求和生产工艺条件，合理设置卷绕机的各项参数（如卷绕速度、张力大小、材料间距等），以确保卷绕过程的稳定性和一致性。

（3）质量控制　在卷绕过程中，需对电芯的层数、紧密度、对齐度等质量指标进行实时监控和检测，以确保电芯的质量符合标准。

（4）安全操作　卷绕机属于高速运转设备，操作人员需严格遵守安全操作规程，佩戴好防护用品，确保人身安全。

4.1.1.8　入壳

稳固电芯结构，准备封装。入壳是将卷绕好的电芯放入预先准备好的圆柱形金属外壳中的过程。这一步骤为电芯的后续封装和保护提供了物理支撑，对电芯的整体性能和安全性具有重要影响。入壳过程如图 4-6 所示。

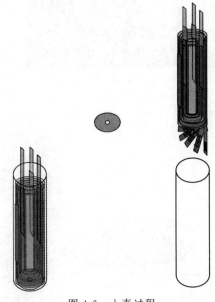

图 4-6　入壳过程

(1) 外壳准备　金属外壳需具有良好的导电性、机械强度和耐腐蚀性，以确保电芯在使用过程中的稳定性和安全性。在入壳前，需对金属外壳进行清洗、干燥等预处理工作，以去除表面的油污、杂质等污染物。

(2) 入壳操作　入壳时，需将电芯卷芯平稳地放入金属外壳中，并确保其位置正确、固定牢靠。此过程需避免对电芯卷芯造成冲击或挤压，以免损坏其内部结构。同时，还需检查外壳的密封性是否良好，以防止外部气体或水分进入电芯内部，影响电芯性能。

4.1.1.9　点底与极耳预焊

(1) 点底　点底是在电芯的底部进行的一系列操作，旨在固定负极集流体并确保其安全性能。这一步骤主要包括放置绝缘垫片和负极集流体引出片，并通过精密的点焊工艺将其牢固结合。

(2) 极耳预焊　极耳预焊是针对正极集流体引出片进行的一系列预处理和预焊操作，旨在提高正极极耳的焊接质量和电芯的整体性能。极耳预焊、错位和虚焊如图 4-7 所示。

4.1.1.10　滚槽

(1) 滚槽定义　滚槽是指在电芯外壳（通常为金属壳）上通过机械滚压的方式，形成一定深度、宽度和间距的沟槽结构。这一过程旨在增强外壳的密封性，提升结构强度，并为后续的电芯密封和组装提供必要的结构支持。滚槽过程如图 4-8 所示。

(2) 滚槽控制要点　滚槽控制要点如图 4-9 所示。

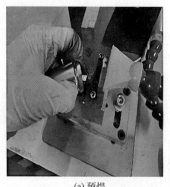

(a) 预焊

(b) 错位

(c) 虚焊

图 4-7　极耳预焊、错位和虚焊

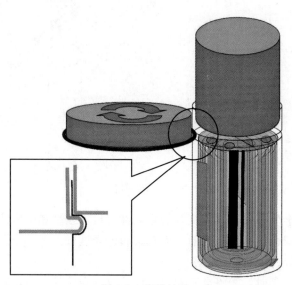

图 4-8　滚槽过程

① 槽深。槽深是滚槽工艺中的关键参数之一，它直接影响电芯外壳的密封性和结构强度。槽深过浅可能导致密封不严，而槽深过深则可能损伤外壳材料或影响后续工序。因此，必须根据电芯的设计要求和生产工艺严格控制槽深。

② 槽高与总高。槽高通常指的是单个沟槽的高度，总高是指整个滚槽区域相对于电芯外壳原始高度的变化。这两个参数需根据电芯的规格和用途进行精确设定，以确保电芯外壳的整体尺寸和形状满足后续组装与使用的需求。

③ 扩口。在某些电芯设计中，滚槽工艺还包括对电芯外壳端部的扩口处理。扩口的目的是更好地与盖帽或底盖等部件进行密封连接。扩口的尺寸和形状需严格控制，以避免出现扩口变形等不良现象。

（3）滚槽方式

① 立式滚槽机。立式滚槽机采用垂直布局，电芯外壳在垂直方向上进行滚槽处理。这种方式适用于较小直径的电芯，能够确保滚槽的精度和一致性。立式滚槽机还具有操作简便、维护方便等优点。

② 卧式滚槽机。卧式滚槽机采用水平布局，电芯外壳在水平方向上进行滚槽处理。这

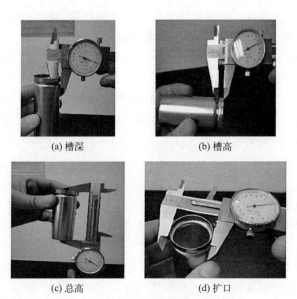

(a) 槽深　　　　　　　　(b) 槽高

(c) 总高　　　　　　　　(d) 扩口

图 4-9　滚槽控制要点

种方式适用于较大直径或较长电芯的滚槽加工。卧式滚槽机通常具有更高的生产效率和更强的加工能力，但操作和维护相对复杂一些。

（4）常见不良现象及解决方案　常见不良现象如图 4-10 所示。

(a) 扩口变形　　　　　　　　(b) 滚槽开裂

(c) 鼓边　　　　　　　　　　(d) 包边过短

图 4-10　常见不良现象

① 扩口变形。扩口变形通常是由于扩口工艺参数设置不当或设备精度不足导致的。解决方案包括优化扩口工艺参数、提高设备精度以及加强操作人员的技术培训等。

② 滚槽开裂。滚槽开裂可能是由于槽深过深、材料韧性不足或设备压力过大等原因造

成的。解决方案包括调整槽深、更换韧性更好的外壳材料以及降低设备压力等。

③ 鼓边。鼓边是指电芯外壳在滚槽过程中出现边缘凸起的现象。这可能是由于滚槽设备调整不当或外壳材料本身的问题导致的。解决方案包括调整滚槽设备的滚压角度和力度、选用更适合的外壳材料等。

④ 包边过短。包边过短是指滚槽后形成的沟槽边缘过短，无法满足密封要求。这可能是由于槽宽设置不当或滚槽设备精度不足导致的。解决方案包括优化槽宽设置、提高设备精度以及加强生产过程中的质量控制等。

4.1.1.11　分档

分档是根据电芯的性能参数（如容量、内阻、电压等）进行精准分类的过程。通过分档，可以将性能相近的电芯归为一组，从而优化电池组的整体性能，并确保其在各种工况下的稳定性和可靠性。

(1) 性能参数测试　在分档之前，首先需要对电芯进行全面的性能参数测试。这包括容量测试、内阻测试、电压测试等，以获取电芯的各项性能指标。测试过程中需采用高精度、高稳定性的测试设备，并遵循严格的测试标准，以确保测试结果的准确性和可靠性。

(2) 数据分析与分类　完成性能参数测试后，需对测试数据进行统计分析，以确定电芯的性能指标范围。根据分析结果，将电芯划分为不同的档次或等级。分类时应充分考虑电芯的用途、工作环境及用户对性能的要求，确保分类的合理性和科学性。

(3) 归档与标识　分类完成后，需对电芯进行归档处理，并为每个电芯贴上相应的标识标签。标识标签上应注明电芯的档次、批次号、生产日期等关键信息，以便后续跟踪和管理。

4.1.1.12　短路测试

短路测试是电芯制造过程中必不可少的质量控制环节。通过对电芯进行短路测试，可以及时发现并消除内部短路现象，确保电芯的安全性和可靠性。

(1) 测试准备　在进行短路测试之前，需准备好相应的测试设备和测试夹具。测试设备应具有高精度、高稳定性的短路检测功能，并能模拟实际工况下的短路条件。测试夹具则需根据电芯的形状和尺寸进行设计，以确保测试的准确性和可靠性。

(2) 测试操作　将待测电芯放置于测试夹具中，并按照测试标准设置测试参数（如测试电压、测试电流等）。启动测试设备后，对电芯进行短路测试。测试过程中需密切关注测试数据的变化和电芯的反应情况，如有异常情况应立即停止测试并进行分析处理。

(3) 结果判定与处理　测试完成后，根据测试数据和标准要求对测试结果进行判定。如电芯未出现内部短路现象且各项性能参数均符合要求，则判定为合格；如出现内部短路现象或性能参数不符合要求，则判定为不合格并进行相应处理（如返修、降级或报废等）。

4.1.1.13　注液前极组烘烤

注液前极组烘烤如图 4-11 所示。

(1) 注液前极组烘烤的必要性

① 去除水分。在电芯极片的制作和组装过程中，不可避免地会吸附一定量的水分。水分的存在会严重影响电芯的电化学性能，降低其循环稳定性和安全性。因此，在注液前对极

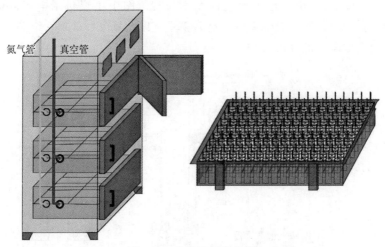

图 4-11　注液前极组烘烤

组进行烘烤，可以有效去除这些水分，保证电芯的内部环境干燥。

② 去除有机溶剂。电芯极片制作过程中使用的黏结剂和其他添加剂往往含有有机溶剂。这些溶剂在电芯内部残留会加速电池的老化过程，影响电芯的寿命和安全性。通过烘烤处理，可以将这些有机溶剂挥发掉，减少其对电芯性能的不利影响。

③ 提高电芯安全性。水分和有机溶剂的存在会增加电芯内部发生短路和热失控的风险。通过烘烤处理，可以降低这些风险，提高电芯的安全性能。

（2）烘烤工艺要点

① 烘烤温度与时间。烘烤温度和时间是影响烘烤效果的关键因素。温度过高或时间过长可能导致极片材料受损，影响电芯性能；而温度过低或时间过短则可能无法完全去除水分和有机溶剂。因此，需要根据极片材料的性质和电芯的设计要求，确定合适的烘烤温度和时间。

② 烘烤环境。烘烤环境应保持干燥、无尘，并具备良好的通风条件。这有助于加快水分和有机溶剂的挥发速度，同时防止外部污染物进入电芯内部。

③ 烘烤设备。烘烤设备应具备精确的温度控制能力，能够确保烘烤过程中温度的稳定性和均匀性。此外，设备还应具有足够的容量和效率，以满足大规模生产的需求。

（3）烘烤后的质量控制

① 水分含量检测。烘烤完成后，应对电芯极组进行水分含量检测。通过测量极组中的水分含量，可以评估烘烤效果是否达标。

② 外观检查。对烘烤后的电芯极组进行外观检查，观察是否存在变形、破损等异常情况。这些异常情况可能影响电芯的性能和安全性，需要及时发现并处理。

③ 性能测试。对烘烤后的电芯进行性能测试，包括容量测试、内阻测试、循环稳定性测试等。通过性能测试可以进一步验证烘烤处理对电芯性能的影响程度，确保电芯达到设计要求。

4.1.1.14　注液

注液过程是指将配置好的电解液注入已经卷绕并封装好的电芯内部，使电芯中的正负极材料得以通过电解液进行有效的离子交换，从而实现电能的储存与释放。

图 4-12 所示为锂离子电芯注液工艺的基本流程。图中主要包括电解液储罐、海霸泵（或其他类型的精密泵）、高压氮气系统、高真空系统以及氮废气处理系统等关键组件。这些组件共同协作，完成电芯的注液操作。

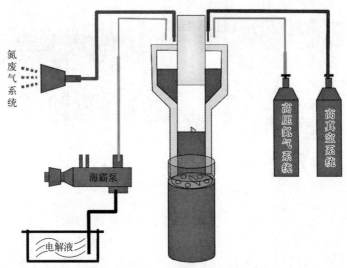

图 4-12　锂离子电芯注液工艺的基本流程

（1）电解液　电解液是锂离子电池中离子传输的介质，通常由锂盐、有机溶剂和添加剂按一定比例配制而成。其性能直接影响电芯的容量、电压、内阻、安全性及循环寿命等。在注液前，电解液需经过严格的配制、过滤和除水等处理，以确保其纯度和稳定性。

（2）海霸泵（或其他精密泵）　海霸泵或其他类型的精密泵是注液过程中的核心设备，负责将电解液从储罐中抽出并准确、稳定地注入电芯内部。这些泵通常具有高精度、低流量脉动、耐腐蚀等特点，以满足锂离子电池注液的严格要求。

（3）高压氮气系统　高压氮气系统在注液过程中主要起到推动电解液进入电芯以及提供保护气氛的作用。通过高压氮气系统，可以确保电解液能够充分渗透到电芯内部的每一个角落，同时减少空气中的氧气、水分等杂质对电芯的污染。

（4）高真空系统　在注液前，电芯需要通过高真空系统进行抽气处理，以去除电芯内部的空气、水分等杂质。高真空系统能够为电芯创造一个洁净、干燥的环境，为后续的注液和封口操作奠定基础。

（5）氮废气处理系统　氮废气处理系统用于处理注液过程中产生的含有少量电解液和杂质的氮气废气。通过吸收、过滤等处理手段，可以将废气中的有害物质去除，实现环保排放。

注液工艺流程如下。

（1）电芯预处理　将已经卷绕并封装好的电芯置于高真空系统中，启动真空泵进行抽气处理。此过程中，需根据电芯的尺寸和类型设定合适的真空度和抽气时间，以确保电芯内部达到所需的真空度。

（2）电解液准备　首先，根据电芯的规格和性能要求，配制适量的电解液。随后，使用精密的过滤设备对电解液进行过滤处理，以去除其中的杂质和颗粒物。最后，通过加热、搅拌等方式对电解液进行除水处理，以确保其纯度和稳定性达到要求。

（3）注液操作 使用海霸泵或其他精密泵将电解液从储罐中抽出，并通过高压氮气作为动力源推动电解液进入电芯内部。在注液过程中，需根据电芯的容量和性能要求设定合适的注液量和注液速度，以确保电芯内部充满电解液且分布均匀。

（4）废气处理 将注液过程中产生的氮废气通过管道送入废气处理系统进行处理。废气处理系统通常采用吸附、吸收或催化燃烧等方式对废气中的有害物质进行去除或转化处理。处理后的废气需达到环保排放标准后才能排放到大气中。

（5）后续处理 注液完成后，进行电芯的封口、静置、化成等后续处理工序。

4.1.1.15 焊盖帽、封口与清洗

（1）焊盖帽 在锂离子电芯的制造过程中，焊盖帽是一个至关重要的环节。这一步骤通过将精心设计的盖帽与电芯的正极极耳进行精确焊接，构建出一个封闭且稳定的电解液腔体。这一过程不仅要求焊接牢固，以确保在后续使用过程中电芯内部不会发生泄漏，还需要考虑焊接的温度、时间等参数，以避免对电芯内部材料造成不必要的损伤。焊盖帽的成功完成，为电芯的后续使用和性能发挥奠定了坚实的基础。

（2）封口 封口是将盖帽与电芯外壳进行永久连接的关键步骤。通常采用激光焊接或超声波焊接等先进技术，这些技术能够确保封口处的密封性达到极高水平，有效防止外界空气、水分等杂质进入电芯内部，从而保障电芯的安全性和稳定性。在封口过程中，需严格控制焊接参数，如焊接速度、焊接功率等，以确保封口质量的一致性。同时，还需对封口处进行严格的检查，确保无漏焊、虚焊等缺陷存在。

（3）清洗 清洗是电芯制造过程中的一个重要环节。在焊盖帽和封口之后，电芯外表面可能残留一些生产过程中产生的杂质和污染物。这些残留物不仅会影响电芯的外观质量，还可能对电芯的性能产生不利影响。因此，需要采用合适的清洗剂和清洗工艺对电芯进行彻底清洗，以去除这些残留物。清洗过程应确保不损伤电芯表面，还应考虑到环保和可持续性发展的要求。

图 4-13 所示为锂离子电芯清洗系统的工作流程。该系统主要包括待清洗电池放入区、清洗液处理区、纯净水冲洗区、热风干燥区以及清洗后电池取出区等关键部分。这些部分相互协作，共同完成电芯从污染到洁净的转变过程。

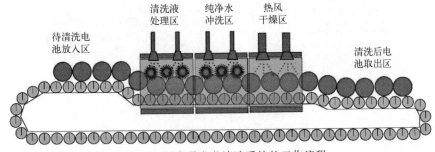

图 4-13　锂离子电芯清洗系统的工作流程

（1）待清洗电池放入区 此区域为电芯清洗的起始点，操作人员将待清洗的电芯放置到指定的位置或传送带上。为了确保清洗效果，电芯在放入前应进行初步检查，确保无严重破损或变形。

（2）清洗液处理区 电芯进入清洗液处理区后，会被浸泡在特制的清洗液中，或喷淋上

特制的清洗液。清洗液通常包含去污能力强、对电芯材料无腐蚀性的化学成分，能够有效去除电芯表面的油污、尘埃等杂质。清洗过程中，可通过机械搅拌、超声波振动等方式增强清洗效果，使清洗液更充分地与电芯表面接触并剥离附着物。

（3）纯净水冲洗区　经过清洗液处理后，电芯表面会残留一定量的清洗液和杂质，因此，需要进入纯净水冲洗区进行彻底冲洗。纯净水以高压喷淋或浸泡的方式作用于电芯表面，将残留的清洗液和杂质冲洗干净。此步骤对于保证电芯的洁净度和后续工艺的稳定性至关重要。

（4）热风干燥区　清洗并冲洗干净后，电芯表面会残留一定量的水分。为了快速去除这些水分并防止电芯受潮，电芯需进入热风干燥区进行干燥处理。热风干燥区通过加热并吹送干燥的热风到电芯表面，使水分迅速蒸发。同时，热风还具有一定的杀菌作用，能够进一步提高电芯的洁净度和安全性。

（5）清洗后电池取出区　经过上述清洗和干燥流程后，电芯已达到洁净状态并准备进入下一道工序。此时，电芯会被从热风干燥区取出并放置到清洗后电池取出区。操作人员在此区域对电芯进行最终检查，确认其洁净度和完整性无误后，即可进行后续的生产或组装工作。

4.1.1.16　喷码、预充、老化与分容

（1）喷码　喷码是锂离子电芯制造工艺中的第一步标识性操作，其主要目的是在电芯表面喷印生产日期、批次号、制造商等关键信息。这些信息对于电芯的追溯、管理和质量控制具有重要意义。通过喷码，企业可以迅速定位到特定批次或个体的电芯，从而在出现质量问题时进行有效的追踪和召回。图 4-14 所示为锂离子电芯喷码。

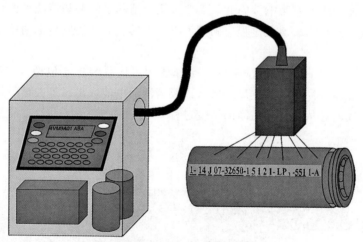

图 4-14　锂离子电芯喷码

（2）预充　预充是电芯制造过程中的一个重要环节，其主要目的是通过小电流对电芯进行初步充电，以激活电芯内部的化学反应，使电芯性能逐渐达到最佳状态。预充可以有效减少电芯在后续使用中的衰减和失效风险，提高电芯的循环寿命和整体性能。

（3）老化　老化是将电芯置于特定条件下进行长时间处理的工艺过程，其主要目的是使电芯性能趋于稳定，减少内部应力，提高电芯的可靠性和耐用性。通过老化处理，可以进一步筛选出存在潜在问题的电芯，从而提高成品的良品率和用户满意度。

（4）分容　分容是电芯制造工艺中的最后一道关键工序，其主要目的是对老化后的电芯进行容量测试，并根据测试结果对电芯进行分级处理。通过分容，可以确保每个电芯的容量都符合规定的标准范围，从而满足不同应用场合的需求。同时，分容还可以进一步提高电芯的利用率和经济效益。

4.1.2　方形电芯和圆柱电芯制造工艺的比较

4.1.2.1　方形电芯和圆柱电芯制造工艺的相同点

（1）原材料处理　两者在正极匀浆和负极匀浆阶段均需对正负极活性物质进行混合、匀浆处理，以确保活性物质的均匀分布和良好性能。

（2）涂布与对辊　无论是圆柱电芯还是方形电芯，都需要将正负极浆料均匀涂布在集流体上，并通过对辊工艺使涂布层更加致密和平整。

（3）分切与制片　涂布后的极片需经过分切工序裁剪成指定宽度，并进一步制片成具有特定形状和尺寸的极片。这一步骤在两者制造过程中均不可或缺。

（4）组装与测试　在后续的组装阶段，两者均需将极片与隔膜按一定顺序排列组合，并进行化成、测试等工艺步骤以检验电芯的性能和质量。此外，两者在组装过程中还需进行极耳焊接、注液、封口等关键操作。

4.1.2.2　方形电芯和圆柱电芯制造工艺的不同点

（1）电芯形状与结构设计　圆柱电芯因其圆柱形设计，在电芯形状和结构设计上与方形电芯存在显著差异。这直接影响了两者在后续组装工艺中的具体操作方式和设备选择。

（2）制片与极组排列　方形电芯通常采用叠片方式将正负极片交替叠放形成电芯芯体；而圆柱电芯则多采用卷绕方式将正负极片和隔膜卷绕成圆柱形。这种不同的制片与极组排列方式导致了两者在内部结构和性能表现上的差异。

（3）壳体制造与入壳方式　圆柱电芯的壳体通常为圆柱形钢壳或铝壳，通过卷绕或拉伸等工艺制成；而方形电芯的壳体则采用平板材料如铝合金等制成，通过冲压、拉伸等工艺成形。在入壳方式上，圆柱电芯通常是将卷绕好的极组直接放入壳体中；而方形电芯则需要将叠片好的极组按照一定顺序放入壳体并进行固定。

（4）极耳焊接与注液　由于形状和结构的差异，两者在极耳焊接和注液等工艺步骤上也存在差异。圆柱电芯的极耳多位于电芯顶部或底部，通过特殊设计的焊接工艺进行连接；而方形电芯的极耳则可能位于电芯的一侧或两侧，焊接方式也有所不同。在注液方面，两者虽均需注入适量的电解液，但注液孔的位置和注液方式可能因电芯形状及结构的不同而有所差异。

（5）封口与清洗　圆柱电芯多采用激光焊接或底部封口等方式进行密封处理；而方形电芯则可能采用热熔胶封等工艺进行封口。此外，在清洗环节上，两者也可能因形状和结构的差异而采用不同的清洗方法和设备。

（6）分容与性能测试　虽然两者在性能测试环节均需进行分容和多项性能指标的检测，但由于形状、结构和内部设计的差异，两者的分容和测试方法可能有所不同。例如，圆柱电芯可能更注重循环寿命和快速充放电性能的检测；而方形电芯则可能更关注能量密度和空间利用率的评估。

4.1.3 软包电芯和圆柱电芯制造工艺的比较

4.1.3.1 软包电芯和圆柱电芯制造工艺的相同点

（1）原材料处理 无论是软包电芯还是圆柱电芯，其制造工艺的起点均在于对正负极活性物质的均匀混合处理，即正极匀浆和负极匀浆，以确保电池性能的一致性。

（2）涂布与对辊 两者都需要将正负极浆料均匀涂布在集流体上，并通过对辊工艺使涂层更加平整和致密，以提高电池的能量密度和循环稳定性。

（3）分切与制片 涂布后的极片需经过分切工序裁剪成指定宽度，并进一步制片成具有特定形状和尺寸的极片。这一步骤在两者制造过程中均为必要环节。

（4）组装与测试 在后续的组装阶段，两者都需要将极片与隔膜等组件按一定顺序组合成电芯，并进行化成、测试等工艺步骤以检验电芯的性能和质量。

4.1.3.2 软包电芯和圆柱电芯制造工艺的不同点

（1）电芯形状与结构设计 圆柱电芯以其圆柱形设计著称；而软包电芯则采用铝塑膜作为外壳，呈现出扁平的矩形或方形。这种形状上的差异导致了两者在内部结构设计、组装工艺以及外部防护方面的显著差异。

（2）制片与极组排列 圆柱电芯通过卷绕方式将正负极片和隔膜卷绕成圆柱形极组；而软包电芯则采用叠片方式将极片与隔膜交替叠放形成电芯。不同的制片与极组排列方式影响了两者在能量密度、散热性能以及结构强度等方面的表现。

（3）壳体制造与封装 圆柱电芯的壳体多为金属材质，通过冲压、拉伸等工艺制成，具有较高的机械强度和防护性能；而软包电芯则采用铝塑膜作为外壳，通过热封等工艺实现封装，具有更好的柔韧性和可变形能力。这种封装方式的差异使得软包电芯在轻量化、形状适应性等方面具有优势。

（4）极耳焊接与注液 圆柱电芯的极耳多位于电芯顶部或底部，通过焊接方式与外部电路连接；而软包电芯的极耳则可能直接延伸出铝塑膜外部，通过压接等方式连接。在注液方面，两者均需注入适量的电解液以激活电池内部化学反应，但注液方式可能因电芯形状和封装方式的不同而有所差异。

（5）测试与分容 尽管两者在测试环节均需进行性能检测和分容处理，但由于形状、结构和内部设计的差异，两者的测试方法和分容标准可能有所不同。例如，圆柱电芯可能更注重循环寿命和倍率性能的检测；而软包电芯则可能更关注能量密度和形状适应性的评估。

4.2 电池模组的装配工艺

4.2.1 方形电池模组的装配工艺

4.2.1.1 原材料准备与预处理

（1）电芯准备 根据设计要求，选购合格的方形电芯，确保电芯的容量、内阻、电压等参数满足标准要求。对采购的电芯进行严格检测，包括外观检查、性能测试等，剔除不合格品。

(2) 侧板与端板　选用高强度、耐腐蚀的金属材料，如铝合金，进行切割、冲压等加工，形成所需形状的侧板和端板。

(3) 垫板与绝缘材料　准备用于电芯之间的垫板和模组内部的绝缘材料，确保电芯之间的隔离与模组的安全性。

(4) 连接铜排　根据模组电路设计，定制连接铜排，确保电芯之间的电连接可靠。

(5) 热管理材料　准备热传导材料（如热管、导热硅胶等）和散热片，以优化模组的热管理性能。

4.2.1.2　模组组装工艺

(1) 电芯排列　在模组组装初期，首先需要根据设计要求，将电芯有序地排列在模组底板上。这一步骤要求极高的精度和细致度，以确保电芯之间的间隙均匀，避免因间隙过大或过小导致的热量分布不均、机械应力集中等问题。同时，还需注意电芯的极性方向，确保所有电芯的正负极方向一致，为后续的焊接和电气连接做好准备。

(2) 电芯固定　电芯排列完成后，需使用专用夹具或机械臂将电芯固定在模组底板上。在这一过程中，需确保电芯与底板之间接触紧密、无松动，同时安装侧板和端板，以形成初步的模组结构。侧板和端板的选择及安装需考虑其材质、强度和刚度等因素，以确保模组在运输和使用过程中的稳定性和安全性。

(3) 铜排布局　连接铜排作为电芯之间及模组与外部系统之间电量传输的关键部件，其布局需根据模组电路设计精心确定。布局时，需考虑铜排的走向、长度、宽度和厚度等因素，以确保电流传输的顺畅和高效。同时，还需避免铜排之间及与电芯之间的干扰和碰撞，确保整个模组结构的紧凑和稳定。

(4) 焊接操作　连接铜排与电芯极耳的焊接是模组组装中的关键环节之一。为确保焊接质量，需采用激光焊接、超声波焊接等高精度焊接技术。这些技术具有焊接速度快、热影响区小、焊缝美观等优点，能够确保焊接接头的强度和导电性能。在焊接过程中，还需严格控制焊接参数，如焊接电流、焊接时间、焊接压力等，以确保焊接接头的质量和稳定性。

(5) 垫板安装　垫板作为电芯之间的隔离和支撑部件，在模组组装中起着重要作用。垫板的安装需确保电芯之间的间隙均匀、稳定，避免因电芯膨胀或收缩导致的机械应力集中。同时，垫板还需具备良好的导热性能和机械强度，以承受电芯在工作过程中产生的热量和机械应力。

(6) 绝缘材料铺设　为防止模组内部发生短路和电气故障，需在模组内部铺设绝缘材料。绝缘材料的选择需考虑其绝缘性能、耐热性能、耐腐蚀性能等因素。铺设时，需确保绝缘材料完全覆盖电芯、连接铜排等导电部件，并留有足够的裕量以防止因材料老化或磨损导致的电气故障。

(7) 热传导材料安装　热传导材料作为模组热管理系统的重要组成部分，其安装需确保电芯与模组外壳之间的热传递路径畅通无阻。常用的热传导材料包括导热硅胶、导热硅脂、热管等。安装时，需将热传导材料均匀地涂抹在电芯与模组外壳之间，并确保其与电芯和外壳紧密接触，以提高热传递效率。

(8) 散热片安装　根据模组散热需求，需在模组外部安装散热片以优化热管理性能。散热片的选择和安装需考虑其散热面积、散热效率、重量和成本等因素。安装时，需确保散热片与模组外壳紧密接触，并采取必要的固定措施以防止其松动或脱落。同时，还需考虑散热片与周围环境的热交换情况，以确保模组在工作过程中能够保持适当的温度范围。

4.2.1.3　模组检测与测试

（1）外观检查　外观检查作为模组检测的首要环节，旨在确保模组组装完整无损且外观无瑕。此步骤涵盖完整性、变形及密封性三大方面：确认外壳、连接部件完整无缺，无裂缝或遗失；细致观察模组形态，防范凸起、凹陷等变形迹象，以判断组装与运输的规范性；同时，严格检查密封部位，确保无漏液风险，保障模组性能稳定与安全运行。

（2）性能测试　性能测试是验证模组综合性能的关键步骤，它涵盖电气性能与热管理性能两大核心领域。电气性能测试是测量模组在充放电过程中的电压稳定性、工作电流的输出平稳性以及内阻分布，从而精准评估其功率效率与安全性。同时，绝缘电阻测试则确保模组内部电气隔离达到安全标准，防范电气故障。热管理测试是在模拟工作条件下，全面监测模组温度参数，评估其散热系统的效能与稳定性，确保模组在高温环境下依然能够高效、稳定运行，满足设计及使用的高标准需求。

（3）安全性测试　安全性测试是模组检测流程中的核心环节，旨在确保模组在极端工况下的安全性能。通过过充过放测试，模拟电芯的极端充放电状态，验证模组保护机制的有效性，预防电芯损坏及潜在爆炸风险。振动测试则模拟运输与使用中的振动环境，评估模组结构的稳固性及电气连接的可靠性。此外，冲击测试可以模拟突发物理冲击，全面检验模组的抗冲击能力及结构完整性，确保其在任何意外情况下都能保持性能稳定，为用户提供安全可靠的使用体验。

图 4-15 所示为方形电池模组。

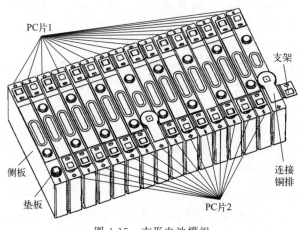

图 4-15　方形电池模组

4.2.2　圆柱电池模组和方形电池模组装配工艺的比较

4.2.2.1　圆柱电池模组和方形电池模组装配工艺的相同点

（1）电芯预处理　无论是圆柱电池还是方形电池，在模组组装前均需对电芯进行严格的预处理，包括外观检查、性能测试、分类筛选等，以确保电芯质量符合组装要求。

（2）电气连接 两种电池模组在电气连接上均需要通过铜排、导线或其他导电材料将电芯的正负极串联或并联起来，形成电池组，以实现电能的传输和分配。

（3）热管理设计 为了提高电池模组的热管理效率，圆柱电池模组和方形电池模组均需设计并安装热管理系统，包括散热片、热管、导热材料等，以确保电池在充放电过程中保持适宜的工作温度。

（4）安全保护机制 两者均需在模组设计中融入安全保护机制，如过充过放保护、短路保护、温度监控等，以提高电池模组的安全性和可靠性。

4.2.2.2 圆柱电池模组和方形电池模组装配工艺的不同点

（1）电芯排列与固定方式

① 圆柱电池模组通常采用圆柱形电芯，通过特定的排列方式（如直线排列、环形排列等）放置于模组框架内，并通过专用夹具或机械臂将电芯固定在位，以确保电芯之间的间隙均匀且稳定。

② 方形电池模组采用方形电芯，其排列方式相对灵活，可根据模组设计需求进行定制化布局。固定方式也更为多样，可能涉及螺栓紧固、胶水黏合等多种方式。

（2）模组结构设计

① 圆柱电池模组的结构设计需考虑电芯的圆柱形状及排列方式，确保模组整体结构紧凑、散热良好且易于安装维护。

② 方形电池模组的结构设计更多地关注电芯之间的空间利用、电气连接的便捷性以及模组整体的强度和刚度。

（3）散热系统布置

① 由于圆柱电池的形状特性，其散热系统设计可能需要更多的定制化处理，如采用特殊形状的散热片或设计独特的风道结构。

② 由于方形电池模组的电芯形状较为规则，因此其散热系统设计相对更为标准化，易于实现高效的热传递和散热效果。

（4）生产效率与成本

① 圆柱电池模组的生产工艺相对成熟，自动化程度高，且由于电芯形状规则，有利于实现高效生产，降低制造成本。

② 方形电池模组虽然在设计上具有更大的灵活性，但其生产工艺可能更为复杂，特别是在电芯排列、固定及散热系统设计方面，可能需要更多的定制化工作和人工干预，从而影响生产效率和成本。

图 4-16 所示为圆柱电池模组。

4.2.3 软包电池模组和方形电池模组装配工艺的比较

4.2.3.1 软包电池模组和方形电池模组装配工艺的相同点

（1）电芯预处理 在两种电池模组的制造过程中，首先都需要对电芯进行严格的预处理。这包括电芯的外观检查、性能测试、分类筛选等，以确保电芯的质量符合后续组装和使用的标准。

图 4-16　圆柱电池模组

(2) 电气连接　无论是软包电池模组还是方形电池模组，都需要通过特定的电气连接方式将电芯串联或并联起来，形成电池组。这通常涉及铜排、导线或其他导电材料的使用，以实现电能的传输和分配。

(3) 热管理设计　为了确保电池模组在充放电过程中的温度稳定，两种模组都需要设计并安装热管理系统。这包括散热片、热管、风扇等部件的安装和布置，以确保模组能够高效散热，防止过热现象的发生。

(4) 安全保护机制　为了提高电池模组的安全性，两种模组都需要在设计中融入多种安全保护机制，包括过充过放保护、短路保护、温度监控等，以确保在异常情况下能够迅速切断电源，防止安全事故的发生。

4.2.3.2　软包电池模组和方形电池模组装配工艺的不同点

(1) 电芯形状与结构设计

① 软包电池模组。采用铝塑膜作为外壳，电芯形状为扁平的矩形或梯形，具有较高的柔韧性和可塑性。这种设计使得软包电池在模组内可以更灵活地布局，提升空间利用率。

② 方形电池模组。电芯形状为规则的矩形，通常采用金属壳体（如铝合金）作为外壳。这种设计使得方形电池在结构上更为坚固，能够承受更大的机械压力。

(2) 电芯封装与固定

① 软包电池模组。由于软包电池的外壳为铝塑膜，因此其封装过程主要是通过热封或胶黏的方式将电芯与外壳紧密贴合。在模组组装时，需要采用特殊的夹具或黏合剂来固定电芯，确保其在模组内的稳定性。

② 方形电池模组。方形电池的封装过程相对简单，通常是通过螺栓、螺钉或其他紧固件将电芯固定在金属壳体内。在模组组装时，方形电池模组可以通过螺栓连接、卡扣固定等方式进行组装，确保电芯之间的紧密连接和整体稳定性。

(3) 模组结构设计

① 软包电池模组。由于其电芯的柔韧性，软包电池模组在结构设计上更加灵活多

变。可以根据电池包的尺寸和形状进行定制化设计，最大限度地提升空间利用率和散热效率。

② 方形电池模组。方形电池模组的结构设计相对较为固定，通常按照一定的规格和尺寸进行设计和制造。在模组组装时，需要严格按照设计要求进行排列和固定，以确保模组的整体性能和安全性。

（4）生产工艺 由于软包电池和方形电池在形状、结构和封装方式上的差异，两种电池模组在生产工艺和所需设备上也有所不同。软包电池模组的生产工艺更加复杂，需要特殊的热封、胶黏和固定设备；而方形电池模组则相对简单一些，主要需要螺栓连接、卡扣固定等设备和工具。

图 4-17 所示为软包电池模组。

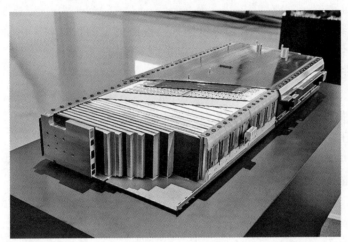

图 4-17　软包电池模组

4.3　电池包的装配工艺

4.3.1　CTM 电池包的装配工艺

4.3.1.1　准备工作

（1）材料与设备检查

① 电芯检查。确保所有电芯均通过质量检测，无外观损伤、内部短路等问题，并符合设计要求。

② 模组组件准备。包括模组框架、电气连接器、热管理元件、固定件等，确保数量充足、质量可靠。

③ 设备检查。验证装配线、焊接机、测量仪器、吊装工具等设备的正常运行状态，以保障装配效率与质量。

（2）环境准备

① 清洁度。保持装配区域的清洁，避免尘埃、异物等污染电池包内部。

② 温湿度控制。根据电芯特性和装配工艺需求，调节适宜的温湿度环境。

4.3.1.2　CTM电池包装配工艺流程

(1) 电芯预处理

① 电芯分组与检测。根据电池容量、内阻等参数进行分组，确保同组电芯性能相近。

② 初步定位。在模组框架内对电芯进行初步定位和固定，确保排列整齐。

(2) 模组组装

① 电气连接。使用专用电气连接器或焊接技术，将电芯间的电气线路进行精确连接，注意连接点的接触可靠性、绝缘性及防水防尘要求。

② 热管理集成。根据模组设计，安装热管理元件（如热敏电阻、散热片等），确保电芯运行过程中的温度控制。

③ 紧固与封装。采用螺栓、卡扣等紧固件，按照规定的扭矩和顺序将电芯和组件紧固在模组框架内，并进行必要的封装处理，以保护内部结构。

(3) 电池包组装

① 模组定位。将组装好的模组按照预设的布局放入电池包壳体内，确保位置准确。

② 电气系统集成。连接模组间的电气线路，形成完整的电池包电气系统，并进行必要的绝缘和防水处理。

③ 热管理与冷却系统安装。根据电池包设计，安装热管理系统和冷却系统，确保电池包在复杂工况下的温度控制。

④ 壳体封装。使用专用密封材料和紧固件，对电池包壳体进行封装处理，确保电池包的密封性和结构强度。

(4) 测试与验证

① 功能测试。使用专业设备对电池包进行电气性能、热管理性能、安全性能等测试，确保各项功能正常。

② 绝缘与密封性测试。通过绝缘电阻测试、气压测试等手段，验证电池包的绝缘性和密封性是否符合要求。

③ 系统调试。对电池包进行软件调试和参数配置，确保其能够与其他车载系统协同工作。

(5) 质量检查与记录

① 外观检查。对电池包外观进行检查，确认无划痕、变形等缺陷。

② 质量记录。记录装配过程中的关键信息（如电芯序列号、装配日期、测试结果等），以便于后续的质量追溯。

4.3.1.3　质量控制与持续改进

(1) 建立质量管理体系　制定严格的质量控制标准和流程，确保每个装配环节都符合质量要求。

(2) 持续监控与改进　通过数据分析、问题反馈等手段，持续优化装配工艺和流程，提升产品质量和生产效率。

图 4-18 所示为 CTM 电池包。

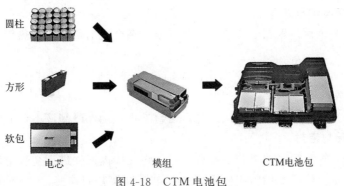

圆柱

方形

软包

电芯　　　　　　　模组　　　　　CTM电池包

图 4-18　CTM 电池包

4.3.2　CTP 电池包的装配工艺

4.3.2.1　准备工作

（1）材料与设备检查

① 电芯检查。确认所有电芯均经过严格检测，符合质量标准，无外观损伤、内部短路等问题。

② 配件准备。包括电气连接器、热管理元件、冷却管道、密封材料、固定件等，确保数量充足、质量可靠。

③ 设备检查。确认装配线、焊接设备、测量仪器、吊装工具等设备处于良好工作状态，确保装配过程顺利进行。

（2）环境准备

① 清洁度。保持装配区域的清洁度，避免灰尘、异物等进入电池包内部。

② 温湿度控制。根据电芯和装配工艺的要求，调节装配区域的温湿度，确保在适宜的环境条件下进行装配。

4.3.2.2　CTP 电池包装配工艺流程

（1）电芯定位与固定

① 电芯排列。根据电池包的设计要求，将电芯按照预定的排列方式放置在装配平台上。

② 固定框架安装。使用专用夹具或框架将电芯初步固定，确保电芯之间的相对位置准确无误。

③ 紧固操作。采用专用的紧固件（如螺栓、卡扣等），按照规定的扭矩和紧固顺序，将电芯牢固地固定在框架内。

（2）电气连接

① 线路规划。根据电池包的电气原理图，合理规划电气线路的走向，避免线路交叉、缠绕。

② 连接器安装。使用专业的电气连接器，将电芯之间的电气线路进行连接。注意连接点的接触可靠性、绝缘性和防水防尘性能。

③ 连接检查。完成连接后，使用万用表等工具对连接点进行逐一检查，确保电气系统的连通性和绝缘性符合要求。

（3）热管理与冷却系统安装

① 热管理元件布置。根据电池包的散热需求，在合适的位置安装热管理元件（如热管、风扇等）。

② 冷却管道铺设。若采用液冷方式，需铺设冷却管道，并将其连接到热管理元件上，形成完整的冷却循环系统。

③ 密封处理。对冷却管道和连接点进行密封处理，确保冷却液不会泄漏。

（4）壳体装配与密封

① 壳体安装。将装配好的电芯框架放入电池包壳体内，并进行初步定位。

② 紧固与密封。使用专用紧固件将壳体与电芯框架紧固连接，并使用密封材料对壳体接缝处进行密封处理。

③ 密封性检查。完成密封后，进行必要的密封性测试（如气压测试、水密性测试等），确保无泄漏现象。

（5）装配完成检查

① 外观检查。对装配完成的电池包外观进行检查，确认无划痕、变形等缺陷。

② 功能测试。使用专业设备对电池包进行电气性能、热管理性能、安全性能等测试，确保各项功能正常。

③ 记录与标识。将装配过程中的关键信息（如电芯序列号、装配日期、测试结果等）进行记录，并在电池包上贴上相应的标识。

4.3.2.3 质量控制与追溯

① 质量控制。在装配过程中实施严格的质量控制措施，如首件检验、过程检验和成品检验等，确保产品质量符合设计要求。

② 质量追溯。建立完整的电池包追溯系统，记录每个电池包的生产信息、装配记录、测试报告等，以便于后续的质量追溯和问题排查。

图 4-19 所示为 CTP 电池包。CTP 电池包直接将电芯集成到电池包中，省去了模组环节，从而提高了电池包的空间利用率和能量密度。

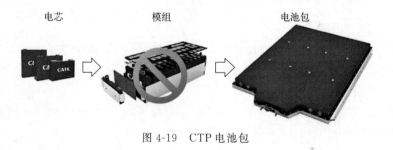

图 4-19　CTP 电池包

4.3.3　CTB 电池包的装配工艺

4.3.3.1　准备工作

（1）材料与部件检查

① 电芯检查。确保所有电芯均通过严格的质量检测，无外观损伤、内部短路等问题，

并符合设计要求。

② 车身结构件准备。包括底盘、框架、连接件等，确保尺寸准确、质量可靠，已完成必要的预处理（如清洁、防腐等）。

③ 电气与热管理元件。准备电气连接器、热敏元件、冷却管路等，确保数量充足、功能正常。

④ 工具与设备检查。验证装配线、焊接机、吊装工具、测量仪器等设备的正常运行状态。

(2) 环境准备

① 清洁度。保持装配区域的清洁，避免尘埃、异物等污染电池包和车身结构。

② 温湿度控制。根据电芯特性和装配工艺需求，调节适宜的温湿度环境。

4.3.3.2 CTB电池包装配工艺流程

(1) 车身底盘预处理

① 定位与划线。在底盘上根据设计图纸进行精确定位与划线，标识出电芯和连接件的安装位置。

② 结构加固。对底盘进行必要的结构加固处理，以确保在集成电芯后仍能保持良好的承载能力和刚性。

(2) 电芯集成

① 电芯排列。按照预设的布局和排列方式，将电芯逐一放置在底盘上，确保位置准确、间距均匀。

② 固定与连接。使用专用夹具或紧固件将电芯固定在底盘上，并通过电气连接器将电芯之间的电气线路进行连接。注意连接点的接触可靠性、绝缘性和防水防尘要求。

(3) 热管理与冷却系统安装

① 热管理元件布置。在电芯周围布置热敏元件和散热装置，以监控和调节电芯的工作温度。

② 冷却系统集成。若采用液冷方式，需将冷却管路与热管理元件连接，形成完整的冷却循环系统，并确保管路的密封性和可靠性。

(4) 车身结构封装

① 绝缘处理。对电芯和电气连接部分进行绝缘处理，以防止短路和漏电风险。

② 车身结构封闭。使用专用材料（如碳纤维、铝合金等）对底盘进行封闭处理，形成完整的电池包结构，并确保其与车身其他部分的连接牢固可靠。

(5) 测试与验证

① 电气性能测试。使用专业设备对电池包的电气性能进行测试，包括电压、电流、容量等参数。

② 热管理性能测试。测试电池包在不同工况下的温度控制能力和散热效率。

③ 安全性能测试。进行短路、过充、过放等极端条件下的安全性能测试，确保电池包的安全性。

④ 整车集成测试。将装配好的电池包与车身其他部分进行集成测试，验证其与其他系统的协同工作能力和整体性能。

4.3.3.3 质量控制与持续改进

(1) 建立质量管理体系 制定严格的质量控制标准和流程，确保每个装配环节都符合质量要求。

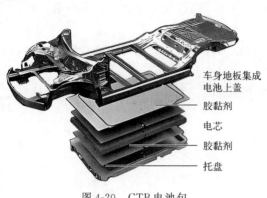

车身地板集成
电池上盖
胶黏剂
电芯
胶黏剂
托盘

图 4-20　CTB 电池包

（2）过程监控与数据分析　通过实时监控和数据分析手段，对装配过程中的关键环节进行质量控制和风险评估。

（3）持续改进与优化　根据装配过程中的问题和反馈，不断优化装配工艺和流程，提高产品质量和生产效率。

图 4-20 所示为 CTB 电池包。CTB 技术通过将电芯直接集成在车辆底盘结构中，不仅大幅提高了车辆的空间利用率和能量密度，还增强了车身的刚性和安全性。

4.3.4　CTC 电池包的装配工艺

4.3.4.1　准备工作

（1）材料与部件检查

① 电芯准备。确保所有电芯均通过严格的质量检测，无外观损伤、内部短路等问题，且符合 CTC 电池包的设计要求。

② 底盘结构件。检查底盘框架、加强梁、悬挂系统等结构件的尺寸精度、材料质量及表面处理情况。

③ 电气与热管理元件。准备电气连接器、电缆、热敏元件、冷却系统等，确保数量充足、功能正常。

④ 装配工具与设备。验证吊装设备、焊接设备、紧固工具、测量仪器等装配工具的完好性和精度。

（2）环境准备

① 清洁度。保持装配区域的高度清洁，避免尘埃、金属屑等杂质污染电池包和底盘结构。

② 温湿度控制。根据电芯特性和装配工艺要求，调节适宜的温湿度环境，确保装配过程的质量稳定性。

4.3.4.2　CTC 电池包装配工艺流程

（1）底盘预处理

① 定位与划线。在底盘上精确划定电芯和连接件的安装位置，确保后续装配的准确性。

② 结构加强。根据 CTC 电池包的设计要求，对底盘关键部位进行加强处理，以提高整体承载能力和刚性。

（2）电芯集成

① 电芯排列与固定。按照预设的布局和排列方式，将电芯逐一放置在底盘上，并使用专用夹具或紧固件进行固定。确保电芯之间的间距均匀、固定牢固。

② 电气连接。通过电气连接器将电芯之间的电气线路进行连接，形成完整的电气系统。注意连接点的接触可靠性、绝缘性和防水防尘要求。

（3）热管理系统安装

① 热敏元件布置。在电芯周围布置热敏元件，以实时监测电芯的工作温度。

② 冷却系统集成。安装冷却管路、散热器等冷却系统组件，形成高效的热管理网络。确保冷却系统的密封性和循环效率。

（4）底盘封闭与防护

① 绝缘处理。对电芯和电气连接部分进行绝缘处理，防止短路和漏电风险。

② 底盘封闭。使用高强度、耐腐蚀的材料对底盘进行封闭处理，形成完整的电池包结构。确保封闭层与底盘结构的紧密贴合和密封性。

（5）测试与验证

① 电气性能测试。对 CTC 电池包的电气性能进行全面测试，包括电压、电流、容量、内阻等参数。

② 热管理性能测试。测试电池包在不同工况下的温度控制能力和散热效率。

③ 安全性能测试。进行短路、过充、过放、碰撞等极端条件下的安全性能测试，确保电池包的安全性。

④ 整车集成测试。将装配好的 CTC 电池包与车身其他部分进行集成测试，验证其与车辆系统的兼容性和整体性能。

4.3.4.3　质量控制与持续改进

（1）建立质量管理体系　制定详细的质量控制标准和流程，明确各环节的质量要求和检验方法。

（2）过程监控与记录　对装配过程中的关键环节进行实时监控和记录，确保每个步骤都符合质量要求。

（3）数据分析与反馈　收集和分析装配过程中的数据，识别潜在问题并制定改进措施。建立问题反馈机制，及时响应和处理装配过程中的异常情况。

（4）持续优化与创新　根据市场需求和技术发展趋势，不断优化 CTC 电池包的装配工艺和设计方案，提高产品质量和生产效率。

图 4-21 所示为 CTC 电池包。CTC 技术将电芯直接集成到车辆底盘骨架中，实现了电池包与车身结构的深度融合，不仅极大提升了车辆的空间利用率和能量密度，还显著增强了车身的整体强度和安全性。CTP 电池包通过减少传统模组设计，直接将电芯集成至电池包内，提高了空间利用率和能量密度。而 CTC 电池包更进一步，实现电芯与底盘的直接集成，完全摒弃了传统模组概念，使电池包与车身成为一体，不仅优化了空间布局，还增强了车身结构强度。因此，CTC 电池包在集成度和车身融合上较 CTP 电池包更为先进。

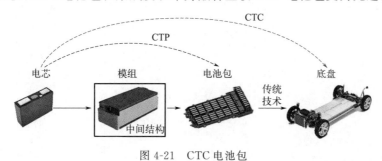

图 4-21　CTC 电池包

第5章
新能源汽车动力电池系统的测试

　　新能源汽车动力电池系统的测试，是确保性能与安全的关键环节。通过模拟实际工况，进行充放电循环、热管理效率、电气安全等多维度测试。先进的测试设备捕捉每一个细微数据，专业团队严谨分析评估。这一系列测试不仅验证了电池系统的耐用性与可靠性，更为后续优化提供了数据支持，保障新能源汽车动力强劲，行驶无忧。

5.1 概述

5.1.1 动力电池系统的测试目的

5.1.1.1 动力电池的测试目的

（1）确保安全性能 评估电池在极端条件下的安全表现，如短路、过充、过放、高温及撞击等情况下的反应，以防止火灾、爆炸等安全事故的发生。

（2）验证电化学性能 测试电池的容量、电压、内阻、能量密度等关键指标，确保电池具备高效、稳定的能量转换和储存能力，满足车辆长续航、快速充电等需求。

（3）评估循环寿命 通过模拟实际使用场景下的充放电循环，测试电池的循环寿命和容量保持率，预测电池在整个生命周期内的性能表现。

（4）优化电池匹配 通过测试不同型号、规格的电池在车辆上的表现，为整车制造商提供电池选型与匹配的科学依据，提升整车的综合性能。

5.1.1.2 电池管理系统的测试目的

（1）保障电池安全 验证电池管理系统在电池状态异常时（如过充、过放、高温等）能够及时发出预警并采取保护措施，防止电池受损或引发安全事故。

（2）提升电池效率 通过优化电池充放电策略、提高电池均衡性能等手段，提升电池的能量使用效率和循环寿命，从而延长车辆续航里程。

（3）增强用户体验 提供准确的电池荷电状态、健康状态等信息，帮助驾驶员更好地了解车辆状态，合理安排充电和行程计划。

（4）确保系统可靠性 在极端环境条件和复杂工况下测试电池管理系统的稳定性及可靠性，确保其在任何情况下都能正常工作，为车辆的安全运行提供有力保障。

5.1.2 动力电池系统的测试范畴

新能源汽车动力电池系统的测试范畴主要涵盖电池单体测试、电池模组测试、电池包测试以及电池管理系统测试。

5.1.2.1 电池单体测试

（1）外观检查 检查电池单体的外观是否有变形、破损、漏液等情况。良好的外观是保证电池单体正常工作和安全性的基础；确认电池单体的标识是否清晰、准确，包括型号、容量、电压等信息。

（2）容量测试 在特定的温度、充放电倍率等条件下，对电池单体进行充放电，测量其实际容量。这是衡量电池单体储能能力的重要指标；通过不同放电倍率下的容量测试，可以了解电池单体在不同工作状态下的性能表现。

（3）内阻测试 采用特定的测试方法，如交流阻抗法等，测量电池单体的内阻。内阻的大小直接影响电池的功率输出、充放电效率以及发热情况；低内阻的电池单体能够提供更高的功率输出，同时在充放电过程中的能量损失也较小。

（4）循环寿命测试 通过多次充放电循环，模拟电池单体在实际使用中的寿命情况。记录电池单体在不同循环次数下的容量衰减、内阻变化等参数；循环寿命测试可以评估电池单体的耐久性和可靠性，为新能源汽车的续航里程和使用寿命提供参考。

（5）安全性能测试

① 过充测试。对电池单体进行超过其额定充电电压的充电，检验其在过充情况下的安全性，观察是否有起火、爆炸等危险情况发生。

② 过放测试。将电池单体放电至低于其规定的最低放电电压，测试其在过放状态下的稳定性和安全性。

③ 短路测试。模拟电池单体内部或外部短路的情况，评估其在短路时的热稳定性和安全保护机制。

④ 针刺测试。用尖锐物体刺穿电池单体，观察其在极端情况下的反应，检验电池的安全性能。

⑤ 挤压测试。对电池单体施加一定的挤压力，测试其在机械挤压下的安全性。

5.1.2.2 电池模组测试

（1）外观及尺寸检查 检查电池模组的外观是否整齐、无明显变形和损伤。确保电池模组的外壳完整，连接部位牢固可靠；测量电池模组的尺寸，包括长度、宽度、高度等，确保其符合设计要求，以便在新能源汽车中进行安装和布局。

（2）电压一致性测试 测量电池模组中各个电池单体的电压，计算电压的一致性。电压一致性对于电池模组的性能和寿命至关重要；良好的电压一致性可以保证电池模组在充放电过程中的均衡性，减少电池单体之间的差异，提高整个模组的可靠性。

（3）内阻一致性测试 类似电压一致性测试，对电池模组中各个电池单体的内阻进行测量，评估内阻的一致性；一致的内阻可以确保电池模组在工作过程中的电流分布均匀，降低局部过热和能量损失的风险。

（4）绝缘性能测试 检测电池模组与外部环境之间的绝缘电阻，确保在正常使用和异常情况下，电池模组不会发生漏电现象，保障人员和车辆的安全；绝缘性能测试包括对电池模组的外壳、连接线路等部位进行测试，确保其绝缘性能符合相关标准。

（5）热管理性能测试 模拟电池模组在不同工作温度下的运行情况，测试其热管理系统的有效性。热管理系统对于维持电池模组的适宜工作温度至关重要；包括对电池模组的加热和冷却功能进行测试，确保在低温和高温环境下，电池模组都能保持良好的性能和安全性。

（6）安全性能测试 除了电池单体的安全性能测试项目外，还需对电池模组进行整体的安全性能测试。例如，模拟电池模组在车辆碰撞、振动等情况下的安全性；进行模组级别的过充、过放、短路等测试，检验其在极端情况下的安全保护机制和可靠性。

5.1.2.3 电池包测试

（1）外观及结构检查 检查电池包的外观是否完整，无明显变形、破损和腐蚀等情况，确保电池包的外壳具有足够的强度和防护性能；检查电池包的内部结构，包括电池模组的安装布局、连接方式、固定结构等，确保其牢固可靠，能够承受车辆在行驶过程中的振动和冲击。

(2) 密封性测试 测试电池包的密封性能，防止水分、灰尘等杂质进入电池包内部，影响电池的性能和安全性；采用特定的测试方法，如气压法、浸水法等，检测电池包在不同压力和水环境下的密封性能。

(3) 电气性能测试 测量电池包的总电压、总电流、功率等电气参数，评估其在不同工作状态下的性能表现；进行电池包的充放电性能测试，包括充电效率、放电倍率、能量密度等指标的测量。

(4) 热管理性能测试 对电池包的热管理系统进行全面测试，包括加热、冷却、温度均衡等功能，确保电池包在不同环境温度下都能保持适宜的工作温度；测试热管理系统的响应速率和控制精度，评估其对电池包温度的调节能力。

(5) 安全性能测试 进行电池包级别的安全性能测试，包括过充、过放、短路、挤压、穿刺、火烧、浸水等项目，这些测试旨在模拟电池包在各种极端情况下的安全性；检验电池包的安全保护装置，如熔断器、断路器、热失控防护装置等，确保其在危险情况下能够及时切断电路，保护电池和车辆的安全。

(6) 振动和冲击测试 将电池包安装在振动台上，模拟车辆在行驶过程中的振动情况，测试电池包的抗振性能；进行冲击测试，模拟车辆在碰撞等情况下的冲击力，检验电池包的结构强度和安全性能。

5.1.2.4 电池管理系统测试

(1) 功能测试

① 电池状态监测。测试电池管理系统对电池单体电压、电流、温度等参数的监测功能，确保其准确性和实时性。

② SOC估算。验证电池管理系统对电池荷电状态的估算精度，通过与实际容量的对比，评估其估算方法的可靠性。

③ 均衡管理。检查电池管理系统的均衡功能，确保在电池单体之间存在差异时，能够进行有效的均衡充电或放电，提高电池组的性能和寿命。

④ 故障诊断。测试电池管理系统对电池故障的诊断能力，包括过充、过放、短路、温度异常等故障的检测和报警功能。

(2) 通信功能测试 测试电池管理系统与车辆其他控制系统之间的通信功能，确保数据传输的准确性和可靠性；验证通信协议的兼容性和稳定性，确保电池管理系统能够与不同车型的控制系统进行有效的通信。

(3) 安全性能测试

① 过充保护。测试电池管理系统在电池充电过程中，对过充情况的保护功能。当电池电压超过设定值时，系统应能及时切断充电电路，防止电池过充引发安全事故。

② 过放保护。检验电池管理系统在电池放电过程中，对过放情况的保护功能。当电池电压低于设定值时，系统应能停止放电，保护电池免受过度放电的损害。

③ 短路保护。测试电池管理系统在电池发生短路时的保护功能。出现短路时，系统应能迅速切断电路，防止短路电流对电池和车辆造成严重损坏。

④ 热失控保护。评估电池管理系统对电池热失控的监测和预警功能。当电池温度异常升高时，系统应能及时发出警报，并采取相应的措施，如切断电路、启动冷却系统等，防止热失控的发生。

（4）环境适应性测试

① 温度适应性测试。将电池管理系统置于不同的温度环境下，测试其在高温、低温和温度变化情况下的性能表现，确保系统在各种环境温度下都能正常工作。

② 湿度适应性测试。模拟高湿度环境，测试电池管理系统的防潮性能和在潮湿环境下的可靠性。

③ 振动适应性测试。将电池管理系统安装在振动台上，进行振动测试，检验其在车辆振动环境下的稳定性和可靠性。

（5）电磁兼容性测试 测试电池管理系统在电磁环境中的抗干扰能力和对其他电子设备的电磁辐射水平，确保系统在复杂的电磁环境下能够正常工作，且不会对其他设备造成干扰；进行辐射发射测试和传导发射测试，评估电池管理系统的电磁辐射强度；进行辐射抗扰度测试和传导抗扰度测试，检验系统在受到外部电磁干扰时的稳定性。

5.1.3 动力电池系统的测试标准

5.1.3.1 动力电池的主要测试标准

（1）《电动汽车用动力电池循环寿命要求及试验方法》（GB/T 31484—2015） 适用于电动汽车用单体电芯、电池模组，规定了动力电池的循环寿命要求和相应的试验方法。

（2）《电动汽车用锂离子动力电池包和系统电性能试验方法》（GB/T 31467—2023） 描述了电动汽车用锂离子动力电池包和系统的电性能测试方法，适用于电动汽车用锂离子动力电池包和系统的研发和测试。

（3）《电动汽车用动力电池安全要求》（GB 38031—2020） 规定了电动汽车用动力电池单体、电池包或系统的安全要求和试验方法，包括过放电、过充电、外部短路、加热、温度循环、挤压等测试项目。

5.1.3.2 电池管理系统的主要测试标准

（1）《电动汽车用电池管理系统功能安全要求及试验方法》（GB/T 39086—2020） 规定了电动汽车用动力电池管理系统的功能安全要求及试验方法。该标准适用于电动乘用车用锂离子动力电池管理系统，其他类型动力电池的管理系统及其他类型车辆的动力电池管理系统可参照执行。

（2）《电动汽车用电池管理系统技术条件》（GB/T 38661—2020） 规定了电动汽车用动力电池管理系统的技术要求、试验方法、检验规则等。该标准适用于电动汽车用锂离子动力电池和镍氢动力电池的管理系统，其他类型动力电池的管理系统可参照执行。

5.1.4 动力电池系统的测试流程

5.1.4.1 前期准备

（1）测试目标设定 明确测试目标，包括但不限于电池包的容量验证、循环寿命评估、安全性能检测、热管理效能测试以及电池管理系统的功能验证等。根据车型定位、市场需求及法规要求，细化各项测试指标。

（2）测试设备准备 准备必要的测试设备和仪器，如充放电设备、温度循环试验箱、振动试验台、安全性能测试装置（如针刺试验机、燃烧试验箱）等，确保所有设备经过校准，处于良好工作状态，并能满足测试精度和稳定性要求。

（3）测试方案设计 根据测试目标，设计详细的测试方案，包括测试步骤、测试条件（如温度、湿度、充放电速率等）、数据采集频率、安全防护措施等，确保测试方案科学合理，能够全面覆盖动力电池系统的各项性能指标。

（4）样品准备与预处理 准备待测试的动力电池样品，并按照标准流程进行预处理，如满充、静置、放电至特定 SOC 等，确保样品状态一致，减少测试误差。

5.1.4.2 实施测试

（1）静态特性测试 首先进行静态特性测试，包括开路电压、内阻、自放电率等参数的测量。这些测试有助于了解电池在静止状态下的基本性能。

（2）循环充放电测试 按照预定的充放电策略，对电池进行多次循环充放电测试。记录每次循环的容量衰减、电压变化、温度变化等数据，评估电池的循环寿命和性能稳定性。

（3）安全性能测试 进行一系列安全性能测试，包括针刺、挤压、短路、高温、过充等极端条件下的电池反应。这些测试旨在验证电池在各种恶劣环境下的安全性，确保车辆在运行过程中不会因电池故障引发安全事故。

（4）电池管理系统功能测试 验证电池管理系统的各项功能，包括电池状态监测、均衡控制、热管理、故障诊断与保护等。通过模拟实际工况和故障场景，测试电池管理系统的响应速度和准确性。

5.1.4.3 后期总结

（1）数据整理与分析 对测试过程中收集的数据进行整理和分析，对比测试目标与实际测试结果，评估动力电池系统的性能表现。特别关注异常数据和偏差较大的结果，分析可能的原因。

（2）测试报告编制 根据测试数据和分析结果，编制详细的测试报告。报告应包括测试目的、测试方法、测试数据、结果分析、问题与建议等内容。报告应客观、准确、全面地反映测试情况。

（3）问题整改与反馈 针对测试中发现的问题和不足之处，提出具体的整改措施和建议。及时将测试结果和问题反馈给研发和生产部门，为产品的优化和改进提供依据。

（4）经验总结与分享 总结本次测试的经验和教训，提炼出可复制、可推广的测试方法和技巧。组织内部交流会议或培训活动，分享测试经验和心得，提升团队整体技术水平。

5.2 单体电池测试

5.2.1 单体电池容量测试

5.2.1.1 单体电池容量测试目的

（1）评估电池容量 通过容量测试，准确测量单体电池的可用容量，为车辆续航能力的预测提供依据。

（2）监控电池健康状态 定期容量测试有助于监测电池性能的变化，及时发现电池老化、衰退等问题，为电池维护或更换提供决策支持。

（3）保障产品质量 在电池生产过程中，容量测试是质量控制的重要环节，确保出厂电池符合规格要求，提高产品一致性。

5.2.1.2 单体电池容量测试方法

（1）恒流放电法 恒流放电法是常用的电池容量检测方法之一。通过对电池进行恒定电流放电，记录放电时间和电压变化，根据公式计算出电池的容量。这种方法简单直接，但需要注意放电电流的设置和终止电压的判断，以避免对电池造成损害。

（2）恒压充电法 与恒流放电法相对应，恒压充电法是在恒定的电压下对电池进行充电，监测充电电流和时间，从而推算出电池的容量。这种方法适用于一些特殊情况，但充电过程需要严格控制，以避免过充。

（3）容量测试仪法 专业的电池容量测试仪能够快速、准确地检测电池容量。这些测试仪采用先进的算法和技术，能够提供更可靠的测试结果。使用容量测试仪可以大大提高测试的准确性和效率。

5.2.1.3 单体电池容量测试步骤

（1）准备阶段 选择高精度测试设备，确保测试环境恒温恒湿，以减少外部干扰。电池需置于稳定状态，准备笔记本记录数据，计时器精确计时，确保测试过程准确无误。

（2）预处理 依据测试标准，对电池进行预处理。若需充满电，则采用标准充电流程；若需放电至特定状态，则控制放电深度，确保电池处于测试所需初始条件。

（3）设置参数 根据测试方法，精确设置放电电流，确保电流稳定无波动。同时，设定合理的终止电压，防止电池过放，保护电池安全。所有参数设置完毕后，确认无误后再进入下一步。

（4）开始测试 启动测试设备，启动放电程序。实时记录放电时间，同时监测电压变化，确保数据准确无遗漏。测试过程中，保持设备稳定，避免外界因素干扰。

（5）数据处理 收集放电过程中的时间、电压数据，运用公式计算电池容量。对数据进行统计分析，识别异常值，确保结果准确可靠。必要时，进行多次测试取平均值，提高测试精度。

（6）结果评估 将测试结果与标准值或预期值进行对比，评估电池容量性能。分析差异原因，提出改进措施。若测试结果不符合要求，需重新检查测试流程，确保测试准确性。

5.2.1.4 单体电池容量测试示例

（1）测试环境 温度 25℃，相对湿度 50%，无风，室内环境稳定。

（2）测试方法 采用恒流放电法，以恒定电流对电池进行放电，直至电池电压降至预设的终止电压。

（3）测试设备 高精度电池测试仪，记录精度至 0.01A·h 和 0.01V。

（4）测试数据 单体电池容量测试数据见表 5-1。

表 5-1　单体电池容量测试数据

时间/min	放电电流/A	电池电压/V	累计放电量/(A·h)
0	5	4.2	0
10	5	4.15	0.83
20	5	4.1	1.67
...	...	...	...
120	5	3.6	10.0
130	5	3.5	10.83
140	5	3.4	11.67
终止时间	5	3.0	12.5

(5) 数据处理　根据表 5-1 中的累计放电量数据，当电池电压降至 3.0V 时，累计放电量为 12.5A·h，即为该电池的测试容量。

(6) 结果评估　将测试结果与电池标称容量或预期值进行比较，评估电池的容量性能。在此例中，测试容量为 12.5A·h，超过了标称容量 12.0A·h，说明该单体电池具有良好的放电性能和较高的实际容量。

5.2.2　单体电池内阻测试

5.2.2.1　单体电池内阻测试目的

(1) 评估电池健康状态　内阻的增加通常意味着电池的老化或内部结构的改变，通过定期测试内阻，可以评估电池的健康状态，预测电池剩余使用寿命。

(2) 优化充放电策略　了解不同状态下电池的内阻特性，有助于制定更科学合理的充放电策略，提高电池的使用效率和安全性。

(3) 保障整车性能　单体电池内阻的测试是整车性能评估的重要一环，通过控制单体电池的内阻一致性，确保整车的动力输出平稳、续航里程准确。

(4) 提升安全性　高内阻可能引发电池过热，甚至热失控等安全问题。通过内阻测试，及时发现并处理潜在的安全隐患。

5.2.2.2　单体电池内阻测试方法

(1) 直流放电法　基于欧姆定律，通过短时间内向电池施加大电流，测量由此引起的电压降，进而计算出内阻。直流放电法测量精度较高，但可能对电池造成一定负荷，需严格控制测试条件。

(2) 交流阻抗法（也称交流压降法）　向电池施加一定频率的小交流信号，测量电池对该信号的响应（如电压相位和幅值的变化），利用电路模型计算出内阻。交流阻抗法测试时间短，对电池无损伤，能够反映电池在不同频率下的阻抗特性。

5.2.2.3　单体电池内阻测试步骤

(1) 准备工作　在进行新能源汽车单体电池测试前，首要任务是确认测试标准，严格依据行业标准或企业规范，明确测试的具体要求和参数设置。随后，精心准备测试所需设备，包括内阻测试仪、电源、连接线、温度计（视所需要的温度补偿而定）及必要的安全防护用品。最后，仔细检查电池状态，确保其表面无破损、无泄漏，并维持在适宜的温度范围内，以保障测试的顺利进行和结果的准确性。

(2) 连接电池与测试设备　连接电池与测试设备是新能源汽车单体电池测试的关键步骤。首先，使用专用连接线将单体电池与内阻测试仪精确对接，确保接触紧密无松动，同时预防短路风险。随后，依据测试设备的具体要求，合理配置测试参数，如设定恰当的电流值、频率（针对交流阻抗法）及测试时长，以确保测试过程的安全性和结果的准确性。

(3) 进行测试　测试是新能源汽车单体电池内阻检测的核心环节。应遵循测试设备的操作指南，安全启动测试程序，正式开始内阻测试。在测试过程中，需全神贯注地监控测试设备的显示屏或软件界面，精准记录电压、电流、内阻值等关键数据。同时，要细致观察电池的反应状态，一旦发现发热异常、电压突变等任何异常情况，应立即终止测试，并迅速排查原因，以确保测试的安全性和数据的可靠性。

(4) 数据分析与评估　完成测试后，对比测试数据与标准值或历史数据，深入分析电池内阻变化趋势。据此评估电池健康状态、充放电性能，并识别潜在安全隐患。基于评估结果，制订针对性的维护计划或更换策略，确保新能源汽车运行稳定，提升行驶安全性。

(5) 整理报告　整理单体电池内阻测试报告，详尽记录测试过程、数据、分析及建议。报告需条理清晰，数据准确，全面反映测试情况与成果。

5.2.2.4　单体电池内阻测试示例

(1) 测试环境　本次新能源汽车单体电池内阻测试在恒温恒湿的实验室环境中进行，确保测试条件稳定可控，减少外界因素对测试结果的影响，提高测试数据的准确性。

(2) 测试方法　采用高精度直流放电法，通过向电池施加短暂大电流脉冲，测量电压降并计算内阻。该方法操作简便，能够快速准确地反映电池内阻特性，是新能源汽车电池测试中的常用方法。

(3) 测试设备　本次测试使用了先进的电池内阻测试仪，配备高精度电源、专用连接线和安全防护装置。设备具备自动校准功能，确保测试结果的准确性和可重复性，为单体电池内阻测试提供了可靠的技术支持。

(4) 测试数据　单体电池内阻测试数据见表 5-2。

表 5-2　单体电池内阻测试数据

测试序号	电流/A	初始电压/V	放电后电压/V	内阻/mΩ
1	50	3.5	3.45	10.0
2	50	3.505	3.455	10.0
3	50	3.508	3.458	10.0

(5) 数据分析与评估

① 数据对比。将测试数据与标准值或历史数据进行对比，本例中由于无具体标准值，故主要观察测试数据的一致性和稳定性。三次测试内阻值均为 10.0mΩ，表明该电池内阻较为稳定。

② 健康状态评估。根据内阻测试结果，可初步判断电池健康状态良好，未出现明显的老化迹象。

③ 充放电性能评估。内阻较小，有利于电池的快速充放电，提高电池的使用效率。

④ 安全隐患评估。未发现异常发热、电压突变等安全隐患，电池运行稳定。

(6) 建议措施　基于以上分析，建议继续按照正常维护计划对电池进行保养，定期进行内阻测试，以监测电池性能变化，确保新能源汽车的安全运行。

5.2.3　单体电池过充测试

5.2.3.1　单体电池过充测试目的

(1) 验证安全极限，预防热失控　过充测试旨在验证电池在极端充电条件下的安全边界，预防因过充导致的热失控，确保电池在异常充电时不发生严重安全事故。

(2) 优化电池设计，提升耐过充能力　通过模拟过充过程，发现电池设计的潜在缺陷，为优化电池结构和提升耐过充能力提供数据支持，提高产品的整体安全性和可靠性。

(3) 确保合规性，增强市场信心　确保新能源汽车单体电池符合国际安全标准和法规要求，为产品市场准入提供有力保障，同时展示电池在极端条件下的稳定表现，增强消费者对新能源汽车的信心。

5.2.3.2　单体电池过充测试方法

新能源汽车单体电池过充测试主要采用恒流恒压充电法。在测试初期，以高于正常充电电流的恒定电流对电池进行充电，直至电池电压达到预设的过充电压值。随后，转为恒压充电模式，保持电压恒定，继续对电池进行充电，直至满足测试终止条件（如电池温度急剧上升、电池内部压力显著增大等）。在整个测试过程中，利用高精度数据采集系统实时监测并记录电池的电压、电流、温度等关键参数。

5.2.3.3　单体电池过充测试步骤

(1) 准备阶段　在新能源汽车单体电池测试的准备阶段，至关重要的是确保样品的代表性、设备的精确性以及环境的可控性。精心挑选无损坏且状态良好的单体电池作为测试对象，对充电设备、数据记录仪及温度传感器等关键仪器进行详尽校准，以保障测试数据的准确性与可靠性。同时，严格控制测试环境的温度与湿度等参数，以最小化外部环境对测试结果的潜在影响，为后续的深入测试奠定坚实基础。

(2) 参数设定　在新能源汽车单体电池测试的参数设定环节中，关键要素包括充电电流、过充电压及监测参数的明确。依据测试的具体需求，设定一个高于正常充电水平的恒定电流值，以模拟极端充电条件。同时，确立电池过充时的电压上限，此值应高于其额定电压，以确保测试的有效性。此外，还需精确界定需监测的电池参数，如电压、电流、温度等，并科学设定采样频率，确保测试数据的全面性和实时性，为后续分析提供坚实基础。

(3) 测试执行　测试执行阶段是新能源汽车单体电池过充测试的核心环节。此阶段，首先需将电池准确无误地与充电设备、数据记录仪等关键设备连接，确保连接稳固无松动，以保障测试的顺利进行。随后，严格按照预设的测试参数启动充电设备，正式启动过充测试。在测试过程中，密切监控并记录电池的电压、电流、温度等关键参数的变化情况，确保数据的完整性和实时性，为后续的数据分析提供有力支持。

(4) 观察与评估　在新能源汽车单体电池过充测试的观察与评估阶段，首要任务是细致观察电池在过充过程中的各项表现，包括外观变化、气体产生情况及有无异常声音、气味等。随后，对采集的数据进行系统整理与深入分析，以科学评估电池的耐过充能力和整体安全性能。最终，基于数据分析与现象观察，明确判定电池是否通过测试，并据此提出针对性结论与改进建议，为电池优化与安全性能提升提供有力依据。

5.2.3.4　单体电池过充测试示例

（1）测试环境　温度为25℃±2℃，相对湿度为50％±10％，环境清洁度为无尘、无腐蚀性气体。

（2）测试方法　采用恒流恒压充电法，先以高于正常充电电流的恒定电流对电池进行充电，当电池电压达到预设的过充电压后，转为恒压充电模式，直至电池出现明显异常（如温度急剧上升、内部压力增大等）或达到预设的测试时间。

（3）测试设备　高精度可编程充电机确保充电过程精细控制，搭配多通道数据采集系统实现全面数据记录。采用高精度热电偶或红外测温仪精准监测温度，可选配气压传感器以监测电池内部压力细微变化，全方位提升测试精度与安全性。

（4）测试数据　单体电池过充测试数据见表5-3。

表5-3　单体电池过充测试数据

时间/min	充电电流/A	电池电压/V	电池温度/℃	备注
0	5	3.65	25	测试开始,电池初始状态
10	5	3.90	26	电流恒定,电压逐步上升
20	5	4.05	27	电压继续上升,温度略有增加
...	...	...	...	...
90	5	4.25(恒压)	35	转为恒压充电,温度显著上升
100	—	4.25(维持)	45(警戒值)	温度达到警戒值,测试停止

（5）数据分析与评估

① 现象观察。在测试过程中，观察到电池温度随着充电的进行而逐渐升高，并在达到预设的过充电压后加速上升。至测试结束时，电池温度已接近警戒值，但未发生热失控或爆炸等严重事故。

② 数据分析。电池电压在充电初期迅速上升，转为恒压充电后保持稳定；电池温度持续上升，尤其在转为恒压充电后增速加快，反映出电池内部发生了一定的化学反应和热量积累；数据表明，该电池在设定的过充条件下虽表现出一定的温度上升，但总体安全性能尚可，需进一步优化以提高耐过充能力。

③ 结果判定。基于数据分析与现象观察，判定该新能源汽车单体电池在设定的过充测试条件下基本通过测试，但存在温度上升过快的问题，建议加强电池散热设计或采用更先进的电池管理系统以进一步提升安全性能。

5.2.4　单体电池过放测试

5.2.4.1　单体电池过放测试目的

（1）确定电池过放极限　明确单体电池在连续放电过程中能承受的最低电压，以避免电池因过度放电而遭受不可逆损伤。

（2）评估电池恢复能力 考察过放后电池性能的恢复程度，为电池维护策略提供依据。

（3）提升电池安全性 通过过放测试，发现潜在的安全隐患，为电池设计与使用提供安全边界数据。

5.2.4.2 单体电池过放测试方法

本测试采用恒流放电法，即在恒定电流条件下对新能源汽车单体电池进行连续放电，直至电池电压降至预设的安全下限，过程中记录电压、电流、温度等关键参数的变化。

5.2.4.3 单体电池过放测试步骤

（1）样品选择与预处理 选取具有代表性的新能源汽车单体电池作为测试样品，确保其处于良好状态且无物理损伤。对样品进行预处理，如平衡充电至满电状态。

（2）测试设备准备与校准 准备放电设备、数据采集系统、温度传感器等测试工具，并对其进行严格的校准，确保测试结果的准确性和可靠性。

（3）测试环境设置 选择适宜的测试环境，将温度、湿度等参数控制在规定范围内，以减少外部环境因素对测试结果的影响。

（4）电池连接与参数设定 将单体电池与放电设备、数据采集系统等正确连接，并根据测试要求设定放电电流、电压下限等关键参数。

（5）启动测试并记录数据 启动放电设备，开始过放测试。在测试过程中，实时监测并记录电池的电压、电流、温度等参数的变化情况，确保数据的完整性和准确性。

（6）安全监控与应急处理 在整个测试过程中，密切关注电池的状态变化，确保测试安全进行。如发现异常情况（如电池温度急剧上升、冒烟等），应立即停止测试并采取相应的应急处理措施。

（7）数据整理与分析 测试结束后，对记录的数据进行整理和分析，评估单体电池在过放条件下的性能表现及安全性。根据分析结果，提出相应的改进建议或优化措施。

5.2.4.4 单体电池过放测试示例

（1）测试环境 测试环境设定为恒温恒湿实验室，温度控制在 25℃±2℃，相对湿度保持在 50%±5%，以消除环境因素对测试结果的干扰，确保测试的准确性和可重复性。

（2）测试方法 本次测试采用恒流放电法，选取一款主流新能源汽车的单体电池作为测试对象。在恒定电流条件下对电池进行连续放电，直至电池电压降至制造商规定的最低放电截止电压。通过这一过程，观察并记录电池的电压、电流、温度等关键参数的变化。

（3）测试设备 测试设备包括高精度电池放电测试系统，用于提供恒定的放电电流并监控电池电压；数据记录仪，用于实时记录电池放电过程中的电压、电流、温度等数据；温度传感器，用于精确测量电池表面的温度变化。

（4）测试数据 单体电池过放测试数据见表 5-4。

表 5-4 单体电池过放测试数据

时间/min	放电电流/A	电池电压/V	电池温度/℃
0	5	3.65	25

时间/min	放电电流/A	电池电压/V	电池温度/℃
10	5	3.55	26
20	5	3.4	27.5
...	...	...	...
120	5	2.5(截止电压)	35

(5）数据分析与评估

① 电压变化。从测试数据可以看出，随着放电时间的增加，电池电压逐渐降低，直至达到制造商规定的最低放电截止电压（2.5V）。此过程中，电压下降速度较为均匀，未出现突变现象，表明电池内部化学反应平稳进行。

② 温度变化。电池温度在放电过程中呈现上升趋势，但增幅不大，最高温度控制在安全范围内（未超过电池热失控温度）。这表明电池具有良好的散热性能，能够在过放过程中保持温度稳定。

③ 性能评估。根据测试数据，该新能源汽车单体电池在恒流放电至最低放电截止电压时，表现出良好的稳定性和安全性。电池未出现异常情况（如漏液、短路、爆炸等），且放电过程中各项参数变化符合预期，证明其具有良好的过放耐受能力。

5.3 电池模组测试

5.3.1 电池模组均衡性测试

5.3.1.1 电池模组均衡性测试目的

(1）直接评估电池模组单体一致性 在无电池管理系统干预的情况下，直接测试并评估电池模组中各单体电池在充放电过程中的电压、容量等参数的均衡性，确保模组整体性能的稳定性和一致性。

(2）识别单体电池性能差异 通过均衡性测试，识别出模组中性能偏差较大的单体电池，为后续的性能优化、维修或更换提供数据支持，以延长模组使用寿命。

(3）优化模组设计与生产工艺 基于测试结果，分析影响模组均衡性的因素，如单体电池制造差异、模组连接结构等，为电池模组的设计与生产工艺的改进提供依据，提升产品质量。

5.3.1.2 电池模组均衡性测试方法

本次新能源汽车电池模组均衡性测试采用独立充放电测试法。将电池模组从车辆或电池管理系统中分离出来，使用专业的电池测试设备对模组进行独立的充放电测试。测试过程中，实时监测并记录各单体电池的电压、电流、容量等参数，以评估其均衡性。

5.3.1.3 电池模组均衡性测试步骤

(1）准备阶段 选取待测电池模组，确保其处于安全、无损伤的状态，并断开与电池管理系统的连接。准备测试所需的设备，包括高精度电池测试系统、数据记录仪、温度传感器等，并进行校准以确保测试精度。

（2）模组连接与设备设置 将电池模组与电池测试系统、数据记录仪等设备正确连接，确保连接稳固且接触良好。设置测试参数，包括充放电电流、电压范围、测试时间等，确保测试条件能够全面反映电池模组的实际工作情况。

（3）静态电压测试 在电池模组静置状态下，首先进行静态电压测试。记录各单体电池的初始电压值，以评估其初始一致性。

（4）充放电循环测试 对电池模组进行标准的充放电循环测试，模拟实际使用工况。在测试过程中，实时监测并记录各单体电池的电压、电流、容量等参数的变化情况。注意保持测试环境的稳定性，以减少外界因素对测试结果的干扰。

（5）数据分析 测试结束后，对记录的数据进行整理和分析。计算各单体电池之间的电压差、容量差等参数，评估模组内单体电池的均衡性。同时，分析单体电池性能差异的原因，为后续的优化措施提供依据。

（6）评估与报告编写 基于数据分析结果，对电池模组的均衡性能进行评估。编写测试报告，详细记录测试过程、数据分析结果及评估结论。针对发现的问题提出改进建议，为电池模组的设计与生产工艺的改进提供参考依据。

5.3.1.4　电池模组均衡性测试示例

（1）测试环境 本次测试在恒温恒湿实验室进行，环境温度设定为 25℃，相对湿度保持在 50%，以确保测试条件的一致性和稳定性，减少环境因素对测试结果的干扰。

（2）测试方法 采用独立充放电循环测试法，将新能源汽车电池模组从车辆中取出，使用高精度电池测试系统对模组进行独立的充放电循环，通过实时监测并记录各单体电池的电压、电流等关键参数，评估模组内单体电池的均衡性。

（3）测试设备 测试设备包括高精度电池测试系统，用于对电池模组进行充放电操作及参数监测；数据记录仪，用于实时记录测试过程中的电压、电流等数据；温度监控装置，确保测试环境温度稳定。

（4）测试数据 电池模组均衡性测试数据见表 5-5。

表 5-5　电池模组均衡性测试数据

测试阶段	单体电池编号	初始电压/V	放电结束电压/V	充电结束电压/V	电压差/V
放电循环 1	1	3.65	3.0	—	—
	2	3.64	2.98	—	0.02
	⋮	⋮	⋮	⋮	⋮
	N	3.66	3.02	—	0.04
充电循环 1	1	—	—	3.55	—
	2	—	—	3.53	0.02
	⋮	⋮	⋮	⋮	⋮
	N	—	—	3.57	0.04

（5）数据分析与评估

① 电压均衡性分析。从测试数据可以看出，在多次充放电循环后，各单体电池的电压

虽有微小差异，但总体保持在合理范围内（最大电压差不超过 0.04V），表明该电池模组具有较好的均衡性。

② 性能稳定性评估。随着充放电循环次数的增加，单体电池之间的电压差并未出现显著扩大趋势，说明模组内单体电池的性能稳定性较好，能够维持良好的均衡状态。

③ 优化建议。虽然当前模组均衡性表现良好，但考虑到长期使用过程中可能出现的性能衰减，建议定期对电池模组进行均衡维护，并优化电池生产工艺，进一步缩小单体电池之间的初始性能差异，以提升整体均衡性和使用寿命。

5.3.2 电池模组热管理测试

5.3.2.1 电池模组热管理测试目的

（1）评估电池模组散热性能 通过模拟实际运行工况，测试电池模组在不同充放电状态下的温度分布情况，评估其散热系统的有效性，确保模组内部温度控制在安全范围内。

（2）验证热隔离效果 检查电池模组内部各单体电池之间的热隔离措施，确保单体电池间的热影响最小化，防止局部过热导致的性能下降或安全隐患。

（3）优化热管理策略 基于测试结果，分析热管理系统的不足之处，为后续的设计改进和策略优化提供数据支持，提升电池模组在高温环境下的运行稳定性和寿命。

5.3.2.2 电池模组热管理测试方法

本次新能源汽车电池模组热管理测试采用综合测试法，结合环境模拟、温度监测与数据分析等手段进行。首先，在可控的环境温度箱内设置模拟的充放电工况，对电池模组进行加热或放电操作，使其产生热量。然后，利用温度传感器网络实时监测模组内部及表面的温度分布情况，并记录相关数据。最后，通过数据分析软件对收集到的温度数据进行处理，评估热管理系统的性能。

5.3.2.3 电池模组热管理测试步骤

（1）准备阶段 选取待测电池模组，确保其处于良好状态且无物理损伤。准备测试所需的环境温度箱、温度传感器网络、数据采集系统等设备，并进行校准以确保测试精度。同时，根据测试需求设计合理的充放电工况。

（2）环境设置 将电池模组置于环境温度箱内，根据测试方案设定目标温度范围。启动环境温度箱，使箱内温度达到并稳定在预设值。

（3）温度监测网络布置 在电池模组内部及表面布置温度传感器网络，确保能够全面覆盖并准确监测模组的温度分布情况。连接数据采集系统，设置采样频率和记录时间。

（4）充放电工况模拟 根据测试方案，对电池模组进行充放电操作，模拟实际运行工况。在充放电过程中，保持环境温度箱的温度稳定，并实时监测模组温度。

（5）数据记录与采集 在测试过程中，数据采集系统自动记录模组内部及表面的温度数据。确保数据记录的完整性和准确性，以便后续进行数据分析。

（6）数据分析与评估 测试结束后，将收集到的温度数据导入数据分析软件进行处理。分析模组在不同充放电状态下的温度分布情况，评估散热系统的有效性和热隔离效果。同时，根据测试结果提出改进建议，为电池模组热管理系统的优化提供依据。

5.3.2.4 电池模组热管理测试示例

(1) 测试环境 本次测试在专业的热管理测试实验室内进行,该实验室配备了先进的温控系统,能够模拟从$-40\sim60℃$的广泛温度范围,确保测试环境的精确控制与稳定性。

(2) 测试方法 采用温度循环测试法,模拟新能源汽车在不同行驶工况下电池模组的温度变化。首先,在环境温度箱内将模组预热至一定温度,随后进行连续充放电循环,同时监测模组在不同电流负载下的温度变化。

(3) 测试设备 测试设备包括高精度环境温度箱,用于模拟外部气候条件;内置式温度传感器阵列,分布于电池模组内部和表面,精确测量温度分布;以及数据采集与记录系统,实时捕获并存储测试数据。

(4) 测试数据 电池模组热管理测试数据见表5-6。

表 5-6　电池模组热管理测试数据

测试时间/min	模组平均温度/℃	最高温度点/℃	位置	最低温度点/℃	位置
0	25.0	25.2	中心	24.8	边缘
30	35.5	37.0	中心	33.5	边缘
60	42.0	44.5	中心	39.0	边缘
90	46.0	48.0	中心	44.0	边缘
120	47.5	49.5	中心	45.5	边缘

(5) 数据分析与评估

① 温度变化分析。从测试数据可以看出,随着充放电循环的进行,电池模组温度逐渐升高,但最高温度与平均温度之间的差异保持在合理范围内,表明模组内部的热分布相对均匀。

② 热管理效果评估。尽管模组中心位置的温度略高于边缘,但整体温差不大,说明热管理系统能够有效控制模组内部的温度分布,防止局部过热现象的发生。

③ 改进建议。虽然当前热管理系统表现良好,但考虑到未来更高能量密度电池的需求,建议进一步优化散热结构,如增加散热面积、优化热传导路径等,以进一步提升热管理效率。

5.3.3 电池模组短路测试

5.3.3.1 电池模组短路测试目的

(1) 评估电池模组安全性 通过模拟电池模组内部或外部短路情况,测试其在极端条件下的反应,评估其对突发短路事件的安全防护能力,确保车辆和乘客的安全。

(2) 验证短路保护机制 检验电池模组在短路发生时,是否有效触发保护机制,如断开电路、防止热量积聚等,以防止进一步损害或火灾风险。

(3) 收集数据支持设计优化 基于测试结果,收集短路发生时的电流、电压、温度变化等关键数据,为电池模组的设计改进和材料选择提供数据支持,提升产品的整体安全性和可靠性。

5.3.3.2　电池模组短路测试方法

本测试采用直接短路法，通过特制的测试装置在电池模组内部或外部人为制造短路条件，模拟真实环境中的短路故障。测试过程中，使用高精度测量设备实时监测并记录短路瞬间的电流、电压、温度等关键参数的变化情况。

5.3.3.3　电池模组短路测试步骤

（1）准备阶段　选择待测电池模组，确保其处于满电或指定电量状态，并进行外观检查，确保无物理损伤。准备测试所需的短路测试装置、高精度测量设备、安全防护装置等，并进行设备校准。

（2）测试装置安装　根据测试方案，在电池模组内部或外部合适位置安装短路测试装置。确保装置与电池模组之间的连接稳固可靠，且不会对模组造成额外损伤。

（3）安全措施准备　在测试区域周围设置防火隔离带，配备灭火器材，并确保所有参与测试的人员穿戴好防护服、手套、护目镜等个人防护装备。

（4）参数设置与数据记录　启动高精度测量设备，设置合适的采样频率和记录时间，准备记录短路发生时的各项参数变化。同时，确保所有设备均已准备就绪，无误后开始测试。

（5）执行短路测试　在确认所有安全措施均已到位后，通过控制短路测试装置触发短路故障。在短路发生瞬间，高精度测量设备将自动记录电流、电压、温度等参数的变化情况。

（6）数据记录与分析　测试结束后，立即停止测量设备，并保存记录的数据。对收集到的数据进行详细分析，评估短路对电池模组的影响以及保护机制的有效性。

（7）总结与报告　根据测试结果，编写测试总结报告，记录测试过程、数据分析结果以及发现的问题和建议。将报告提交给相关部门或团队，以便后续的设计改进和产品优化。

5.3.3.4　电池模组短路测试示例

（1）测试环境　本次短路测试在专用的安全测试室内进行，该测试室具备防爆、通风及紧急切断电源等安全措施，确保测试过程中的环境安全。室温控制在 25℃，相对湿度保持在 50%，以减少外部环境对测试结果的影响。

（2）测试方法　采用直接接触式短路测试方法，利用特制的短路夹具在电池模组的一个单体电池正负极间制造瞬时短路条件，模拟意外短路情况。通过高精度的数据采集系统，实时监测并记录短路发生时的电流、电压及温度等关键参数。

（3）测试设备　测试设备包括定制的短路测试夹具，用于精确制造短路条件；高精度电流/电压测量仪，用于捕获短路瞬间的电流、电压变化；热成像仪，用于监测模组表面温度分布，确保测试数据的全面性和准确性。

（4）测试数据　电池模组短路测试数据见表 5-7。

表 5-7　电池模组短路测试数据

测试时间/min	短路电流/A	电压/V	最高温度点/℃	位置
0	—	3.7	25	全模组
1	3000	0	50	短路点
5	1000	0.05	150	短路点

测试时间/min	短路电流/A	电压/V	最高温度点/℃	位置
10	500	0.1	200	短路点
20	100	0.3	180	短路点
50	50	0.5	150	短路点
100	接近0	3.6	50	短路点及周边

（5）数据分析与评估

① 电流与电压分析。从测试数据可以看出，短路瞬间电流急剧上升，随后迅速下降，表明短路保护机制有效工作，及时切断了电流。电压在短路发生后迅速降至接近零，随后逐渐回升至正常水平，符合预期。

② 温度分析。短路点处温度迅速上升，但在短路保护机制的作用下，温度并未持续升高至危险水平。热成像仪数据显示，短路点及周边区域温度分布较为集中，但整体模组温度未受严重影响，说明热隔离措施有效。

③ 安全评估。本次短路测试验证了电池模组在短路条件下的安全防护能力，短路保护机制能够及时响应并有效防止事态扩大。同时，模组内部结构和材料的热稳定性也得到了验证，符合安全要求。

5.3.4 电池模组振动与冲击测试

5.3.4.1 电池模组振动与冲击测试目的

（1）验证结构稳固性 在模拟车辆行驶中遇到的复杂振动环境下，评估电池模组的结构设计是否能保持稳固，减少因长期振动导致的松动或损坏，确保电池系统的安全性和可靠性。

（2）评估抗冲击能力 通过模拟车辆碰撞或急停等极端工况下的冲击，检验电池模组承受外部冲击的能力，防止因冲击造成内部结构破坏或电解液泄漏，保障乘客和车辆安全。

（3）优化减振设计 收集并分析电池模组在振动与冲击过程中的动态响应数据，为电池模组及其固定装置的减振设计提供实证依据，以便进一步优化，提升整车行驶的平稳性和舒适性。

5.3.4.2 电池模组振动与冲击测试方法

本次测试采用综合实验方法，结合振动台与冲击试验机进行。首先，利用振动台模拟车辆行驶过程中的连续振动，评估电池模组的长期振动耐久性。随后，利用冲击试验机模拟突发性的碰撞或急停冲击，检验电池模组的瞬时冲击承受能力。在整个测试过程中，通过加速度传感器等精密仪器监测并记录电池模组的振动与冲击响应数据。

5.3.4.3 电池模组振动与冲击测试步骤

（1）准备阶段 选择符合标准的测试样品——新能源汽车电池模组，并确保其已按照实际安装状态固定在测试夹具上。检查振动台、冲击试验机及所有监测设备是否处于良好工作状态，并进行必要的校准。

（2）振动测试执行　设定振动台参数，包括振动频率、振幅和持续时间，以模拟车辆在不同路面条件下的振动特性。启动振动台，对电池模组进行连续振动测试。测试过程中，密切监测电池模组的振动响应，记录加速度传感器的数据，并定期检查电池模组外观及结构是否有损伤迹象。

（3）冲击测试执行　在完成振动测试后，将电池模组转移至冲击试验机。根据测试标准设定冲击试验机的参数，如冲击力大小、方向和作用时间等，以模拟车辆碰撞或急停等极端工况。对电池模组进行多次冲击测试，每次冲击后均需进行细致检查，包括外观损伤、内部结构完整性及连接件紧固情况等，并记录相关数据。

（4）数据分析与总结　汇总振动与冲击测试过程中收集的所有数据，包括加速度传感器的测量值、电池模组的外观照片及结构检查记录等。对数据进行深入分析，评估电池模组在振动与冲击条件下的性能表现。根据分析结果，提出针对性的改进建议或确认电池模组满足设计要求。同时，总结测试经验，为后续的新能源汽车电池模组设计及测试提供参考。

5.3.4.4　电池模组振动与冲击测试示例

（1）测试环境　本次新能源汽车电池模组振动与冲击测试在专业的汽车试验室内进行，试验室配备了先进的减振系统和环境控制系统，确保测试过程中无外界干扰，温度控制在25℃，相对湿度保持在50%，以模拟正常工作环境。

（2）测试方法　测试采用振动台模拟行驶振动与冲击试验机模拟碰撞冲击相结合的方式。首先，将电池模组安装于振动台上，进行多轴向正弦波振动测试，模拟不同路况下的振动特性。随后，将电池模组转移至冲击试验机，进行半正弦波冲击测试，模拟突发碰撞或急停情况。

（3）测试设备　测试设备主要包括高精度多轴向振动台、半正弦波冲击试验机、加速度传感器和数据采集系统。振动台和冲击试验机能够精确控制振动和冲击参数，加速度传感器用于监测并记录电池模组在测试过程中的动态响应，数据采集系统则负责收集并保存所有测试数据。

（4）测试数据　电池模组振动与冲击测试数据见表5-8。

表 5-8　电池模组振动与冲击测试数据

测试类型	参数	单位	初始值	峰值	稳定值
振动测试	振动频率	Hz	10	50	10
	振动加速度	$1g$	0.5	10	0.5
	最大振幅	mm	1	5	1
	监测点温度	℃	25	35	27
冲击测试	冲击力峰值	kN	—	50	—
	冲击持续时间	ms	—	15	—
	监测点加速度	$1g$	0	30	0
	冲击后温度变化	℃	25	30	26

注：$1g = 9.8 \text{m/s}^2$。

（5）数据分析与评估

① 振动测试数据分析。从振动测试数据可以看出，电池模组在振动过程中表现出良好的

稳定性，振动加速度和振幅均在安全范围内波动，且监测点温度上升有限，未出现异常情况。

② 冲击测试数据分析。冲击测试数据显示，电池模组在承受突发冲击力时，虽然出现较大的加速度峰值，但随后迅速恢复稳定，且监测点温度虽有短暂上升，但迅速回归正常水平，表明电池模组具备较好的抗冲击能力和热稳定性。

③ 综合评估。结合振动与冲击测试数据，可以评估出该新能源汽车电池模组在机械耐久性和抗冲击能力方面均表现良好，满足设计要求。同时，也验证了电池模组内部结构及固定装置的可靠性。

5.4 电池包测试

5.4.1 电池包整车匹配测试

5.4.1.1 电池包整车匹配测试目的

(1) 电气接口匹配性测试 验证电池包与整车电气系统之间的接口连接是否顺畅、稳固，确保电力传输与信号通信无误，保障车辆正常运行。

(2) 布局与固定方式测试 评估电池包在整车中的布局合理性及固定方式的可靠性，防止在车辆行驶过程中发生位移或损坏，确保行车安全。

5.4.1.2 电池包整车匹配测试方法

(1) 电气接口匹配性测试 采用模拟信号发生器与示波器等设备，模拟电池包输出信号与整车接收信号，检查接口连接是否牢固，信号传输是否稳定、准确。

(2) 布局与固定方式测试 通过静态负载测试与动态路试相结合的方式，检验电池包在不同工况下的位置稳定性及固定装置的耐用性。静态测试主要关注固定件的紧固力与承重能力；动态测试则模拟车辆加速、制动、转弯等动作，观察电池包是否出现晃动或松动现象。

5.4.1.3 电池包整车匹配测试步骤

(1) 电气接口匹配性测试步骤

① 准备测试环境。精心准备测试所需设备，包括高精度的模拟信号发生器、高分辨率的示波器以及可靠的连接线等，确保所有设备处于良好工作状态，为测试打下坚实基础。

② 连接电池包与整车系统。将待测电池包与整车电气系统精确对接，细致检查每一个接口，确保连接紧密无松动，避免因接触不良导致的信号传输问题，为测试过程提供稳定可靠的连接环境。

③ 启动设备，模拟信号传输。开启测试设备，利用模拟信号发生器向电池包发送预设信号，模拟实际工作中的信号输出。同时，密切关注示波器上的接收信号波形，细致观察其形态与稳定性，以验证电气接口的信号传输能力。

④ 数据记录与分析。在测试过程中，准确记录示波器显示的各项数据，包括波形参数、信号强度等关键指标。测试结束后，对记录的数据进行全面对比分析，评估电气接口的匹配性是否满足设计标准与性能要求。

（2）布局与固定方式测试步骤

① 布局合规性检查。细致核查电池包在整车内的布局规划，比对设计图纸与实物安装情况，确保布局符合设计初衷及车辆性能要求。同时，评估布局对整车重心、空气动力学等性能的影响，为优化提供数据支持。

② 静态负载测试。对电池包固定装置施加递增的静态负载，直至达到设计承重的极限值。全程监控固定件的形变与结构完整性，确保无异常变形或断裂现象，以此验证固定装置的承重能力与安全冗余。

③ 动态路试模拟。通过专业的路试设备或实际道路测试，模拟车辆在起步、加速、转弯、制动等多种工况下的行驶状态。重点关注电池包的位置稳定性及其固定装置的耐用性，确保在各种动态条件下均能保持安全可靠。

④ 数据记录与分析。详尽记录测试过程中的电池包位移量、固定装置应力分布及疲劳状况等关键数据。测试结束后，运用统计与对比分析方法，评估布局与固定方式的合理性及长期可靠性，为后续改进提供科学依据。

⑤ 测试结论与建议。综合测试数据与观察结果，明确给出电池包布局与固定方式的评估结论。若满足设计要求，则确认其合理性；若存在不足，则提出针对性的改进建议，以期进一步提升整车性能与安全性。

5.4.1.4 电池包整车匹配测试示例

（1）测试环境 本次新能源汽车电池包整车匹配测试在封闭的、装备有高精度测量仪器的试验室内进行。试验室模拟了多种典型道路条件和温度环境，包括平滑路面、颠簸路段以及常温至极端高温/低温环境，确保测试的全面性和准确性。

（2）测试方法 测试采用模拟行驶与静态检测相结合的方法。首先，将装有电池包的新能源汽车置于动态模拟平台上，模拟实际行驶中的各种工况，如加速、制动、转弯等，同时监测电池包与整车电气接口的连接状态及电池包在车辆运动中的稳定性。随后，在静态条件下，对电池包的固定装置进行细致检查，包括紧固力测试及位置偏移量的测量。

（3）测试设备 测试设备体包括动态模拟平台，精准还原车辆行驶复杂工况；数据采集系统高效运作，实时捕捉电池包及整车关键数据，确保测试精确无误；高精度测量工具如扭矩扳手、游标卡尺等，严控电池包固定装置紧固力与位置偏移，保障安全稳固；环境控制系统则模拟多样温度条件，全面考验电池性能极限，确保测试结果的全面性与可靠性。

（4）测试数据 电池包整车匹配测试数据见表 5-9。

表 5-9 电池包整车匹配测试数据

测试项目	测试条件	测试结果
电气接口连接稳定性	模拟加速、制动、转弯各 10 次	无信号中断，误码率 0
电池包固定装置紧固力	使用扭矩扳手测量，预设值 50N·m	实测值 50.2N·m，无松动
电池包位置偏移量（X 轴）	行驶 500km 后静态测量	偏移量 0.3mm
电池包位置偏移量（Y 轴）	行驶 500km 后静态测量	偏移量 0.2mm
电池包温度变化（高温环境）	50℃环境舱内行驶 1h	最高温度 45℃，温差 5℃
电池包温度变化（低温环境）	−20℃环境舱内停放 2h	最低温度−18℃，温差 2℃

（5）数据分析与评估

① 电气接口连接稳定性。测试结果显示，在模拟的多种行驶工况下，电池包与整车电气接口的连接保持稳定，未出现信号中断或误码情况，验证了电气接口的可靠性和匹配性。

② 电池包固定装置紧固力。实测紧固力略高于预设值，且未发现松动现象，表明固定装置设计合理，紧固效果良好，能够有效保障电池包在车辆行驶过程中的稳定性。

③ 电池包位置偏移量。行驶 500km 后，电池包在 X 轴和 Y 轴方向上的偏移量均极小，远低于设计允许范围，证明电池包在整车中的布局合理且固定方式可靠。

④ 电池包温度变化。在高温和低温环境测试中，电池包的温度变化均控制在合理范围内，显示出良好的环境适应性和热稳定性。

5.4.2 电池包密封性测试

5.4.2.1 电池包密封性测试目的

（1）防止外部污染物侵入 确保电池包密封性良好，防止水、灰尘等外部污染物进入电池包内部，影响电池性能和寿命。

（2）预防安全事故 通过密封性测试，及时发现并处理潜在的泄漏点，避免因泄漏导致的短路、火灾等安全隐患。

（3）验证设计与制造质量 测试电池包在生产过程中是否达到预期的密封标准，验证设计与制造工艺的可靠性。

5.4.2.2 电池包密封性测试方法

（1）压力衰减法（压降法） 压力衰减法是一种直观且经济的密封性测试方法。测试中，首先将电池包内部充入一定压力的气体（通常为压缩空气），随后关闭充气系统，并记录下初始气压值。在接下来的一段时间内，持续监测电池包内部气压的变化。若气压值持续下降，且下降幅度超过预设的阈值，则判定电池包存在泄漏问题。该方法操作简单，能够快速识别出明显的泄漏点，适用于生产线上的快速检测。

（2）氦气检漏法（氦检法） 氦气检漏法以其高灵敏度和准确性在精密检测领域得到广泛应用。该方法通过向电池包内部注入少量的氦气作为示踪气体，随后利用高灵敏度的氦气探测器在电池包外部进行扫描检测。当氦气从电池包内部的泄漏点逸出时，探测器能迅速捕捉到氦气的存在，从而精确定位泄漏位置。氦气检漏法特别适用于检测微小泄漏，对于提高电池包的密封性能至关重要。

（3）高精度气密性测试仪法 高精度气密性测试仪法结合了压力衰减法与自动化技术的优势，提供了更为精确和可重复的测试结果。该测试仪通过精密的压力传感器和控制系统，能够精确调节气源的压力并实时监测电池包内部压力的变化。在测试过程中，测试仪会自动记录并分析压力数据，根据预设的算法评估电池包的密封性能。此外，部分高精度测试仪还具备自动校准和故障排查功能，能够确保测试结果的准确性和可靠性。这种方法特别适用于对密封性能要求极高的高端新能源汽车电池包测试。

5.4.2.3 电池包密封性测试步骤

（1）准备阶段 将电池包放置在测试台上，连接好测试设备和电池包之间的管路，确保所有接口连接紧密无泄漏。同时，设定好测试参数，如充气压力、保压时间、压力衰减阈值等。

（2）充气阶段 启动测试设备，开始对电池包进行充气。在充气过程中，需密切监控压力变化，确保充气过程平稳且达到设定压力值。

（3）保压阶段 充气完成后，关闭充气阀门，使电池包在设定压力下保持一段时间。此阶段需注意观察压力表的读数，确保压力值稳定在设定范围内。

（4）监测阶段 在保压期间，持续监测电池包内部压力的变化情况。若发现压力值明显下降，超过预设的衰减阈值，则记录并标记为泄漏点。

（5）数据分析 测试结束后，对收集到的数据进行整理和分析。计算压力衰减率，判断电池包的密封性能是否达标。同时，根据泄漏点的位置和数量，评估电池包的设计和制造工艺是否存在问题。

（6）总结报告 根据测试结果，编写详细的测试报告。报告中应包括测试目的、方法、步骤、数据记录、分析结果以及改进建议等内容。

5.4.2.4 电池包密封性测试示例

（1）测试环境 本次新能源汽车电池包密封性测试在恒温恒湿实验室进行，环境温度设定为25℃，相对湿度控制在50％，以确保测试结果的准确性和可重复性。实验室配备有专业的通风系统和防爆措施，确保测试过程的安全。

（2）测试方法 本次测试采用压力衰减法（压降法）进行。首先，将电池包置于测试台上，通过专用接口连接至气密性测试设备；然后，向电池包内部充入一定压力的压缩空气，直至达到预设的初始压力值；随后，关闭充气阀门，开始监测电池包内部气压的变化情况；最后，根据气压下降的速度和幅度判断电池包的密封性能。

（3）测试设备 本次测试使用的设备为高精度气密性测试仪，该设备具备自动充气、保压、监测和记录功能，能够精确控制充气压力并实时监测电池包内部气压的变化。测试仪还配备高精度压力传感器和数据处理系统，能够自动计算并显示气压下降率等关键参数，为测试结果的评估提供有力支持。

（4）测试数据 电池包密封性测试数据见表5-10。

表5-10 电池包密封性测试数据

时间/min	初始压力/kPa	当前压力/kPa	气压下降/kPa
0	100	100	0
5	—	99.8	0.2
10	—	99.6	0.4
15	—	99.5	0.5
⋮	—	⋮	⋮
30	—	99.0	1.0

（5）数据分析与评估 根据上述测试数据，电池包在30min内气压下降了1.0kPa。根据行业标准及电池包设计要求，通常认为在特定时间内（如30min）气压下降不超过一定值（如2.0kPa）即为合格。因此，本次测试结果显示该电池包的密封性能符合设计要求，判定为合格。同时，也应注意到气压下降速度较为均匀，未出现突然下降的情况，表明电池包内

部无明显的大泄漏点。

5.4.3 电池包绝缘性测试

5.4.3.1 电池包绝缘性测试目的

(1) 确保电气安全 检测电池包内部电气元件间的绝缘性能，防止电流泄漏引发短路、触电等安全问题。

(2) 验证产品质量 通过绝缘性测试，评估电池包制造过程中绝缘处理的有效性，确保产品符合相关安全标准。

(3) 预防故障发生 及时发现并处理绝缘性能不良的电池包，避免因绝缘失效导致的设备故障或损坏。

5.4.3.2 电池包绝缘性测试方法

新能源汽车电池包绝缘性测试主要采用高压绝缘电阻测试法。该方法利用高压直流电源对电池包施加一定电压，然后测量其绝缘电阻值。根据测得的电阻值，可以评估电池包的绝缘性能是否符合规定要求。

5.4.3.3 电池包绝缘性测试步骤

(1) 准备阶段 确保电池包处于未充电状态，并断开与所有外部电源的连接。将电池包放置于安全的测试环境中，准备好高压绝缘电阻测试仪及相关安全防护装备。

(2) 连接测试设备 将高压绝缘电阻测试仪的正负极分别连接到电池包的正负极上，确保连接牢固且安全。同时，确保测试仪的接地线已可靠接地。

(3) 设置测试参数 根据电池包的技术规格及测试要求，设置测试仪的电压值、测试时间等参数。确保参数设置合理，不会对电池包造成损害。

(4) 开始测试

① 启动测试仪，开始施加电压并进行绝缘电阻测量。在测试过程中，密切关注测试仪的读数变化，以及电池包是否有异常反应。

② 在测试结束后，及时记录测试仪显示的绝缘电阻值及测试过程中的任何异常情况。这些数据将用于后续的数据分析和评估。

③ 根据测试数据及技术规格要求，评估电池包的绝缘性能是否合格。若测试结果不符合要求，则需对电池包进行进一步的检查和处理。

5.4.3.4 电池包绝缘性测试示例

(1) 测试环境 本次新能源汽车电池包绝缘性测试在专业的电气安全测试室内进行，室内环境保持干燥、无尘埃，温度控制在 20～25℃，以确保测试结果的准确性。

(2) 测试方法 本次测试采用高压绝缘电阻测试法，通过向电池包的正负极间施加一定的高压直流电，测量其间的绝缘电阻值。绝缘电阻值的大小直接反映了电池包内部电气元件间的绝缘性能。

(3) 测试设备 测试设备选用高精度绝缘电阻测试仪，该仪器具备自动升压、自动测量、数据记录等功能，能够准确测量出电池包的绝缘电阻值。测试仪还配备了安全防护装置，确保测试过程的安全可靠。

（4）测试数据　电池包绝缘性测试数据见表 5-11。

表 5-11　电池包绝缘性测试数据

测试电压/V	初绝缘电阻值/MΩ	测试时间/s
500	1000	60
1000	950	60
1500	900	60

（5）数据分析与评估　从测试数据可以看出，随着测试电压的增加，电池包的绝缘电阻值略有下降，但整体保持在较高水平（均大于 900MΩ）。根据新能源汽车电池包绝缘性能的相关标准，该电池包的绝缘性能符合要求，能够确保电气安全。

进一步分析发现，绝缘电阻值的微小下降可能是由于电池包内部电气元件间的微小间隙或杂质导致的，但并未对整体绝缘性能造成显著影响。因此，可以认为该电池包的绝缘性能是可靠的，无须进行额外的处理或维修。

5.4.4　电池包循环寿命测试

5.4.4.1　电池包循环寿命测试目的

（1）评估电池包耐久性　通过模拟实际使用中的充放电循环，评估电池包的循环寿命，确保其在规定循环次数内保持较高的容量和性能。

（2）预测电池包衰减趋势　监测电池包在循环过程中的容量衰减情况，预测其长期使用的性能变化，为车辆维护提供依据。

（3）确保电池包安全性　验证电池包在反复充放电过程中是否出现热失控、短路等安全隐患，保障用户安全。

5.4.4.2　电池包循环寿命测试方法

新能源汽车电池包循环寿命测试通常采用"满充满放"的循环测试方法，即电池包从100％电量放电至特定终止电压（如电池厂商规定的放电截止电压），随后充电至满电状态，如此反复进行多次循环。同时，监测并记录每次循环的充放电容量、电压、电流及温度变化等参数。

5.4.4.3　电池包循环寿命测试步骤

（1）预处理阶段　将电池包置于规定的环境温度（如室温）下，静置一段时间以确保电池内部达到稳定状态。按照制造商推荐的充电方法将电池包充满电，并记录初始容量。

（2）循环测试阶段

① 放电步骤。以恒定电流（如 $1C$ 倍率）放电至制造商规定的放电终止电压，记录放电容量和放电时间。

② 静置步骤。放电结束后，将电池包静置一段时间（如 30min），使电池内部恢复稳定。

③ 充电步骤。按照制造商推荐的充电方法或标准充电协议对电池包进行充电，直至达到充电终止条件（如电压、电流或时间条件），并记录充电容量和充电时间。

④ 重复循环。重复上述放电、静置和充电步骤，直至达到预定的循环次数（如 500 次、1000 次或直至电池包容量衰减至初始容量的 80% 以下）。

(3) 数据分析与评估 整理测试数据，分析电池包在循环过程中的容量衰减趋势、效率变化以及可能的安全问题。根据测试结果，评估电池包的循环寿命是否满足设计要求，并提出改进建议。

5.4.4.4 电池包循环寿命测试示例

(1) 测试环境 本次新能源汽车电池包循环寿命测试在恒温恒湿实验室中进行，环境温度设定为 25℃，相对湿度控制在 50%，以确保测试结果的稳定性和可靠性。

(2) 测试方法 采用标准的"满充满放"循环测试方法。首先，将电池包以 $1C$ 电流恒流充电至制造商规定的充电终止电压，随后转为恒压充电至电流降至 $0.05C$ 时停止。充电完成后，静置 30min，再以 $1C$ 电流放电至放电终止电压，记录放电容量。重复上述充放电过程，直至达到预定的循环次数（如 1000 次）。

(3) 测试设备 测试设备包括高精度充放电测试仪、温度湿度控制器、数据采集系统和计算机。充放电测试仪负责控制充放电电流和电压，确保测试过程的精确性和稳定性；温度湿度控制器用于维持实验室的恒定环境条件；数据采集系统实时记录电池包的电压、电流、温度等参数；计算机则用于数据处理和分析。

(4) 测试数据 电池包循环寿命测试数据见表 5-12。

表 5-12 电池包循环寿命测试数据

循环数/次	放电容量/(A·h)	容量保持率/%
1	100	100
100	98.5	98.5
200	97.2	97.2
500	94.0	94.0
1000	88.0	88.0

(5) 数据分析与评估 从测试数据可以看出，随着循环次数的增加，电池包的放电容量逐渐下降。经过 1000 次循环后，电池包的放电容量保持率为 88%，高于行业标准的 80% 要求，表明该电池包具有较好的循环寿命性能。

进一步分析发现，电池包在前 500 次循环中容量衰减较慢，而在后 500 次循环中衰减速率加快。这可能是由于电池内部活性物质的逐渐消耗和内部结构的微小变化所致。尽管如此，该电池包在 1000 次循环后仍能保持较高的容量保持率，说明其设计和制造质量较高。

5.5 电池管理系统测试

5.5.1 电池管理系统功能测试

5.5.1.1 电池管理系统功能测试目的

(1) 确保电池安全 验证电池管理系统在持续监测电池状态（如电压、电流、温度）时的准确性，以及在异常情况（如过热、短路）下的快速响应能力，从而有效预防热失控、短路等危险情况，保障电池安全。

（2）优化能量管理　通过模拟不同工况（如加速、制动、充电）下的运行，评估电池管理系统在能量分配与回收方面的策略，旨在提高能源利用效率，进一步延长新能源汽车的续航里程。

（3）提升用户体验　全面检验电池管理系统的信息反馈与交互功能，确保驾驶员能够直观、准确地获取电池状态、续航里程等关键信息，从而增强驾驶的便捷性和舒适性。

5.5.1.2　电池管理系统功能测试方法

（1）模拟测试　利用电池模拟器、负载装置及环境控制设备等，精准模拟新能源汽车在不同工况下的运行状态，包括正常行驶、充电、放电等，全面验证电池管理系统的各项功能。

（2）实时监测　依托数据采集与分析软件，对电池管理系统在测试过程中的各项关键参数（电压、电流、温度、SOC等）进行实时、精确的记录与分析，以评估系统的稳定性和数据准确性。

（3）故障注入　通过人为设置电池系统故障（如短路、断路、过热等），观察并记录电池管理系统的故障检测、报警及应对措施，从而评估其在应对突发情况时的安全性和可靠性。

5.5.1.3　电池管理系统功能测试步骤

（1）准备阶段　检查所有测试设备（如电池模拟器、数据采集器、环境控制设备等）是否完好无损，确保测试环境符合预设标准；将被测电池管理系统与测试设备正确连接，进行初步的系统通信与校准，确保测试数据的准确性。

（2）正常功能测试　模拟正常行驶工况，监测并记录电池管理系统的电压、电流、温度监测功能是否正常运作；实施SOC估算算法准确性验证，通过比较实际电量与估算电量的差异，评估算法的准确性；检查充电过程中电池管理系统的保护策略，如过充保护、温度控制等，确保充电过程的安全稳定。

（3）能量管理策略测试　设置不同的驾驶模式（经济、运动等），观察并记录电池管理系统在各模式下的能量分配策略是否按预期执行；模拟复杂工况（如连续加速、制动），评估电池管理系统的能量回收效率，以及其对续航里程的贡献。

（4）故障注入与应对测试　人为模拟电池系统故障（如单体电池过热、短路等），观察并记录电池管理系统的报警和切断功能是否及时有效；分析故障处理过程中的数据，评估系统对突发故障的响应速度、处理能力及恢复能力，确保系统安全可靠。

（5）总结报告　整理并汇总所有测试数据，对测试结果进行深入分析，评估电池管理系统的功能性能是否满足设计要求；根据测试结果，提出针对性的改进建议，为新能源汽车电池管理系统的后续优化与升级提供科学依据和技术支持。

5.5.1.4　电池管理系统功能测试示例

（1）测试环境　在模拟实验室内进行测试，该实验室配备了先进的电池模拟器、环境控制系统及数据采集设备，能够精确模拟新能源汽车在各种气候条件与工况下的运行状态，确保测试环境的稳定性和可控性。

（2）测试方法 本次测试采用模拟测试与实时监测相结合的方式。利用电池模拟器设置不同的工况条件（如加速、制动、充电等），模拟新能源汽车的实际运行状态。同时，通过数据采集与分析软件，实时监测并记录电池管理系统在测试过程中的关键参数变化，包括电压、电流、温度及 SOC 等。

（3）测试设备 测试设备主要包括高精度电池模拟器、环境控制设备、数据采集器以及专用的数据分析软件。电池模拟器能够模拟不同电池组的电气特性，环境控制设备则用于调节测试环境的温度、湿度等参数，确保测试条件的一致性。数据采集器负责实时采集电池管理系统的各项数据，而数据分析软件则用于对采集到的数据进行处理和分析。

（4）测试数据 电池管理系统功能测试数据见表 5-13。

表 5-13　电池管理系统功能测试数据

测试时间/s	电池电压/V	电池电流/A	电池温度/℃	SOC/%
0	320	0	25	100
60	315	100	27.5	95
120	316	−50	26	90
180	308	0	25.5	88
240	312	80	28	92
300	309	0	26.5	89

（5）数据分析与评估

① 0～60s：静止到加速。在 0s 时，车辆处于静止状态，电池电压稳定在 320V，电流为 0，电池温度为 25℃，SOC 为 100%；随着加速指令的发出，电池开始放电，电流迅速增加至 100A，电池电压相应下降，同时电池温度略有上升。此阶段电池管理系统有效地控制了电池组的能量输出，确保了车辆加速过程中的动力需求。同时，热管理系统开始工作，以维持电池温度在安全范围内。

② 60～120s：加速到制动。在持续加速至 60s 后，车辆进入制动阶段，电池电流由正转负（−50A），表明能量回收系统开始工作，将制动能量转化为电能储存回电池。此过程中，电池电压有所回升，但幅度不大，电池温度保持相对稳定。电池管理系统成功实现了能量的双向流动，即在加速时提供动力，在制动时回收能量。这不仅提高了能源利用效率，还有助于延长车辆的续航里程。

③ 120～180s：制动到怠速。经过 60s 的制动后，车辆在 120s 时进入怠速状态，电池电流回归为 0，电池电压和温度均保持相对稳定。SOC 值略有下降，但仍在较高水平。在怠速状态下，电池管理系统维持了对电池状态的持续监测，确保电池处于健康、安全的状态。此时，电池的能量消耗较低，有利于延长电池的使用寿命。

④ 180～300s：怠速到充电。从 180s 开始，车辆进入充电状态。电池电流再次变为正数（80A），电池电压逐渐上升，SOC 值随之增加。电池温度因充电过程中的化学反应而略有上升，但仍在可控范围内。在充电过程中，电池管理系统有效地管理了充电电流和电压，确保了充电的安全性和效率。同时，热管理系统继续工作，以防止电池过热。此阶段的测试结果验证了电池管理系统在充电管理方面的性能。

通过对 0～300s 时间段内新能源汽车电池管理系统功能测试的工况分析，可以看出电池管理系统在加速、制动、怠速及充电等多个工况下均表现出良好的性能。它不仅能够准确监测和控制电池状态，还能在复杂的工况下实现能量的高效利用和回收。

5.5.2　电池管理系统通信测试

5.5.2.1　电池管理系统通信测试目的

(1) 验证通信协议兼容性　确保电池管理系统与车辆其他ECU（电子控制单元）之间的通信协议兼容，实现无缝数据传输。

(2) 评估通信稳定性　在模拟及实际运行环境中，检验电池管理系统通信的稳定性，减少通信故障发生。

(3) 测试通信效率与实时性　确保电池管理系统在快速响应和高数据量传输下，依然能保持高效的通信性能。

5.5.2.2　电池管理系统通信测试方法

(1) 模拟测试　利用通信测试设备和仿真软件，模拟不同工况下的通信环境，进行协议验证和稳定性测试。

(2) 实车测试　在真实车辆上进行道路测试，验证通信功能在实际驾驶条件下的表现。

(3) 压力测试　通过高负载和异常数据输入，测试电池管理系统通信模块的容错能力和恢复能力。

5.5.2.3　电池管理系统通信测试步骤

(1) 测试准备　搭建测试环境，包括连接电池管理系统与其他相关ECU，配置测试设备和仿真软件（针对模拟测试）或确保被测车辆处于良好状态（针对实车测试）。

(2) 通信协议验证　发送标准通信指令至电池管理系统，检查其响应是否符合协议规定，确保通信协议的正确性和兼容性。

(3) 稳定性测试　在模拟及实车环境中（视测试方法而定），长时间运行测试脚本或实际道路测试，监测通信稳定性，记录并分析通信中断或错误的情况。

(4) 压力测试与容错能力评估　向电池管理系统发送高负载数据或异常数据，观察系统表现，评估其容错能力和恢复速度。

(5) 日志分析与总结　收集并分析测试过程中的日志数据或实测数据，整理测试结果，撰写测试报告，总结测试过程中发现的问题并提出改进建议。

5.5.2.4　电池管理系统通信测试示例

(1) 测试环境　测试环境设定为实验室内的模拟驾驶舱，通过专业的通信测试设备与仿真软件搭建，模拟了多种复杂道路条件下的通信环境，包括电磁干扰、信号衰减等因素，以确保测试的全面性和真实性。

(2) 测试方法　本次测试采用模拟测试与数据分析相结合的方式。首先，利用通信测试设备和仿真软件模拟车辆在不同工况下的通信需求，向电池管理系统发送标准通信指令和异常数据。然后，收集并记录电池管理系统的响应数据，进行后续的数据分析与评估。

(3) 测试设备　测试设备包括一台高精度通信测试仪、一台配置有专用仿真软件的计算机，以及必要的连接线缆和接口适配器。通信测试仪负责发送和接收通信数据，仿真软件则用于模拟不同工况下的通信环境和生成测试指令。

（4）测试数据 电池管理系统通信测试数据见表 5-14。

表 5-14　电池管理系统通信测试数据

测试序号	测试指令类型	发送时间	响应时间/ms	数据正确性	异常结果出来
1	标准心跳包	00:00:01	5	正确	无
2	电量查询请求	00:00:10	10	正确	无
3	模拟信号衰减	00:01:00	20	正确	自动重连
4	电量上报异常	00:01:30	立即	错误	报告错误码
5	高负载数据发送	00:02:00	50	正确	无

（5）数据分析与评估

① 协议验证。从测试数据中可以看出，电池管理系统对所有标准通信指令的响应均正确无误，说明其通信协议的正确性和兼容性得到了有效验证。

② 稳定性评估。在模拟信号衰减的测试条件下，电池管理系统能够自动重连并保持通信稳定，体现了其良好的稳定性。

③ 容错能力。在电量上报异常的测试中，电池管理系统能够立即报告错误码，表明其具备有效的异常处理机制，提高了系统的可靠性和安全性。

④ 性能评估。在高负载数据发送的测试中，电池管理系统的响应时间虽有所增加，但仍保持在合理范围内，说明其具备较好的处理能力和效率。

5.5.3　电池管理系统软件功能测试

5.5.3.1　电池管理系统软件功能测试目的

（1）验证功能完整性 确保电池管理系统软件具备所有设计要求的功能，包括但不限于电量管理、热管理、故障报警及通信接口等。

（2）评估性能稳定性 测试电池管理系统软件在不同工况和负载下的响应速度和稳定性，验证其能否持续稳定运行。

（3）检查安全可靠性 通过模拟异常情况，检验电池管理系统软件的安全机制是否有效，能否及时发现并处理潜在的安全隐患。

5.5.3.2　电池管理系统软件功能测试方法

测试采用黑盒测试与白盒测试相结合的方法。黑盒测试主要关注软件的外部行为，通过模拟用户操作或输入预设数据，验证软件功能的正确性和完整性。白盒测试则深入软件内部逻辑，检查代码的执行路径、条件判断及异常处理等，确保软件内部逻辑的准确性和健壮性。

5.5.3.3　电池管理系统软件功能测试步骤

（1）准备测试环境 配置测试所需的硬件设备（如计算机、模拟电池组、接口卡等）和软件工具（如电池管理系统测试软件、调试工具等），确保测试环境的稳定性和安全性。

（2）编写测试用例　根据测试目的和电池管理系统软件功能需求，编写详细的测试用例，包括测试项、预期结果、输入数据等，确保测试的全面性和有效性。

（3）执行测试用例　按照测试用例的要求，逐一执行测试项，记录实际结果并与预期结果进行对比，及时发现并记录问题。

（4）问题跟踪与解决　对于测试过程中发现的问题，进行详细记录并跟踪解决过程，确保所有问题都得到妥善处理。

（5）编写测试报告　整理测试数据，编写详细的测试报告，包括测试目的、测试方法、测试步骤、测试结果、问题跟踪及总结等，为软件质量评估和后续改进提供依据。

5.5.3.4　电池管理系统软件功能测试示例

（1）测试环境　测试环境设定在配置有专用测试软件和模拟硬件接口的计算机上，通过模拟电池管理系统与车辆其他系统（如电机控制器、车载显示屏等）的交互，验证电池管理系统软件功能的完整性和准确性。

（2）测试方法　本次测试采用黑盒测试与白盒测试相结合的方法。首先，通过黑盒测试，模拟用户操作，检查电池管理系统软件的界面响应、功能实现是否符合预期。随后，利用白盒测试，深入代码层面，验证内部逻辑的正确性和异常处理能力。

（3）测试设备　测试设备主要包括一台高性能计算机，搭载电池管理系统测试软件、模拟硬件接口（如 CAN 总线接口卡）以及必要的调试工具。计算机用于运行测试脚本，模拟硬件接口则负责模拟车辆其他系统与电池管理系统之间的通信。

（4）测试数据　电池管理系统软件功能测试数据见表 5-15。

表 5-15　电池管理系统软件功能测试数据

测试项目	测试用例	输入数据	预期结果	实际结果	判定
SOC 显示	正常显示	电池电量 80%	SOC 显示 80%	SOC 显示 80%	通过
均衡控制	单体均衡	特定单体电压偏高	均衡启动,电压下降	均衡启动,电压下降	通过
故障报警	高温报警	模拟电池温度 65℃	报警信息弹出,系统记录	报警信息弹出,系统记录	通过
通信接口测试	CAN 通信测试	发送标准 CAN 帧	收到预期响应帧	收到预期响应帧	通过
固件升级	在线升级	新版固件文件	升级成功,功能正常	升级成功,功能正常	通过

（5）数据分析与评估

① SOC 显示。测试验证了电池管理系统软件能够准确显示电池电量，误差在可接受范围内。

② 均衡控制。在单体电池电压偏高的情况下，均衡功能正常启动并有效降低了单体电压，保障了电池组的整体性能。

③ 故障报警。系统成功检测到模拟的高温情况并触发报警，符合设计要求，增强了车辆的安全性。

④ 通信接口测试。通过 CAN 通信测试，验证了电池管理系统与其他车辆系统之间的通信接口稳定性和数据交换准确性。

⑤ 固件升级。在线升级功能测试顺利，表明电池管理系统软件具备灵活的更新能力，

有利于后续的功能扩展和性能优化。

5.5.4 电池管理系统环境可靠性测试

5.5.4.1 电池管理系统环境可靠性测试目的

（1）验证极端环境下的工作稳定性 确保电池管理系统在极端温度、湿度及振动等环境下仍能正常工作，保障车辆安全。

（2）评估环境适应性 测试电池管理系统对不同环境条件的适应能力，预防因环境变化导致的性能下降或故障。

（3）提升系统耐用性 通过模拟长期环境暴露，评估电池管理系统的耐用性和寿命，为产品优化提供依据。

5.5.4.2 电池管理系统环境可靠性测试方法

采用模拟环境测试法进行测试，构建极端环境条件（如高温、低温、高湿、振动等），将电池管理系统置于这些环境中进行长时间运行测试。同时，结合数据采集与分析技术，实时监测并记录电池管理系统的运行状态、参数变化及异常报警情况。

5.5.4.3 电池管理系统环境可靠性测试步骤

（1）测试准备 准备测试所需的环境模拟设备（如恒温恒湿箱、振动台等）、被测电池管理系统样品及数据采集系统。

（2）环境设置 根据测试计划，设定目标环境参数（如温度范围、湿度水平、振动频率等），并确认环境模拟设备稳定运行。

（3）样品安装与调试 将被测电池管理系统样品安装于环境模拟设备中，连接数据采集系统，进行初步调试，确保数据正常传输。

（4）执行测试 启动环境模拟设备，按预定时间周期进行连续测试，其间记录电池管理系统的各项运行参数及异常报警情况。

（5）数据分析与评估 测试结束后，整理并分析采集到的数据，评估电池管理系统在极端环境下的工作稳定性、环境适应性和耐用性。

5.5.4.4 电池管理系统环境可靠性测试示例

（1）测试环境 测试环境为恒温恒湿箱，模拟极端温度条件（$-40\sim85℃$）及高湿度环境（相对湿度 95%），以验证电池管理系统的环境可靠性。

（2）测试方法 将电池管理系统样品置于恒温恒湿箱内，设置温度循环程序（从$-40℃$升温至 $85℃$ 再降温回$-40℃$，每个温度点保持 $2h$），同时保持箱内高湿度状态。通过数据采集系统实时监测电池管理系统的电压、电流、温度及通信状态等参数。

（3）测试设备 恒温恒湿箱提供可控的极端温度和高湿度环境，模拟实际使用中可能遇到的气候条件。数据采集系统实时记录电池管理系统的各项运行参数，确保数据准确性和完整性。

（4）测试数据 电池管理系统环境可靠性测试数据见表 5-16。

表 5-16 电池管理系统环境可靠性测试数据

测试时间/h	温度/℃	相对湿度/%	BMS电压/V	BMS电流/A	BMS温度/℃	异常报警
0	−40	95	3.25	0.01	−38	无
2	−40	95	3.24	0.01	−37.5	无
⋮	⋮	⋮	⋮	⋮	⋮	⋮
48	85	95	3.30	0.005	83	无
72	−40	95	3.26	0.01	−38.2	无

(5) 数据分析与评估

① 电压稳定性。在整个测试周期内,电池管理系统电压波动在可接受范围内,表明其在极端温度和高湿度环境下电压控制稳定。

② 电流变化。随着温度变化,电池管理系统电流略有波动但始终保持在安全范围内,体现了良好的电流管理能力。

③ 温度管理。电池管理系统内部温度与环境温度变化趋势一致,但始终低于环境温度一定幅度,说明其热管理策略有效。

④ 异常报警。测试期间未出现任何异常报警,验证了电池管理系统在极端环境下的高可靠性和稳定性。

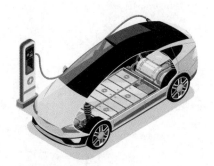

第6章
新能源汽车动力电池大数据分析技术

新能源汽车动力电池大数据分析技术，通过收集海量电池运行数据，运用先进算法进行深度挖掘与分析。该技术能够精准预测电池性能衰退趋势，及时发现潜在故障，为车企提供科学的维护策略与优化设计依据。同时，大数据分析助力实现电池全生命周期管理，提升电池使用效率与安全性，推动新能源汽车产业智能化发展。

6.1 概述

6.1.1 动力电池大数据分析技术的定义与范畴

6.1.1.1 动力电池大数据分析技术的定义

大数据分析技术是指运用先进的数据处理与分析工具，对海量、高速、多样的数据进行挖掘、处理和分析，以揭示数据背后的隐藏信息、预测未来趋势或优化决策过程的技术体系。

新能源汽车动力电池大数据分析技术是指利用先进的数据处理与分析技术，对新能源汽车动力电池的全生命周期（包括生产、销售、使用、维修、退役、回收等环节）数据或指定环节的数据进行采集、整合、处理、分析及可视化等，以实现对电池性能的实时监测、故障诊断、寿命预测及优化管理，从而提高新能源汽车的能效和安全性。

6.1.1.2 动力电池大数据分析技术的范畴

动力电池大数据分析技术的范畴包括数据采集、数据存储、数据处理、数据分析、数据可视化和数据应用与前景等。

（1）数据采集 数据采集是新能源汽车动力电池大数据分析的第一步，通过安装在车辆上的各种传感器和设备，实时采集电池的各项参数，如电压、电流、温度、SOC、SOH等。数据采集的方式可分为有线和无线两种，各有优缺点，但均需保证数据的精度和实时性。此外，随着物联网技术的发展，远程数据传输与存储也成为数据采集的重要组成部分。

（2）数据存储 由于新能源汽车动力电池的数据量巨大，数据存储成为一个关键问题。企业通常采用自建或租用云平台的方式进行数据存储，以满足大规模数据的存储需求。数据存储需考虑数据的可扩展性、安全性和可靠性。分布式存储系统如Hadoop、Hive等，以及HDFS分散式数据文件储存方式，被广泛应用于新能源汽车大数据的存储中。

（3）数据处理 数据处理是新能源汽车动力电池大数据分析的核心环节，包括数据清洗、预处理、特征提取、模型建立等步骤。通过采用MapReduce、Spark等大数据技术，对海量数据进行快速处理和分析，提取出有价值的信息和规律。同时，结合机器学习和深度学习技术，对电池性能进行预测和评估，提高数据分析和处理的准确性和效率。

（4）数据分析 数据分析是新能源汽车动力电池大数据应用的关键，包括电池性能分析、故障诊断、寿命预测等多个方面。通过对电池数据的综合分析，可以评估电池的工况性能、故障维修情况，为动力电池企业后续电池研发和技术方向提供指引性参考。同时，基于大数据分析，可以对电池故障进行综合评估，实现对电池故障的快速诊断和预测。

（5）数据可视化 数据可视化是将分析结果以图表、地图等形式展现出来，方便用户直观地了解和分析数据。在新能源汽车动力电池大数据分析中，数据可视化技术被广泛应用于电池性能展示、故障预警、充电设施分布等多个方面。通过可视化手段，用户可以更清晰地了解电池的性能变化、故障情况，以及充电设施的分布和使用情况。

（6）数据应用与前景 新能源汽车动力电池大数据分析技术的应用前景广阔。在车辆性能优化方面，通过数据分析，可以实现对电池充放电策略的优化，提高电池的能量利用率和续驶里程。在充电设施规划方面，基于大数据分析，可以预测充电需求，合理规划充电站布局，提高充电设施的利用率和便捷性。在电池管理方面，通过实时监控和数据分析，可以及时发现电池故障，提高电池的安全性和可靠性。此外，随着新能源汽车行业的快速发展，动力电池回收利用也将迎来巨大机遇和挑战。通过大数据分析技术，可以对退役动力电池进行身份认证和健康状态评估，为电池回收利用提供可靠的决策依据。

6.1.2　动力电池大数据分析技术的特点

6.1.2.1　海量数据处理能力

新能源汽车动力电池在运行中会生成大量实时且连续的数据，包括但不限于电池电压、电流、温度、SOC、SOH 等关键指标。这些数据量巨大，要求大数据分析系统必须具备高效的处理能力。Hadoop、Spark 等分布式计算框架以及 HDFS 等分布式存储系统应运而生，它们通过水平扩展的方式，轻松应对海量数据的存储与处理挑战，为新能源汽车动力电池大数据的高效处理提供了坚实的技术基础。

6.1.2.2　实时性与精准性

动力电池大数据分析技术的另一大特点是其实时性与精准性。实时数据采集与处理技术使得系统能够即时捕捉到电池性能的微小变化，为预测潜在故障、提供即时维护建议提供可能，从而有效保障车辆行驶安全。同时，精准的数据分析模型能够深入挖掘数据背后的规律与趋势，为优化电池管理策略（如充电策略、能量分配等）提供科学依据，进一步提升电池的使用效率和寿命。

6.1.2.3　多源数据融合能力

新能源汽车动力电池大数据分析并非孤立于电池数据本身，而是需要与车辆行驶数据、环境数据、用户行为数据等多源信息进行深度融合。这种多源数据融合的能力，使得系统能够构建出更加全面、准确的电池运行画像，为电池性能评估、故障诊断、研发优化等提供全方位支持。

6.1.2.4　智能化决策支持

大数据分析技术通过复杂的算法模型对动力电池数据进行深度挖掘与分析，揭示出隐藏在数据背后的深层次规律与趋势。这些洞察不仅为电池管理策略的优化提供了有力依据，更为企业的战略决策提供了宝贵参考。例如，通过预测电池需求变化，企业可以合理规划电池产能与供应链布局；通过分析用户行为数据，企业可以优化充电站网络布局与充电服务体验等。

6.1.2.5　高效性与可扩展性

新能源汽车动力电池大数据分析技术的高效性体现在其能够迅速处理海量数据并产生有价值的分析结果上。可扩展性确保了系统能够灵活应对未来数据量的增长需求。分布式计算框架与存储系统的应用使得系统能够轻松实现横向扩展，通过增加计算节点与存储节点来提升整体处理能力。同时，数据预处理、索引优化、查询优化等技术手段的应用也进一步提升了系统的处理效率与响应速度。

6.1.2.6　安全性与隐私保护

在新能源汽车动力电池大数据分析过程中，确保数据安全与隐私保护是不可或缺的一环。由于分析过程中涉及大量敏感数据（如用户隐私信息、车辆运行数据等），因此必须严格遵守相关法律法规与标准规范，采取数据加密、访问控制、数据脱敏等安全技术手段来保障数据安全与隐私不被泄露。

6.1.3　动力电池大数据分析技术的意义

6.1.3.1　对新能源汽车行业的影响

（1）提升电池性能与安全性　大数据分析技术通过实时监测和分析动力电池的各项参数，如电压、电流、温度、SOC 和 SOH 等，能够及时发现电池性能的微小变化，从而进行预警和干预。这种精细化的管理方式有助于延长电池使用寿命，提高新能源汽车的续航能力和安全性。此外，大数据分析还能帮助研发人员深入理解电池的电化学反应机制，为电池材料的优化和结构设计提供科学依据，进一步提升电池性能。

（2）优化充电与运维策略　基于大数据分析技术，新能源汽车充电设施运营商可以更加精准地预测充电需求，合理规划充电站布局，提高充电设施的利用率和便捷性。同时，大数据分析还能帮助新能源汽车车主制订更加合理的充电计划，减少充电时间，提高充电效率。在运维方面，大数据分析技术能够实现对动力电池的远程监控和故障诊断，及时发现并解决问题，降低运维成本，提高新能源汽车的可靠性和用户满意度。

（3）推动产业升级与创新　新能源汽车动力电池大数据分析技术的应用，不仅促进了电池技术的进步，还推动了新能源汽车产业链上下游企业的协同发展。通过共享和分析数据资源，企业可以更加准确地把握市场趋势和消费者需求，优化产品设计和生产流程，提高产品竞争力。同时，大数据分析技术也为新能源汽车行业的创新提供强大的支撑，推动了自动驾驶、智能网联等新技术在新能源汽车领域的应用和发展。

6.1.3.2　对能源行业的影响

（1）促进能源结构优化　新能源汽车的普及和动力电池大数据分析技术的应用，有助于推动能源行业的结构优化。通过大数据分析技术，可以更加精准地预测新能源汽车的充电需求，优化电网负荷管理，减少能源浪费。此外，新能源汽车作为分布式储能单元，通过智能调度和充放电控制，可以为电网提供稳定的电力支持，促进可再生能源的消纳和利用，推动能源结构的绿色转型。

（2）提高能源利用效率　大数据分析技术在新能源汽车动力电池领域的应用，还可以帮助提高能源利用效率。通过实时监测和分析电池的充放电过程，可以优化充电策略和充电时间，减少能源浪费。同时，大数据分析还能帮助发现能源供应链中的问题和瓶颈，提出改进方案，提高供应链的运作效率。此外，基于大数据的智能能源管理系统可以根据不同时间段和用户需求，实时调整能源供应和分配策略，提高能源利用效率。

（3）增强能源安全性　能源安全一直是各国政府和企业关注的重点。大数据分析技术在新能源汽车动力电池领域的应用，有助于增强能源安全性。通过实时监测和分析电池的性能和状态信息，可以及时发现潜在的安全隐患和故障风险，采取相应的措施进行防范和处置。同时，大数据分析技术还可以帮助能源企业实现对能源设施和网络的实时监测和预警，提高能源系统的稳定性和可靠性。

6.2 动力电池大数据采集技术

6.2.1 动力电池大数据的来源

6.2.1.1 车载传感器数据

（1）电压数据 电压是衡量动力电池性能的重要指标之一。通过车载传感器实时监测电池组的总电压及单体电池电压，可以及时发现电压异常，如过充、过放现象，从而保护电池免受损害。同时，电压数据也是评估电池剩余容量、预测电池寿命的重要依据。

（2）电流数据 电流数据反映了动力电池的充放电状态。实时监测电流大小、方向及变化率，有助于优化电池充放电策略，提高能量使用效率。此外，电流数据还能帮助识别短路、过载等安全隐患，保障车辆安全运行。

（3）温度数据 温度是影响动力电池性能的关键因素。过高或过低的温度都会对电池寿命、安全性产生不利影响。因此，通过车载传感器监测电池温度，可以实现温度控制策略，保持电池在最佳工作温度范围内运行。同时，温度数据还能用于预测电池热失控风险，提前采取防护措施。

（4）SOC SOC是动力电池荷电状态的比例（%），是评估电池续航能力的重要指标。通过准确估算SOC，可以为用户提供可靠的剩余行驶里程信息，指导用户合理规划行程。此外，SOC数据还能为电池管理系统提供决策支持，优化充电策略和能量分配。

（5）SOH SOH反映了动力电池随使用时间和充放电循环次数增加而逐渐老化的程度。通过监测电池内阻、容量衰减等参数变化，可以估算SOH值，评估电池剩余使用寿命。SOH数据对于电池维护、更换及梯次利用具有重要意义。

（6）加速度与速度传感器数据 加速度传感器和速度传感器通常集成在车辆的车身控制系统或驾驶辅助系统中，但它们的数据也常被电池管理系统或其他数据收集系统调用。这些传感器通过检测车辆的加速度和速度变化，间接反映电池的负载情况和能耗状态。数据通过车辆的控制器局域网（CAN总线）或专用数据线路传输至数据处理中心。

（7）GPS与导航数据 虽然GPS和导航数据本身并不直接由电池管理系统生成，但它们对于分析电池在不同路况下的性能表现具有重要意义。这些数据通常由车载GPS接收器收集，并通过车载信息系统或云平台进行处理和分析。在大数据分析时，这些数据可以与电池的性能数据相结合，进行更深入的研究。

6.2.1.2 充电数据

（1）充电设施数据 充电设施（如充电桩、充电站）是收集充电数据的主要来源。当新能源汽车连接到充电设施时，充电设施会开始监测并记录充电过程中的各种参数，如充电时间、充电功率、充电电量等。这些数据通过充电设施的通信模块（如 Wi-Fi、蓝牙、CAN 总线等）传输至云端服务器或车辆的数据处理中心。

（2）车载充电管理系统数据　对于具备车载充电管理系统的新能源汽车，该系统会在充电过程中实时监测和记录充电数据。这些数据包括充电开始时间、结束时间、充电电流、充电电压、充电电量等。车载充电管理系统通过车辆内部的通信网络（如 CAN 总线）与电池管理系统和其他相关系统交换数据，确保充电过程的顺利进行和数据的准确记录。

（3）用户端充电应用数据　许多新能源汽车制造商和充电服务提供商都提供了用户端的充电应用程序。用户可以通过这些应用程序预约充电、监控充电进度并查看充电历史记录。在充电过程中，应用程序会实时从充电设施或车载充电管理系统接收数据，并在用户界面上显示充电状态。这些数据也可以被应用程序上传到云端服务器进行存储和分析。

6.2.2　动力电池大数据的采集方式

6.2.2.1　实时采集

（1）定义与特点　实时采集是指对新能源汽车动力电池的运行数据进行即时、连续的监测和记录。这种方式能够确保数据的时效性和新鲜度，使分析人员能够迅速捕捉到电池性能的变化趋势和异常情况。实时采集通常依赖高速、稳定的通信网络和高效的数据处理系统，以确保数据能够实时传输至数据中心进行分析。

（2）实现方式　实现数据的高效采集与分析，可采用多种方式。首先，通过传感器直连技术，直接将传感器与数据采集设备或车辆控制器相连，利用有线或无线通信实时传输数据，确保数据的即时性。其次，采用云边协同模式，在车辆边缘部署计算节点，对采集的数据进行初步预处理，随后通过互联网无缝传输至云端数据中心，进行更深入的分析与挖掘。最后，引入实时数据流处理技术，对持续传入的数据流进行快速处理与分析，以便迅速响应数据中的变化或异常，提升整体系统的响应速度和决策能力。

（3）适用场景　在多种应用场景中，实时监测电池状态显得尤为关键。对于需要持续追踪电池温度、电压、电流等关键参数以确保安全稳定运行的场景，如新能源汽车或储能系统，实时数据监测是基础。同时，针对电池性能变化敏感，要求迅速响应以避免潜在风险的场景，如实施电池热失控预警及过充过放保护机制，更是不可或缺。此外，实时数据分析还广泛应用于支持车辆动态调度、优化能耗分配等高级功能，为提升整体运营效率与用户体验提供了强大的技术支持。

6.2.2.2　批量导入

（1）定义与特点　批量导入是指将一定时间段内积累的新能源汽车动力电池数据一次性或定期地导入数据中心进行分析。这种方式适用于数据量较大、对实时性要求不高的场景。批量导入可以通过多种方式实现，如通过存储设备（如 USB 闪存盘、移动硬盘）传输、通过网络上传至云存储等。

（2）实现方式　数据实现方式多样，以满足不同场景下的需求。首先，手动导入方式允许操作人员直接将存储设备中的数据文件上传至数据中心或分析平台，适用于小规模或临时性数据收集。其次，自动同步机制通过配置数据同步工具或脚本，实现定期从车辆或本地服务器中自动拉取数据并上传至数据中心，提高了数据处理的自动化与效率。最后，API 接口上传方式通过开发专门的 API 接口，允许车辆或本地服务器直接、实时地将数据推送至数据中心，为大规模、高频次的数据传输提供了高效、稳定的解决方案。

（3）适用场景　在多种数据处理场景中，选择合适的实现方式至关重要。对于数据量庞大且不适合实时传输的情况，如车辆历史行驶数据、充电记录等，可采用批处理或离线存储方式，以减轻实时系统的压力。而在对实时性要求不高，但周期性数据分析至关重要的场景中，如电池性能评估、车辆能效分析等，可设定合理的分析周期，以平衡资源利用与数据价值挖掘。此外，对于需要长期保存历史数据并进行深度挖掘的场景，如车辆故障诊断、用户行为分析等，则需构建可靠的数据存储与挖掘体系，以支持复杂查询与高级分析需求。

6.3　动力电池大数据存储技术

6.3.1　分布式存储技术

6.3.1.1　分布式存储定义

分布式存储是一种专为处理海量数据而设计的存储架构，它将数据分散存储在多个独立的物理或虚拟节点上，通过网络连接形成逻辑上统一的存储系统。这种存储方式不仅提高了数据的存储能力，还通过并行处理和数据冗余技术，实现了高效的数据访问、处理和容错机制。分布式存储是大数据处理和分析的基石，为数据密集型应用提供了强大的数据支撑和灵活的数据管理能力。

6.3.1.2　分布式存储原理

分布式存储通过将大规模数据集分散存储在网络中的多个节点上，实现数据的高可用、高扩展与负载均衡。它利用哈希、分片等算法将数据合理分片，并跨多个服务器或存储介质存储，同时引入数据冗余备份机制以提高容错能力。分布式文件系统如 HDFS 作为核心技术，有效管理大规模数据集，支持高效读写操作，成为大数据存储的基石。

6.3.1.3　分布式存储架构

分布式存储架构通常包括多个存储节点、元数据管理服务器、客户端以及网络连接等组件。其中，存储节点负责存储实际的数据文件，元数据管理服务器维护数据的元数据（如位置信息、大小、状态等），客户端则提供用户访问数据的接口。各组件之间通过网络连接进行通信和协作，共同完成数据的存储、查询、更新等操作。

（1）节点组成　分布式存储系统由众多存储节点构建，每个节点不仅是数据存储单元，还具备一定的数据处理能力，形成强大而灵活的存储网络。

（2）元数据管理　核心在于全局元数据服务，它如导航系统般记录着数据的位置与状态，确保数据的读写操作高效无误。

（3）数据分片　数据被智能分片并均匀分布于各节点，这一策略不仅优化了负载均衡，还增强了系统的故障隔离能力。

（4）容错机制　通过多副本或先进的纠删码技术，系统构建了坚固的数据保护屏障，即使面对节点故障，数据也能迅速恢复如初。

（5）网络通信 节点间借助高速网络紧密协作，无论是数据读写、副本复制还是节点迁移，均能在毫秒内完成，保证了系统的整体性能和稳定性。

6.3.1.4 分布式文件系统

分布式文件系统采用特定的数据组织方式和访问协议，将大量的数据文件分散存储在多个节点上，并提供统一的文件访问接口。常见的分布式文件系统如 Hadoop HDFS、Ceph 等，均具备高扩展性、高可用性和容错能力，能够满足动力电池大数据的海量存储和高效访问需求。

例如，采用 Hadoop HDFS 或 Ceph 等高性能分布式文件系统，动力电池的实时运行数据、详尽充电记录及关键故障信息得以安全、高效地存储。这些系统通过分布式架构，解决了海量数据存储的难题，保障了数据的完整性与可访问性。利用 MapReduce 或 Spark 等先进大数据处理框架，对存储于分布式文件系统中的动力电池数据进行深度批量分析和数据挖掘。这些框架提供了强大的并行处理能力，能够迅速揭示数据中的隐藏模式与趋势，为优化电池性能、预测故障及提升能源管理效率提供有力支持。

6.3.1.5 分布式数据库

与分布式文件系统不同，分布式数据库不仅关注数据的存储和访问，还强调数据的结构化组织、索引、查询优化等方面。在新能源汽车动力电池大数据管理中，分布式数据库通过数据分片、数据复制等技术，实现数据的分布式存储和高效查询。同时，通过一致性协议和并发控制机制，确保数据的一致性和可靠性。常见的分布式数据库系统包括 HBase、Cassandra 等，它们为动力电池大数据提供了强大的数据管理和分析能力。

6.3.1.6 分布式存储系统的扩展性

分布式存储系统的核心优势之一在于其卓越的扩展性。面对海量数据的快速增长，该系统能够灵活应对，通过水平扩展策略实现存储容量的无缝提升。当数据量逼近当前存储容量上限时，管理者可轻松部署新存储节点，并将其无缝集成至现有系统架构中。这一过程不仅简单快捷，而且能够确保新节点的加入不会对既有数据访问性能造成任何负面影响，真正实现存储容量的线性增长与高效扩容。

6.3.1.7 分布式存储系统的可靠性

在动力电池大数据管理的严苛环境下，分布式存储系统的可靠性显得尤为重要。该系统通过采用多副本或先进的纠删码技术，构建了强大的数据保护机制。即便在部分存储节点因硬件故障、网络问题或其他意外情况导致服务中断时，系统也能迅速利用冗余数据副本进行自动恢复，确保数据的完整性和业务连续性不受影响。这种高可用性与容错性设计，有效降低了因单点故障引发的数据丢失或服务中断风险，为动力电池大数据的安全存储与高效利用提供了坚实保障。

6.3.1.8 分布式存储技术应用案例——动力电池实时监控系统

（1）系统概述 本案例聚焦于动力电池实时监控系统的构建，创新性地融合了分布式存储（Kafka+HDFS）与实时数据处理框架（Spark Streaming）技术。该系统旨在实现对动力电池运行状态的即时监控与精准分析，为新能源汽车的安全运行与高效维护提供坚实保障。

（2）实现方式　系统首先利用 Kafka 作为高效的消息队列，实时捕获并汇集来自车辆传感器的海量动力电池数据。随后，这些数据被无缝对接至 Spark Streaming 处理引擎，通过其强大的实时计算能力，快速分析电池状态、预测潜在故障，并实时生成处理结果。处理完成后，结果数据被安全存储于分布式文件系统中，不仅便于后续的深入分析与数据挖掘，也支持了实时展示与报告生成。

（3）效果评估　该动力电池实时监控系统成效显著。它极大地提高了电池监控的时效性与准确性，实现了从数据采集到故障预警的全程自动化处理。这不仅有效降低了动力电池的故障发生率，还显著减少了因故障导致的车辆停运时间与维修成本，为新能源汽车行业的可持续发展贡献了重要力量。

6.3.1.9　分布式存储技术应用案例——充电站负载均衡优化

（1）背景介绍　随着新能源汽车市场的蓬勃发展，充电站作为关键基础设施，面临日益严峻的负载不均挑战。高峰期部分站点人满为患，而低峰期资源闲置，严重影响了用户的充电体验与充电站的运营效率。

（2）解决方案　为破解此难题，创新性地提出了基于分布式数据库与实时数据分析的负载均衡优化方案。首先，利用分布式数据库高效存储并管理充电站与车辆信息，确保数据的安全性与可扩展性。随后，通过部署实时数据分析系统，精准预测各充电站的充电需求，并据此动态调整资源分配策略，实现充电站间的智能负载均衡。此方案有效缓解了充电高峰期的拥堵问题，显著提升了充电效率与用户满意度。

（3）成果展示　实施该方案后，充电站的整体负载均衡度得到了显著提升，充电等待时间大幅缩短，用户体验迎来了质的飞跃。同时，实时数据处理与智能调度的应用，还促进了能源的高效利用，减少了浪费，为新能源汽车行业的可持续发展注入了新活力。

6.3.1.10　分布式存储技术应用案例——动力电池健康状态远程监测与预警系统

（1）系统描述　随着新能源汽车的普及，动力电池作为其核心部件，其健康状态直接关系到车辆的性能、续航能力及行车安全。为了实现对动力电池的全方位、全天候监控，及时发现并预警潜在问题，设计了一套基于分布式存储与实时数据分析的健康状态远程监测与预警系统。该系统集成了先进的数据存储、处理与分析技术，旨在通过精准的数据洞察，为动力电池的安全运行保驾护航。

（2）技术实现

① 分布式文件系统（如 HDFS）。作为系统底层的数据存储基石，HDFS 负责存储动力电池的海量历史运行数据、详尽的充电记录、温度波动情况等关键信息。其高可靠、高扩展的特性，确保了数据的安全性与可访问性。

② 分布式数据库（如 HBase 或 Cassandra）。为了支持高效的数据查询与分析，系统引入了分布式数据库技术。这些数据库以其优异的读写性能、灵活的数据模型及强大的横向扩展能力，为系统提供了快速的数据检索接口，助力实时数据分析与决策。

③ 实时数据处理引擎（如 Apache Flink 或 Storm）。系统部署了先进的实时数据处理引

擎，对来自车辆传感器的实时数据流进行高速、低延迟的处理。通过计算电池的各项健康指标，如电压、电流、温度变化趋势等，实现对电池状态的即时监控。

④ 机器学习算法与预测模型。结合历史数据与实时数据，系统运用机器学习算法构建电池健康状态预测模型。该模型能够精准预测电池的剩余寿命、故障风险等关键信息，为预警与决策提供科学依据。

⑤ 预警与通知机制。一旦系统检测到电池健康状态异常或潜在风险，将立即触发预警机制。通过云服务平台，将预警信息及时发送给车辆所有者、制造商或维修服务提供商，确保问题得到迅速响应与处理。

(3) 业务价值

① 提高维护效率，降低维护成本。通过实时监测与预警，系统能够提前发现动力电池的潜在问题，避免严重故障的发生，从而显著提高维护效率并降低维护成本。

② 增强车辆安全性，保障用户行车安全。系统的应用有效提升了动力电池的安全性能，减少了因电池故障导致的车辆事故风险，为用户提供了更加安全、可靠的行车环境。

③ 促进数据深度挖掘，助力行业发展。通过对动力电池运行数据的深度挖掘与分析，系统为动力电池的研发、生产及回收等环节提供了宝贵的参考信息，推动了新能源汽车行业的持续健康发展。

6.3.2　云计算存储技术

6.3.2.1　云计算存储技术定义

云计算存储技术是指利用云计算的架构和模式，将海量数据集中存储在云端服务器上，并通过网络为用户提供高效、可扩展、灵活的数据存储与访问服务。这种技术不仅降低了数据存储与管理的成本，还极大地提升了数据的可用性和安全性，是当前大数据时代不可或缺的基础设施之一。在动力电池领域，云计算存储技术的应用尤为关键，它能够有效支持电池全生命周期数据的收集、分析与管理，为新能源汽车行业的智能化发展提供有力支撑。

6.3.2.2　云计算存储平台

云计算存储平台是构建在虚拟化技术之上的数据存储解决方案，它提供了可扩展、高可用性和按需分配的存储资源。平台集成了多种存储设备和技术，如 SSD、HDD 及分布式文件系统，通过统一的接口和管理工具，为用户提供灵活、高效的数据存储服务。用户无须关心底层硬件和架构细节，即可享受高效、安全的数据存储体验。

6.3.2.3　云计算存储平台服务模式

(1) IaaS 云存储服务　IaaS（infrastructure as a service）云存储服务允许用户通过互联网租赁计算资源和存储资源，包括虚拟机、存储卷和网络连接等。用户可根据自身需求动态调整资源规模，实现按需付费。这种服务模式降低了企业的 IT 成本，提高了资源利用率，使得企业能够更专注于业务发展。

(2) PaaS 云存储服务　PaaS（platform as a service）云存储服务不仅提供计算资源和存储资源，还包含开发工具、中间件和数据库等服务。用户无须自行搭建开发环境，即可在云端快速开发和部署应用。PaaS 云存储服务简化了应用开发和部署流程，降低了技术门槛，加速了产品上市时间。

（3）SaaS 云存储服务 SaaS（software as a service）云存储服务是一种基于互联网的软件交付模式，用户无须在本地安装软件，只需通过网络访问服务提供商提供的在线应用。这类服务通常包括文件共享、数据备份、归档等存储相关功能，用户只需按使用量或订阅期限付费，即可享受便捷、高效的数据管理服务。SaaS 云存储服务降低了用户的 IT 运维成本，提升了工作效率。

6.3.2.4　动力电池数据上云策略与步骤

将动力电池数据迁移至云端，需要制定明确的上云策略和详细的实施步骤。首先，应对现有数据资产进行全面梳理，明确哪些数据需要上云、哪些数据适合本地存储。其次，选择合适的云计算服务提供商和存储方案，考虑成本、性能、安全等多方面因素。接着，制订详细的数据迁移计划，包括数据清洗、转换、加密等步骤，确保数据在迁移过程中的准确性和安全性。最后，完成数据迁移并进行测试验证，确保云上数据存储与访问服务的稳定可靠。

6.3.2.5　云计算存储的数据安全与隐私保护

在云计算环境下，动力电池数据的安全与隐私保护至关重要。为了保障数据的安全性，企业应采取多种措施，如数据加密、访问控制、审计日志等。同时，与云计算服务提供商签订严格的数据保护协议，明确双方责任和义务。此外，还应定期进行安全风险评估和漏洞扫描，及时发现并修复潜在的安全隐患。在隐私保护方面，企业应严格遵守相关法律法规，确保用户隐私信息不被泄露或滥用。

6.3.2.6　弹性扩展与按需付费在动力电池数据管理中的应用

云计算存储技术的弹性扩展与按需付费特性，在动力电池数据管理中具有显著优势。随着新能源汽车市场的不断扩大和动力电池数据的快速增长，企业可以根据实际需求灵活调整存储容量和计算能力，无须担心资源不足或浪费问题。同时，按需付费的计费模式也降低了企业的成本负担，使其能够更加专注于核心业务的发展。

6.3.2.7　云计算存储实例分析——国内外典型平台对比

（1）亚马逊 亚马逊云计算业界领先，以全球布局的基础设施、多元化服务及强大行业生态为基，引领行业风向。其存储服务全面覆盖对象存储与块存储，保障数据高可用、灵活扩展与绝对安全。尤其适合跨国企业与大型互联网企业，满足全球数据存储与访问需求，服务高度灵活可定制。然而，面对数据跨境挑战，成本或上升，且需细致应对各国合规与税务差异。

（2）微软 微软依托深厚技术积累与全球企业市场影响力，推出与 Office、Dynamics 紧密集成的云服务，其对象与块存储方案助力企业高效管理数据。尤其适合深植微软生态或拥有大量微软技术基础的企业，实现无缝迁移与集成。然而，微软云服务在某些区域或行业亦需应对合规挑战及可能上升的成本，尤其是涉及数据跨境与特定行业规范时。

（3）阿里云 阿里云作为中国云计算领军者，凭借本土化服务、精准定制方案及广泛的数据中心网络，在中国市场优势显著。其存储产品线丰富，满足企业多元需求。尤其适合本土企业及中小型创新企业，快速响应市场，提供高性价比方案。在国际市场扩展中，阿里云正努力提升全球服务能力和品牌影响力，以应对国际竞争与挑战。

（4）腾讯云　腾讯云依托在游戏、社交、媒体领域的深厚积累，推出了一系列面向垂直行业的云存储解决方案，涵盖对象存储与块存储等，特别是在游戏、视频、金融等领域展现出卓越实力与丰富经验。其专业化服务赢得了广泛认可，但面对全球市场的激烈竞争，腾讯云仍需不断强化服务布局和技术创新，以巩固并扩大其市场优势。

（5）对比分析

① 性能与可扩展性。亚马逊和微软在全球范围内拥有广泛的网络覆盖和强大的计算资源，能够提供高可用性和高可扩展性的存储服务。阿里云和腾讯云在国内市场同样表现出色，但在全球范围内仍需加强。

② 成本效益。不同平台的成本结构各异，企业需根据自身业务需求、预算限制和长期发展规划来选择。一般而言，阿里云和腾讯云在国内市场具有较高的性价比，而亚马逊和微软在跨国运营时可能面临更高的成本。

③ 服务与支持。各平台均提供完善的技术支持和客户服务体系，但服务响应速度、问题解决能力和定制化服务能力存在差异。企业应根据自身需求选择合适的合作伙伴。

④ 合规性与安全性。随着数据保护法规的日益严格，企业在选择云存储平台时需关注其合规性和安全性。不同平台在数据加密、访问控制、合规审计等方面有不同的优势和限制。

国内外典型云计算存储平台各具特色，企业在选择时应综合考虑自身业务需求、市场定位、成本预算、合规要求等因素。通过对比分析各平台的优缺点和适用场景，企业可以更加明智地做出选择，为数字化转型奠定坚实的基础。

6.3.3　数据仓库技术

6.3.3.1　数据仓库的定义

数据仓库是一个面向主题的、集成的、非易失的且随时间不断变化的数据集合，它主要用于支持企业或组织的决策分析过程。与传统数据库不同，数据仓库更侧重于数据的整合、清洗、转换和存储，以便为复杂的查询和分析提供高效的数据支持。在动力电池管理领域，数据仓库技术的应用对于电池性能分析、寿命预测及优化策略制定具有至关重要的作用。

6.3.3.2　数据仓库的架构

数据仓库的架构组成包括数据源层、数据整合层、数据存储层、数据访问层以及应用层。

（1）数据源层　数据源层是数据仓库的基石，负责收集并汇聚来自企业各业务系统的原始数据。这些数据源广泛多样，包括但不限于企业内部的关系数据库、非关系数据库、日志文件、外部数据源等。数据源层确保数据的全面性和实时性，为后续的数据处理提供丰富的素材。通过有效管理和维护数据源，企业能够确保数据仓库的数据源质量和可靠性。

（2）数据整合层　数据整合层是数据仓库架构中的关键环节，负责将来自不同数据源的数据进行清洗、转换和整合。在这一层，数据被标准化、规范化，以确保数据的一致性和准确性。数据整合层通过数据提取、转换、加载等过程，将分散的原始数据转化为统一格式的数据集，为后续的数据分析和应用提供有力支持。

（3）数据存储层 数据存储层是数据仓库的核心，负责安全、高效地存储整合后的数据。它采用高性能的数据库系统和存储技术，确保数据能够快速响应查询请求，并支持大规模数据的并发访问。数据存储层的设计需考虑数据的可扩展性、可靠性和安全性，以应对企业日益增长的数据处理需求。

（4）数据访问层 数据访问层为数据仓库的使用者提供便捷的数据访问接口。它支持SQL（structured query language，结构化查询语言）查询、BI（business intelligence，商业智能）工具集成、API（application programming interface，应用程序编程接口）服务等多种访问方式，满足不同用户群体的数据需求。数据访问层还具备数据缓存、查询优化等功能，提高数据访问效率，降低系统负载。通过灵活的数据访问方式，企业能够更好地利用数据仓库中的数据资源。

（5）应用层 应用层是数据仓库的最终目的所在，基于存储层的数据开发各类应用。这些应用包括报表系统、数据可视化工具、预测模型等，为企业的决策制定提供有力的数据支持。应用层根据业务需求定制开发，帮助企业管理者快速获取业务洞察，指导业务决策。通过应用层，数据仓库的价值得以充分发挥，推动企业实现数字化转型。

6.3.3.3 动力电池数据仓库的设计与构建

动力电池数据仓库的设计与构建需充分考虑电池数据的特性，如数据类型多样、更新频繁、关联复杂等。首先，需明确数据仓库的主题域，如电池基本信息、充电记录、放电记录、温度数据等。其次，设计合理的数据模型，如星型模型或雪花模型，以优化查询性能。同时，需考虑数据的加载策略和更新机制，确保数据仓库中的数据始终保持最新状态。在构建过程中，还需关注数据的安全性、备份与恢复策略，以及系统的可扩展性和可维护性。

6.3.3.4 数据仓库在性能分析与寿命预测中的应用

数据仓库为动力电池的性能分析和寿命预测提供了强大的数据支持。通过对电池历史数据的深度挖掘和分析，可以识别影响电池性能的关键因素，如充电习惯、使用环境等。同时，结合机器学习算法和预测模型，可以对电池的剩余寿命进行精准预测，为制造商、运营商和用户提供有力的决策依据。此外，数据仓库还支持对电池性能的实时监控和预警，帮助及时发现并解决潜在问题。

6.3.3.5 数据仓库的维护与优化策略

数据仓库的维护与优化是确保其长期稳定运行的关键。首先，需定期检查和清理无效数据和冗余数据，以优化存储空间和查询性能。其次，根据业务需求和数据增长情况，适时调整数据仓库的架构和资源配置。同时，还需关注数据仓库的性能瓶颈和故障点，制定相应的应对措施和预案。此外，加强数据仓库的安全管理，确保数据不被非法访问或篡改。

6.3.3.6 数据仓库应用案例——电池性能分析

（1）数据仓库的构建

① 主题域定义。在动力电池管理系统中，定义了五大核心主题域，全面覆盖电池的基础信息、使用行为、性能评估及安全监控。电池基本信息域涵盖了序列号、型号、制造商、

生产日期、额定容量等关键要素；充电记录域详细追踪每次充电的起止时间、充电量及速率，反映电池充电性能；放电记录域关注放电过程中的电流、电压、功率及荷电状态，用于评估电池放电效率和稳定性；温度数据域实时监控电池在各类工况下的温度变化，分析热管理效果及其对电池性能的影响；故障与告警域详细记录电池故障类型、时间、原因及处理措施，为后续的故障分析和预防措施提供坚实的数据支撑。

② 数据整合与清洗。利用数据提取、转换和加载工具，从多个数据源中提取数据，并进行清洗和转换，确保数据的准确性、完整性和一致性。通过数据整合，形成跨主题域的高质量数据集，为后续分析奠定基础。

(2) 电池性能分析系统的开发　基于构建的数据仓库，该制造商开发了电池性能分析系统，主要包括以下几个功能模块。

① 实时监控。通过可视化界面，实时展示电池能量效率、循环寿命、温度分布等关键指标，确保对电池状态的即时掌握。

② 性能评估。运用统计分析、数据挖掘等方法，对电池性能进行全面评估，识别性能异常和潜在问题。

③ 关键因素分析。通过关联分析和因果推断，揭示影响电池性能的关键因素，如材料配方、制造工艺、使用环境等。

④ 预测模型。构建基于历史数据的预测模型，预测电池未来性能表现，包括剩余寿命、容量衰减趋势等，为电池维护和更换提供科学依据。

(3) 实施成效

① 性能优化。通过对电池性能的深入分析，制造商发现了多个影响性能的关键因素，并据此对电池设计和生产流程进行了优化，显著提升了电池的能量效率、循环寿命和安全性。

② 市场竞争力提升。优化后的电池产品凭借卓越的性能表现，赢得了市场的广泛认可，提升了制造商的市场竞争力和品牌形象。

③ 智能化发展。该案例的成功实施为新能源汽车行业的智能化发展提供了有益的探索和借鉴，推动了整个行业向数据驱动、智能决策的方向发展。

(4) 结论与展望　本案例展示了数据仓库技术在动力电池性能分析中的巨大潜力。通过构建数据仓库、开发性能分析系统，制造商不仅实现了对电池性能的实时监控和精准评估，还通过数据分析发现了性能优化的新路径。随着新能源汽车市场的不断扩大和电池技术的持续进步，数据仓库技术将在电池性能分析领域发挥更加重要的作用，推动新能源汽车行业向更高水平发展。

6.3.4　数据湖技术

6.3.4.1　数据湖的定义

数据湖是一种集中式存储平台，它采用扁平化架构来存储企业内所有类型的数据，无论是结构化、半结构化还是非结构化数据，都以一种原始、未加工的形式被统一存储。与传统的数据仓库不同，数据湖不强调数据在存储前的清洗和转换，而是提供一个灵活的环境，让数据科学家、分析师和业务用户能够根据需要自由访问、探索和分析数据。

6.3.4.2　数据湖的优势

（1）灵活性　数据湖允许存储各种类型的数据，无须事先定义数据模式，为未来的数据分析和挖掘提供了极大的灵活性。

（2）成本效益　由于采用单一存储平台，减少了多个独立系统之间的数据移动和复制成本，同时支持按需扩展，降低了总体拥有成本。

（3）全面分析　保留了数据的原始性和多样性，支持更全面的数据分析和探索，有助于发现隐藏的洞察和机会。

（4）实时性　现代数据湖技术结合流处理能力，能够实现数据的实时采集和处理，支持对实时业务场景的快速响应。

6.3.4.3　数据湖在动力电池多源数据整合中的作用

在动力电池管理中，数据来源广泛且多样，包括车辆行驶数据、电池状态数据、充电站数据等。数据湖作为统一的数据存储平台，能够轻松整合这些多源异构数据，为后续的数据分析和应用提供基础。通过数据湖，企业可以构建一个全面的动力电池数据视图，支持从多个维度对电池性能、健康状况和使用情况进行深入分析。

6.3.4.4　数据湖中的数据处理与分析工具

数据湖中集成了多种数据处理和分析工具，如大数据处理框架（如 Hadoop、Spark）、机器学习库（如 TensorFlow、PyTorch）和可视化工具（如 Tableau、Power BI）等。这些工具支持从数据清洗、转换到建模、预测的整个数据处理流程，帮助用户高效地从海量数据中提取有价值的信息。在动力电池领域，这些工具可以用于构建电池性能分析模型、寿命预测模型以及故障预警模型等。

6.3.4.5　数据湖在探索性数据分析中的应用

探索性数据分析是指在没有明确假设或目标的情况下，对数据集进行初步的探索和分析，以发现其中的模式和关系。数据湖为这种类型的数据分析提供了理想的平台。在动力电池管理中，分析师可以利用数据湖中的工具对电池数据进行自由探索和挖掘，发现影响电池性能的关键因素、识别潜在的故障模式以及评估不同因素对电池寿命的影响等。

6.3.4.6　数据湖应用案例——动力电池故障预警模型构建

（1）数据湖技术的应用背景　数据湖作为一种大规模数据存储架构，能够灵活存储和处理多样化的原始数据，包括结构化、半结构化和非结构化数据。对于新能源汽车制造商而言，动力电池的数据来源广泛且复杂，包括但不限于充电记录、放电记录、温度数据、故障与告警等。这些数据蕴含着丰富的电池性能信息和潜在故障信号，但传统数据仓库难以有效应对其多样性和海量性。因此，引入数据湖技术成为构建故障预警模型的关键一步。

（2）案例实施过程

① 数据收集与存储。首先，该制造商建立了统一的数据收集机制，将来自不同业务系统、传感器和车辆的数据实时或定期地导入数据湖中。这些数据被存储在分布式存储系统中，支持高并发访问和海量数据处理。

② 数据清洗与整合。由于原始数据存在噪声、缺失和格式不一致等问题，需要进行数据清洗和整合。通过制订数据清洗规则，使用数据提取、转换与加载工具对数据进行处理，确保数据的准确性和一致性。同时，将多源数据整合为统一格式的数据集，为后续分析提供基础。

③ 特征提取与模型训练。在数据准备完成后，利用机器学习算法对数据进行训练和分析。首先，通过特征工程提取电池故障相关的关键特征，如充放电曲线的异常变化、温度波动模式等。然后，选择合适的机器学习模型（如随机森林、神经网络等）进行训练，识别电池故障的前兆特征和模式。

④ 故障预警模型构建。基于训练好的模型，构建动力电池故障预警系统。该系统能够实时监测电池状态，并根据预设的阈值和算法逻辑判断电池是否存在故障风险。一旦检测到潜在故障，系统将立即发出预警信息，提醒相关人员进行处理。

（3）成效与影响

① 提高故障响应速度。通过实时监测和预警，制造商能够迅速响应电池故障，减少故障对车辆运营的影响。

② 降低维修成本。提前发现并处理故障，避免了因电池故障导致的车辆停运和大规模维修，显著降低了维修成本。

③ 提升用户体验。减少因电池故障导致的车辆故障率，提高了新能源汽车的可靠性和用户满意度。

④ 促进技术创新。数据湖技术的应用和故障预警模型的构建，为新能源汽车制造商积累了宝贵的数据资产和技术经验，推动了技术创新和产业升级。

（4）结论与展望 本案例展示了数据湖技术在动力电池故障预警领域的应用潜力和实际成效。通过整合多源数据、运用机器学习算法构建预警模型，实现了对电池故障的实时监测和预警。随着新能源汽车市场的进一步发展和技术的不断进步，数据湖技术将在电池健康管理、性能优化等方面发挥更加重要的作用，为新能源汽车行业的智能化发展提供有力支撑。

6.4 动力电池大数据处理技术

6.4.1 数据清洗技术

6.4.1.1 去除异常值

（1）异常值的定义与影响 异常值又称为离群点，是指一个数据集中与其他观测值相比存在显著差异的数据点。在新能源汽车动力电池的数据集中，异常值可能表现为异常高的充放电速率、不合常理的温度波动或极端的能量效率等。这些异常值不仅破坏了数据的正常分布，还可能使统计参数（如均值、标准差）偏离真实情况，从而导致基于这些数据的统计分析结果和模型预测结果不准确，甚至误导决策。

（2）异常值检测方法

① 基于统计的方法。如标准差法、四分位数间距法等，通过计算数据的统计量（如均值、标准差、四分位数等）来识别异常值。

② 基于距离的方法。如 K 最近邻算法，通过计算数据点之间的距离来识别孤立点作为异常值。

③ 基于密度的方法。如局部异常因子算法，通过比较数据点与其邻域内其他点的密度差异来识别异常值。

（3）异常值处理策略

① 删除。对于数量较少且对整体数据影响不大的异常值，可以选择直接删除。这种方法简单直接，但需注意避免删除过多可能导致信息丢失。

② 替换。使用均值、中位数、众数等统计量替换异常值，以减少其对数据分析的影响。这种方法保留了数据的完整性，但可能引入一定的偏差。

③ 保留。在某些情况下，异常值可能包含重要信息（如极端工况下的数据），因此可以选择保留并单独分析。这有助于深入理解数据的特殊情况，但需注意避免在总体分析中引入不必要的干扰。

6.4.1.2 数据格式统一

（1）数据格式不一致的问题 新能源汽车动力电池的数据收集涉及多个环节和多种设备，如电池管理系统、充电站、车载传感器等。这种多元化的数据来源导致数据格式呈现出显著的差异。时间戳格式的不统一、物理量单位的混乱以及数据类型的不匹配等问题，不仅使得数据整合变得复杂，还可能导致数据分析结果的偏差。因此，解决数据格式不一致的问题是进行高效数据分析的先决条件。

（2）数据格式统一的方法

① 时间戳统一。为确保时间数据的可比性，需要将所有时间戳转换为统一的格式。这通常包括选择世界标准时间或特定时区的本地时间作为基准，并应用相应的转换规则将其他时间格式统一到该基准上。

② 单位统一。对于电压、电流等物理量，应将其单位转换为国际标准的单位，如伏特（V）和安培（A）。这一步骤有助于消除因单位不一致而产生的混淆，确保数据分析结果的准确性。

③ 数据类型转换。根据数据分析的具体需求，可能需要对文本型数据进行数值化处理，或将数值型数据转换为更适合分析的格式（如将分类变量转换为哑变量）。这些转换有助于简化数据分析过程并提高分析效率。

④ 数据标准化处理。为了消除不同量纲对数据分析的影响，需要对数据进行标准化处理。常用的标准化方法包括归一化和 Z-score 标准化等。这些方法可以使不同物理量或不同规模的数据能够在同一尺度上进行比较和分析。

（3）数据格式统一的工具与平台

① 编程语言。Python 和 R 等编程语言提供了强大的数据处理能力，通过调用 Pandas、NumPy 等数据处理库可以实现高效的数据格式统一操作。这些语言灵活性强，适用于复杂的数据处理场景。

② 数据处理软件。Excel 和 SPSS 等数据处理软件具有直观的用户界面和丰富的数据处理功能，适合小规模数据的格式统一工作。这些软件操作简便，适合非专业程序员使用。

③ 大数据处理平台。对于新能源汽车动力电池这样的大数据集，Hadoop 和 Spark 等大数据处理平台提供了分布式处理能力，可以高效地处理大规模数据的格式统一和清洗工作。

这些平台支持复杂的数据处理流程，并能够在短时间内完成大量数据的处理工作。

6.4.2 数据整合技术

6.4.2.1 跨平台整合

（1）跨平台整合的意义 跨平台整合的意义在于打破各平台间的技术壁垒，实现数据的互联互通与共享。它不仅能够消除数据孤岛，构建统一的数据视图，还能促进数据的深度融合与高效利用。对于新能源汽车动力电池而言，跨平台整合具有以下意义。

① 提升数据价值。通过整合多源数据，获得更全面、准确的电池性能信息，为精准分析、预测与维护提供数据支持。

② 优化运营决策。基于整合后的数据，企业可以制订更加科学合理的运营策略，提升运营效率和服务质量。

③ 增强用户体验。通过数据分析，及时发现并解决电池使用过程中的问题，提升用户满意度和忠诚度。

（2）跨平台整合的方法

① 数据接口标准化。数据接口标准化是实现跨平台整合的基础。通过制订统一的数据格式、传输协议和访问权限标准，确保不同平台间的数据能够顺畅交换。这要求各平台遵循统一的接口规范，减少数据交换过程中的障碍和错误。

② 数据中间件。数据中间件作为跨平台整合的桥梁，负责处理数据的集中管理、转换和分发。它能够适应不同平台的数据异构性，将多种格式的数据转换为统一格式，并提供灵活的数据访问接口。通过数据中间件，企业可以实现数据的快速整合与共享，提高数据处理效率。

③ 云平台整合。云平台凭借其强大的计算能力和存储能力，成为跨平台整合的理想选择。将各平台的数据上传至云平台，利用云平台的资源优势和丰富的数据分析工具，实现数据的集中存储、处理和分析。云平台还支持多租户模式，确保不同企业间的数据隔离与安全。

（3）面临的挑战 尽管跨平台整合具有显著的优势和重要意义，但在实施过程中仍面临以下挑战。

① 数据安全性。数据在跨平台传输过程中可能面临泄露、篡改等安全风险。因此，如何确保数据的安全性成为跨平台整合的一大挑战。企业需要采用加密技术、访问控制等安全措施，保障数据在传输和存储过程中的安全性。

② 数据一致性。不同平台的数据可能因采集方式、处理逻辑等因素而存在差异。在整合过程中，如何确保数据的一致性和准确性是亟待解决的问题。企业需要建立数据校验机制，对整合后的数据进行质量检查和修正，确保数据的可靠性和准确性。

③ 技术复杂度。跨平台整合涉及多个系统的集成与协调，技术实现上较为复杂。企业需要具备专业的技术团队和丰富的项目经验，以应对各种技术难题和挑战。同时，还需要关注技术发展趋势，及时更新和优化整合方案，确保系统的稳定性和可扩展性。

6.4.2.2 跨时间整合

（1）跨时间整合的意义 跨时间整合新能源汽车动力电池的数据旨在构建电池性能的时

间序列模型，从而揭示电池性能随时间变化的趋势和影响因素。这一过程不仅有助于深入了解电池老化的机理，还能为电池维护策略的制订、性能优化及寿命预测提供科学依据。通过跨时间整合，企业可以更加精准地把握电池性能的变化规律，为产品的持续改进和市场策略的调整提供有力支持。

（2）跨时间整合的方法

① 时间序列分析。时间序列分析是跨时间整合的核心方法之一。通过对电池性能数据进行趋势分析、季节性分析、周期性分析等，可以清晰地展现出电池性能随时间变化的轨迹。这些分析有助于识别电池性能变化的关键节点和转折点，为后续的维护和优化工作提供指导。

② 数据仓库与数据挖掘。建立专门的数据仓库，将来自不同时间点的电池性能数据整合存储，是实现跨时间整合的基础。在数据仓库的基础上，运用数据挖掘技术，如聚类分析、关联规则挖掘等，可以深入探索数据之间的隐藏模式和关联关系，揭示电池性能变化背后的深层次原因。

③ 可视化技术。可视化技术是将复杂数据转化为直观易懂图形或图像的有效手段。在跨时间整合过程中，利用可视化技术将时间序列数据以图表、曲线等形式展示，可以极大地提高数据分析的效率和准确性。通过可视化展示，分析人员可以更加直观地洞察数据背后的规律和趋势，为决策提供有力支持。

（3）面临的挑战

① 数据完整性。跨时间整合要求确保数据的完整性和一致性。然而，在实际操作中，由于数据采集设备故障、网络传输中断等原因，可能会导致部分数据丢失或损坏。这不仅会影响数据分析的准确性，还可能误导决策。因此，在跨时间整合过程中，需要采取有效的数据质量控制措施，确保数据的完整性和可用性。

② 数据量庞大。随着新能源汽车市场的不断扩大和时间的推移，动力电池的数据量将呈现爆炸式增长。面对如此庞大的数据集，如何高效地进行处理和分析成为一大挑战。这要求企业具备强大的数据处理能力和高效的计算资源，以支持大规模数据的跨时间整合和分析工作。

③ 分析深度与精度。跨时间整合不仅需要处理大量的数据，还需要深入挖掘数据背后的规律和趋势。这对分析方法和工具的精度及深度提出了更高要求。传统的数据分析方法可能难以应对复杂多变的电池性能数据，因此需要不断探索和创新的分析技术及工具，以提高分析的精度和深度。同时，还需要加强跨学科合作，引入物理学、化学等领域的专业知识，为电池性能分析提供更加全面的视角和支持。

6.5 动力电池大数据分析技术

6.5.1 性能评估技术

6.5.1.1 电池寿命预测

（1）电池寿命预测的重要性　电池寿命是评价新能源汽车动力电池性能的重要指标，它直接反映了电池在使用过程中的耐久性和可靠性。准确的电池寿命预测对于新能源汽车产业链的各个环节都具有重要意义。

① 制造商层面。通过预测数据，制造商可以评估电池设计的合理性，优化生产工艺，提升产品质量，降低因电池故障导致的召回风险。

② 运营商层面。运营商可根据预测结果制订科学的维护计划，合理安排电池更换周期，减少因电池老化带来的运营损失。

③ 用户层面。用户能够根据电池寿命预测信息，合理安排充电和使用计划，延长电池使用寿命，降低使用成本。

（2）大数据分析在电池寿命预测中的应用　大数据技术的快速发展为电池寿命预测提供了强有力的技术支持。通过收集、处理、分析和挖掘动力电池的运行数据，可以建立精确的电池寿命预测模型。

① 数据收集与预处理。数据收集是电池寿命预测的第一步，需要全面收集动力电池在不同工况下的运行数据，包括电压、电流、温度、充放电循环次数等。随后，对数据进行清洗、去噪、缺失值填补等预处理工作，确保数据的准确性和完整性。

② 特征提取。在预处理后的数据中，提取与电池寿命密切相关的特征参数是建立预测模型的关键。这些特征参数可能包括电池内阻变化、容量衰减率、温度波动等，它们能够反映电池老化的过程和程度。

③ 建模与预测。利用机器学习、深度学习等大数据分析技术，建立电池寿命预测模型。这些模型可以通过学习历史数据中的规律，实现对未来电池寿命的预测。常见的模型包括线性回归模型、时间序列分析模型、神经网络模型等。每种模型都有其特点和适用范围，需根据具体情况选择合适的模型进行预测。

④ 结果验证与优化。预测模型建立后，需要通过实际电池寿命数据进行验证，以评估模型的准确性和可靠性。同时，根据验证结果不断调整和优化模型参数，提高预测精度。此外，随着数据的不断积累和新技术的不断涌现，还需要对模型进行定期更新和升级，以适应电池性能的变化和预测需求的提高。

（3）面临的挑战　尽管大数据分析在电池寿命预测中展现出了巨大的潜力，但仍面临诸多挑战。

① 数据多样性。新能源汽车动力电池的运行数据具有多样性特点，不同车型、不同使用条件下的数据差异较大。这要求预测模型能够具备较强的泛化能力，以适应不同数据集的差异。

② 非线性与不确定性。电池寿命受多种因素影响，如温度、充放电倍率、循环次数等，这些因素之间的相互作用具有非线性和不确定性的特点。这使得预测模型难以完全捕捉电池寿命的变化规律，增加了预测的难度。

③ 实时性要求。电池寿命预测需要具备一定的实时性，以便及时调整电池使用策略。然而，大数据分析通常涉及复杂的计算过程和庞大的数据量处理，这对数据处理和分析的速度提出了更高要求。如何在保证预测精度的同时提高处理速度是未来需要解决的重要问题之一。

6.5.1.2　能量效率分析

（1）能量效率分析的意义　能量效率是衡量电池在充放电过程中能量转换效率的关键指标，它反映了电池将输入电能转化为可用电能或储存电能的能力。通过能量效率分析，可以深入了解电池在不同工况下的性能表现，识别能量损耗的主要环节，为优化电池管理系统、提高整车能效提供科学依据。具体来说，能量效率分析具有以下意义。

① 指导电池设计。通过分析不同设计参数对能量效率的影响，为电池的结构优化、材料选择提供数据支持。

② 优化充放电策略。研究不同充放电策略下的能量效率变化，制定更加高效、节能的充放电方案。

③ 提升整车能效。基于能量效率分析结果，调整整车动力分配策略，减少能量浪费，提高整车续航能力。

（2）大数据分析在能量效率分析中的应用　大数据技术的快速发展为能量效率分析提供了强大的技术支持。通过收集、处理和分析动力电池在充放电过程中的海量数据，可以更加全面、准确地评估电池的能量效率。

① 数据收集。利用传感器网络、车联网等技术手段，实时收集新能源汽车动力电池在充放电过程中的电压、电流、温度等关键参数数据。

② 能量损耗计算。基于收集到的数据，运用物理模型或机器学习算法，计算电池在充放电过程中的内阻损耗、热损耗等能量损耗项。

③ 效率评估。通过比较电池输入能量与输出能量的比值，评估电池的能量效率。同时，利用大数据分析技术，挖掘不同充放电策略、不同温度条件下电池能量效率的变化规律，为优化提供方向。

④ 优化建议。基于能量效率分析结果，结合电池管理系统的实际需求，提出优化电池管理系统、改进充放电策略的具体建议。这些建议旨在减少能量损耗、提高能量转换效率，从而提升整车能效。

（3）面临的挑战　尽管大数据分析在能量效率分析中展现出巨大潜力，但仍面临诸多挑战。

① 数据精度。能量效率分析对数据精度要求较高，任何微小的数据误差都可能对分析结果产生显著影响。因此，需要采取多种措施确保数据收集、传输、处理过程中的准确性和可靠性。

② 多因素耦合。能量效率受多种因素共同影响，包括电池状态、充放电策略、环境温度等。如何准确评估这些因素之间的相互作用及其对能量效率的影响是一个复杂的问题。需要运用先进的数据分析技术和模型来揭示这些复杂关系。

③ 实时性与准确性平衡。在实时性要求较高的场景中（如在线监测、动态调整充放电策略等），如何在保证数据实时性的同时确保分析结果的准确性是一个需要解决的问题。这要求在算法设计、数据处理流程等方面进行优化和创新。

6.5.2　故障诊断技术

6.5.2.1　故障预警

（1）故障预警的重要性　新能源汽车动力电池系统复杂，工作环境多变，一旦出现故障，不仅可能影响车辆的正常运行，还可能引发安全隐患。因此，故障预警作为预防性维护的关键环节，具有以下几个方面的重要性。

① 减少停运时间。通过实时监测电池状态，提前发现潜在故障迹象，为维修人员提供

足够的准备时间，从而减少因故障导致的车辆停运时间，保障车辆的高效运行。

② 降低维修成本。故障预警能够在故障初期就介入处理，避免故障扩大造成的更大损失，有效降低维修成本。

③ 提升用户体验。减少因故障导致的车辆停用，提升用户的使用体验，增强用户对新能源汽车的信心和满意度。

④ 保障行车安全。及时发现并处理电池故障，防止因电池故障引发的火灾、爆炸等安全事故，保障驾乘人员的生命安全。

(2) 大数据分析在故障预警中的应用 大数据技术的发展为新能源汽车动力电池故障预警提供了强大的技术支持。通过收集、处理和分析电池运行数据，可以实现对电池状态的实时监测和预警。

① 实时监测与数据采集。利用传感器等设备，实时监测新能源汽车动力电池的各项关键参数，如电压、电流、温度、内阻等，并将这些数据实时传输至数据中心。这些数据是后续分析和预警的基础。

② 异常检测算法。运用大数据分析中的异常检测算法，对采集到的海量数据进行深度挖掘和分析。这些算法能够识别出与正常状态偏离较大的异常数据点，揭示电池可能存在的故障迹象。

③ 预警模型构建。基于历史故障数据和专家经验，构建故障预警模型。该模型能够学习并识别出电池故障前的特征模式，当实时监测数据符合这些特征模式时，即触发预警信号。预警模型的构建需要不断迭代和优化，以提高预警的准确性和可靠性。

④ 预警信息推送。将预警信息及时推送给维修人员或车辆管理系统。通过短信、邮件、手机应用程序消息推送等方式，确保相关人员能够迅速获取预警信息，并采取相应的措施进行故障排查和维修。

(3) 面临的挑战 尽管大数据分析在新能源汽车动力电池故障预警中展现出巨大潜力，但仍面临诸多挑战。

① 数据质量。实时监测数据的质量直接影响预警的准确性。由于传感器故障、数据传输中断等原因，可能导致数据不完整、不准确或存在噪声。因此，需要建立完善的数据质量管理体系，确保数据的完整性、准确性和实时性。

② 模型精度。预警模型的精度受到多种因素的影响，如数据样本的代表性、算法的选择与调优等。为提高模型精度，需要不断收集更多、更全面的历史故障数据，优化算法参数，并进行多轮次的训练和验证。

③ 实时性要求。故障预警需要具备一定的实时性，以便在故障发生前及时发出预警信号。这对数据处理和分析的速度提出了较高要求。因此，需要采用高性能的数据处理技术和算法，优化数据处理流程，提高数据处理和分析的效率。

6.5.2.2 故障原因分析

(1) 故障原因分析的意义 故障原因分析是新能源汽车动力电池故障诊断与维护的核心环节。其重要性主要体现在以下几个方面。

① 精确定位故障。通过深入分析，可以准确判断故障的性质和位置，避免盲目维修，提高维修效率。

② 制订科学维修方案。基于故障原因的明确，可以制订针对性的维修策略，减少不必

要的损失和成本。

③ 提升电池性能。故障原因的分析有助于发现设计或制造中的缺陷，为改进电池技术和工艺提供依据，从而提高电池的可靠性和耐久性。

④ 预防类似故障。通过总结故障规律，可以提出预防措施，减少类似故障的再次发生，提升车辆整体运行安全。

（2）大数据分析在故障原因分析中的应用　大数据分析技术的快速发展为新能源汽车动力电池故障原因分析提供了强大的支持。通过收集、处理和分析海量数据，可以更加深入、全面地揭示故障的本质。

① 故障数据收集。全面收集动力电池在故障发生前后的各项参数数据，包括电压、电流、温度、内阻等物理量，以及故障现象描述、维修记录等信息。这些数据是后续分析的基础。

② 数据关联分析。运用大数据分析中的关联分析技术，挖掘故障数据与电池运行状态、使用环境（如温度、湿度、振动等）、充电习惯等因素之间的潜在关联关系。通过构建数据关联网络，揭示故障发生的内在逻辑。

③ 故障模式识别。基于历史故障数据和专家经验，构建故障模式识别模型。该模型能够自动识别出不同类型的故障模式，如过充、过放、短路、热失控等，并给出相应的故障原因。通过机器学习算法的不断优化，提高模型的识别精度和泛化能力。

④ 原因分析报告。根据关联分析和模式识别的结果，生成详细的故障原因分析报告。报告应包含故障发生的可能原因、影响范围、危害程度以及建议的维修措施等内容。同时，报告还应考虑到故障预防的策略和建议，为后续工作提供参考。

（3）面临的挑战　尽管大数据分析在新能源汽车动力电池故障原因分析中展现出巨大潜力，但仍面临诸多挑战。

① 数据复杂性。动力电池的故障数据往往具有高度的复杂性和多样性，涉及多个参数和变量之间的非线性关系。这要求采用先进的数据处理和分析技术来揭示其内在规律，提高分析的准确性和可靠性。

② 知识库建设。构建完善的故障知识库是进行故障原因分析的重要基础。然而，随着新能源汽车动力电池技术的快速发展和更新换代，知识库的建设和维护变得尤为困难。需要不断更新知识库内容，确保其与当前技术水平相匹配。

③ 跨学科合作。故障原因分析涉及电化学、材料科学、机械工程、计算机科学等多个学科领域的知识和技术。这要求不同学科领域的专家加强合作与交流，共同解决复杂问题。同时，也需要培养跨学科的综合型人才，以满足新能源汽车产业对专业人才的需求。

6.6　动力电池大数据可视化技术

6.6.1　图表展示技术

6.6.1.1　实时数据监控的图表展示

（1）图表类型与功能

① 仪表盘与仪表板。仪表盘与仪表板是实时数据监控中最直观、最常用的展示方式之

一。它们通过数值和指针的形式，快速概览电池的关键参数，如电压、电流、温度等。这些参数能够实时反映电池的工作状态和健康状况，便于驾驶员和监控人员迅速判断电池是否处于正常工作范围，从而及时采取相应措施。

② 动态折线图。动态折线图以其直观展示参数变化趋势的特点，在电池监控中占据重要地位。通过调整时间轴，可以实时观察电压、电流等参数的细微变化，帮助用户发现潜在的异常情况或性能波动。这种图表类型特别适用于需要长时间监测或深入分析电池性能的场景。

③ 热力图。热力图在电池监控中主要用于展示温度分布信息。在电池组或单体电池层面，以不同颜色深浅表示温度高低，能够直观展示电池内部的温度差异。这对于预防热失控等安全风险具有重要意义。通过热力图，监控人员可以迅速识别出高温或低温区域，并采取相应的散热或保温措施，确保电池在最佳工作温度范围内运行。

④ 雷达图。雷达图是一种综合展示电池多项性能指标的图表类型。它能够将能量密度、循环寿命、充放电效率等多个维度的数据集成在一张图上，通过比较各维度的数据大小和分布情况，评估电池性能的均衡性和优劣。这种图表类型特别适用于需要对电池进行全面评估或对比分析的场景。

（2）应用场景

① 驾驶室监控。在新能源汽车驾驶室内，仪表盘是驾驶员获取车辆信息的重要窗口。通过仪表盘实时显示电池状态（如电量、电压、电流等），驾驶员可以随时掌握车辆性能状况，确保行车安全。同时，部分高端车型还可能配备更加智能的仪表板界面，通过图形化方式展示更多电池相关信息，提升驾驶体验。

② 运维中心监控。新能源汽车充电站或运维中心作为集中管理多辆新能源汽车的场所，对电池的实时监控需求更为迫切。在这些场景中，通过大屏幕展示多辆车的电池状态信息（如电压分布、温度分布等），可以实现对车辆状态的集中监控和快速响应。一旦发现异常情况或故障预警信号，运维人员可以立即采取相应措施进行处理，保障车辆安全稳定运行。

6.6.1.2　历史数据分析的图表展示

（1）图表类型与功能

① 时间序列图。时间序列图是一种常用的展示数据随时间变化趋势的图表类型。在电池性能分析中，时间序列图可用于展示电池容量随使用时间的衰减情况、电压与电流的稳定性等关键参数的变化趋势。通过时间序列图，可以清晰地看到电池性能的长期演变规律，进而识别出影响电池性能的关键因素，如使用条件、充电习惯等。

② 柱状图与条形图。柱状图与条形图以其直观易懂的特点，在性能比较和统计分析方面发挥着重要作用。在电池性能分析中，它们可用于比较不同车型、不同批次电池的性能差异，如循环寿命、能量效率等；也可用于统计特定时间段的电池使用情况，如充电次数、放电深度等。通过柱状图或条形图的展示，可以快速识别出性能优越或存在问题的电池批次，为后续的改进和优化提供依据。

③ 散点图与气泡图。散点图与气泡图适用于探索电池性能与多个变量之间的复杂关系。例如，可以利用散点图分析温度对电池寿命的影响，观察不同温度下电池性能的分布情况；气泡图可以在此基础上进一步展示数据的附加信息，如通过气泡大小表示电池的容量大小，通过颜色变化反映电池的健康状态等。这种图表类型有助于深入理解电池性能背后的复杂机

制，为制订更加精准的管理策略提供支持。

④ 堆叠图与百分比堆叠图。堆叠图与百分比堆叠图在展示电池性能在总体中的占比或分布情况方面具有独特优势。它们可以将多个数据系列叠加在一起，清晰地展示各个部分在总体中的比例关系。在电池性能分析中，可以利用堆叠图展示不同充放电阶段的能量损失比例、不同使用条件下的电池效率差异等；百分比堆叠图能够更直观地反映这些比例关系的变化趋势。这种图表类型有助于全面了解电池性能的各个方面，为制订全面的优化策略提供有力支持。

（2）应用场景

① 性能评估与优化。通过历史数据分析的图表展示，可以对电池的整体性能和衰减趋势进行准确评估。这不仅有助于了解电池的实际表现是否符合预期标准，还能为后续的电池维护和更换策略提供科学依据。同时，还可以根据数据分析结果调整电池使用策略和管理措施，以延缓电池性能的衰减速率、提高电池的使用寿命。

② 故障预测与预防。结合机器学习算法和历史数据分析的图表展示技术，可以对电池可能发生的故障类型和时间进行精准预测。通过对历史数据的深入挖掘和分析，可以发现电池故障发生的规律和模式；然后利用机器学习算法构建预测模型，对电池未来的性能表现进行预测。这有助于提前识别出潜在的故障风险并采取相应的预防措施，减少故障发生的可能性和损失。

③ 成本控制与预算管理。历史数据分析的图表展示还能帮助企业更好地控制成本和预算。通过对电池使用情况和维护成本的统计分析，可以了解电池在不同使用阶段和维护策略下的成本变化趋势；然后根据这些数据制订合理的预算和成本控制策略，以实现经济效益的最大化。这不仅有助于降低企业的运营成本，还能提高企业在市场竞争中的优势地位。

6.6.1.3 图表展示的挑战与解决方案

（1）图表展示的挑战

① 数据实时性与准确性。数据实时性与准确性是图表展示的首要挑战。在新能源汽车运行过程中，电池状态、车辆性能等参数需要实时、准确地被监测和记录，以支持后续的数据分析和决策制订。然而，由于网络延迟、传感器故障或数据处理能力不足等原因，可能导致数据传输延迟或错误，进而影响图表展示的准确性和有效性。

② 数据可视化效果。数据可视化效果直接影响到信息的传递效率和理解程度。良好的图表设计能够直观、清晰地展示数据背后的信息和趋势，帮助非专业人员快速掌握关键信息。然而，在实际应用中，图表设计往往面临信息密度高、颜色搭配不当、图表类型选择不合理等问题，导致数据可视化效果不佳，难以达到预期的沟通效果。

③ 系统可扩展性与兼容性。随着新能源汽车数量的不断增加和数据分析需求的日益复杂化，系统可扩展性和兼容性成为不可忽视的挑战。系统需要具备良好的扩展性，以支持新增数据源、分析模块和用户界面的更新升级；同时，还需要与不同品牌和型号的新能源汽车兼容，以确保数据的互联互通和无缝对接。然而，在实际应用中，系统往往受限于硬件性能、软件架构或数据标准等因素，难以实现理想的扩展性和兼容性。

（2）图表展示的解决方案

① 优化数据传输与存储技术。为确保数据的实时性和准确性，应采用先进的物联网和云计算技术优化数据传输与存储过程。物联网技术能够实现设备间的高效通信和数据交换，

减少数据传输延迟和丢包现象；云计算技术提供了强大的数据存储和处理能力，支持海量数据的实时处理和分析。此外，还应建立完善的数据质量控制机制，包括数据清洗、校验和纠错等环节，以确保数据的准确性和可靠性。

② 提升图表设计水平。为提高数据可视化效果，应引入专业的图形设计师和数据分析师共同参与图表设计工作。设计师应注重图表的美观性和直观性，合理运用颜色、线条、形状等元素展示数据信息；数据分析师应从数据逻辑和信息传递的角度出发，为设计师提供有益的指导和建议。同时，还可以利用专业的图表设计软件和工具提高设计效率和质量。

③ 采用模块化架构设计。为实现系统的良好扩展性和兼容性，应采用模块化架构设计思路。将系统划分为多个独立的功能模块，每个模块负责完成特定的任务和数据处理逻辑。通过定义统一的接口和规范确保模块间的互操作性；同时支持模块的动态加载和卸载以适应不同的分析需求和应用场景。此外，还可以利用开放的数据标准和接口协议与不同品牌和型号的新能源汽车实现互联互通和数据共享。

6.6.2 交互式分析技术

交互式分析是指用户通过交互界面与数据分析系统进行实时交互，根据自身需求灵活构建查询条件，深入挖掘数据背后的信息。在新能源汽车动力电池的大数据分析中，交互式分析技术能够显著提高数据分析的效率和准确性，帮助用户快速发现潜在问题并制订优化策略。

6.6.2.1 自定义查询

（1）功能描述　在新能源汽车动力电池管理的广阔领域中，自定义查询功能占据了举足轻重的地位。作为交互式分析的核心工具之一，它赋予用户前所未有的自主权，允许他们根据自己的特定需求，自由设定查询条件和参数，从而在海量的电池数据中精准筛选出感兴趣的信息子集。无论是基于电池类型的分类分析，还是依据车辆型号、使用时间、充放电次数等复杂维度的深度挖掘，自定义查询都能帮助用户轻松应对，实现高效、精准的数据探索。

（2）优势分析

① 灵活性高。自定义查询打破了传统数据分析工具的束缚，使用户能够随时根据业务需求的变化，灵活调整查询条件。这种高度的灵活性意味着用户无须受限于预设的报表或分析模板，而是可以自由地定义自己的数据视角，从而更加贴近实际的分析需求。

② 针对性强。通过精确设定查询条件，用户可以精确地筛选出符合自己需求的数据子集，避免无关信息的干扰。这种针对性的数据分析方式，能够显著提升分析结果的准确性和有效性，为后续的决策制订提供有力的数据支持。

③ 效率高。自定义查询还极大地提高了数据分析的效率。传统数据分析往往需要经过烦琐的数据预处理和筛选过程，而自定义查询能够直接面向用户需求进行数据提取，省去了不必要的中间环节，从而实现了更加高效的数据分析流程。

6.6.2.2 数据钻取

（1）功能描述　数据钻取是交互式分析中另一项不可或缺的功能，它为用户提供了深入探索数据细节的途径。在新能源汽车动力电池的数据分析中，数据钻取功能尤为重要。用户可以通过这一功能，在查看电池组整体性能表现的基础上，进一步深入单体电池、充放电循环等更细粒度的数据层面，从而实现对电池性能的全面了解和深入剖析。

（2）实际应用

① 性能诊断。利用数据钻取功能，用户可以轻松查看每个单体电池的性能指标，如电压、内阻、温度等。这些详细的性能数据为用户提供了识别性能下降或异常单体电池的宝贵线索，有助于及时发现并解决问题。

② 故障分析。当电池组出现故障或异常情况时，用户可以通过数据钻取功能，逐步追踪故障发生的过程和原因。这种逐级深入的分析方式，能够帮助用户准确定位故障点，为后续的故障排查和修复工作提供有力的支持。

③ 策略优化。通过深入分析历史数据，用户还可以了解不同使用条件和维护策略对电池性能的影响。这种基于数据驱动的策略优化方式，有助于用户制订更加科学合理的维护和使用策略，从而延长电池使用寿命，提高车辆性能。

6.6.2.3　交互式分析的应用案例——电池寿命预测

（1）背景描述　某新能源汽车制造商面临着电池寿命管理的重要挑战。为了优化电池更换和维护策略，降低运营成本，该制造商决定引入交互式分析系统对电池数据进行深入分析。

（2）实施过程

① 数据收集与整合。制造商收集了大量电池的历史数据，包括不同批次、不同车型、不同使用条件下的电池性能数据。

② 自定义查询。利用交互式分析系统的自定义查询功能，用户根据研究需求设定了多种查询条件，如电池类型、生产日期、使用时长、充放电次数等，以筛选出特定条件下的电池数据。

③ 数据钻取与分析。通过数据钻取功能，用户逐步深入数据的细节层面，分析电池容量衰减的趋势及其影响因素。这一过程中，系统提供了丰富的可视化工具，帮助用户直观理解数据变化规律。

④ 模型构建与预测。基于深入的数据分析结果，制造商构建了电池寿命预测模型。该模型能够综合考虑多种影响因素，准确预测电池的剩余寿命，为电池更换和维护提供了科学依据。

（3）成效与影响　通过引入交互式分析系统，该制造商成功实现了对电池寿命的精准预测。这不仅降低了因电池提前失效而导致的车辆停运风险，还减少了不必要的电池更换成本，提高了整体运营效率。

6.6.2.4　交互式分析的应用案例——故障预警系统

（1）背景描述　某新能源汽车充电站承担着大量新能源汽车的充电任务。为了保障充电安全、减少电池故障对充电站运营的影响，该充电站决定建立电池故障预警系统。

（2）实施过程

① 实时监控与数据采集。充电站部署了先进的监控设备，实时采集充电过程中的电池数据，包括电压、电流、温度等关键参数。

② 自定义查询与筛选。利用交互式分析系统的自定义查询功能，管理人员设定了特定的查询条件，以筛选出潜在风险数据。这些条件可能包括异常电压波动、电流过载、温度过

高等。

③ 异常检测与预警。系统通过内置算法对采集到的数据进行实时分析，一旦发现异常数据，立即触发预警机制。预警信息以邮件、短信或系统弹窗等形式通知管理人员。

④ 数据钻取与原因分析。在收到预警信息后，管理人员利用数据钻取功能深入分析异常原因。通过逐级深入的数据分析，管理人员能够迅速定位问题所在，为后续的故障排查和修复工作提供指导。

(3) 成效与影响　通过建立电池故障预警系统，该充电站成功实现了对电池状态的实时监控和异常预警。这不仅大大提高了充电站的安全性和稳定性，还减少了因电池故障导致的充电中断和客户投诉。此外，该系统还为管理人员提供及时的数据支持，帮助他们更加高效地处理电池故障问题。

6.7　动力电池大数据的应用领域和发展前景

6.7.1　动力电池大数据的应用领域

6.7.1.1　新能源汽车制造商的应用领域

(1) 产品设计与优化　新能源汽车制造商通过大数据分析技术，可以深入研究不同电池材料、结构设计及制造工艺对电池性能的影响。结合用户实际使用数据，如充放电循环次数、温度变化、行驶里程等，制造商能够更精准地评估电池寿命，优化产品设计，提升电池的能量密度、安全性和经济性。

(2) 质量控制与检测　在生产过程中，大数据分析技术有助于实现电池质量的实时监控与预警。通过对生产线上采集的海量数据进行分析，制造商可以及时发现生产过程中的异常情况，如材料缺陷、工艺波动等，从而采取有效措施进行干预，确保电池质量符合标准。

(3) 售后服务与客户支持　大数据分析技术还广泛应用于新能源汽车的售后服务领域。制造商可以通过收集和分析用户反馈、车辆维修记录等数据，识别电池故障的常见模式和原因，进而优化售后服务流程，提高故障处理效率。同时，基于数据分析结果，制造商还能为用户提供个性化的使用建议和维护方案，增强客户满意度和忠诚度。

6.7.1.2　能源管理机构的应用领域

(1) 电网规划与调度　随着新能源汽车数量的快速增长，其充电需求对电网的影响日益显著。能源管理机构可以利用大数据分析技术，对新能源汽车的充电行为、充电需求及电网负荷进行深度分析。通过预测新能源汽车的充电需求分布和电网负荷变化，机构可以优化电网规划，合理安排充电基础设施建设，确保电网的安全稳定运行。

(2) 智能充电管理　大数据分析技术还能支持智能充电管理系统的建设。通过实时监测新能源汽车的充电状态、电池电量及充电站的使用情况，系统可以智能调度充电资源，实现充电需求的错峰平衡。这不仅能够缓解电网压力，还能减少用户等待时间，提升充电体验。

(3) 能效评估与政策制定　能源管理机构还可以利用大数据分析技术，对新能源汽车的能效表现进行全面评估。通过对比不同车型、不同使用条件下的能效数据，机构可以识别出能效优异的车型和技术方案，为政策制定和补贴发放提供依据。同时，基于数据分析结果，机构还能提出针对性的能效提升建议，推动新能源汽车产业的绿色发展。

6.7.2　动力电池大数据的发展前景

6.7.2.1　技术创新引领未来发展

(1) 能量密度与安全性提升　大数据分析技术将助力动力电池在能量密度与安全性方面取得突破性进展。通过对电池材料、结构设计及制造工艺的海量数据进行深度挖掘与分析，研究人员能够更精准地理解电池性能与各种因素之间的关系，从而开发出更高能量密度、更安全的电池产品。例如，固态电池、锂硫电池等新型电池技术正在逐步成熟，大数据分析技术将为其提供强大的研发支持。

(2) 智能化与数字化管理　大数据分析技术将推动动力电池管理的智能化与数字化进程。通过建立智能电池管理系统，实时监测电池的状态参数，如电压、电流、温度等，并利用大数据分析技术预测电池的剩余寿命、故障风险等，实现电池的精细化管理。同时，数字化技术还将促进电池制造过程的自动化与智能化，提高生产效率与产品质量。

(3) 回收与再利用技术革新　大数据分析技术还将为动力电池的回收与再利用提供新的思路与方法。通过对废旧电池进行拆解、检测与分析，获取电池材料的性能数据与使用寿命信息，为电池材料的再利用与回收提供科学依据。同时，大数据分析技术还能帮助政府建立废旧电池回收网络，优化回收流程，提高回收效率与资源利用率。

6.7.2.2　政策支持助力行业发展

(1) 加大研发投入与资金支持　各国政府正加大对新能源汽车动力电池大数据分析技术的研发投入与资金支持。通过设立专项基金、提供税收优惠等政策措施，鼓励企业开展技术创新与产品研发。同时，政府还积极引导社会资本进入该领域，推动"产学研用"深度融合，加速技术成果转化与应用。

(2) 完善标准体系与监管机制　为确保动力电池的质量与安全性能，各国政府正不断完善相关标准体系与监管机制。通过制定严格的技术标准、测试方法与评价体系，规范动力电池的研发、生产、运营及回收等各个环节。同时，政府还加强对动力电池市场的监管力度，打击假冒伪劣产品，维护市场秩序与消费者权益。

(3) 推动国际合作与交流　新能源汽车动力电池大数据分析技术的发展需要全球范围内的合作与交流。各国政府正积极推动国际的技术合作与经验分享，共同应对技术挑战与市场风险。通过参与国际标准制定、参与国际项目合作等方式，提升本国技术实力与国际影响力。

第7章
AI在动力电池系统中的应用

AI（人工智能）在动力电池系统的设计与使用中展现出巨大潜力。在设计环节，AI通过高效模拟仿真，快速优化电池结构、材料与工艺，提升能量密度与循环寿命。在使用过程中， AI实时监测电池健康状态，精准预测故障，实现预测性维护，保障系统稳定运行。同时， AI优化充电策略，提高充电效率，延长电池寿命，为用户带来更加智能、可靠的驾驶体验。

7.1 AI 在动力电池系统设计中的应用

7.1.1 AI 在动力电池配方设计中的应用

动力电池的配方设计是一个复杂且高度专业化的过程，涉及材料选择、配比优化、结构设计等多个方面。传统的设计方法依赖研究人员的经验和大量实验数据，不仅耗时长、成本高，而且难以全面覆盖所有可能的组合情况。AI 的引入，为这一领域带来了革命性的变化。

7.1.1.1 AI 在配方设计中的应用

(1) 材料选择与性能预测 AI 能够通过分析海量材料数据库，快速筛选出符合特定性能要求的材料组合。基于机器学习和深度学习算法，AI 可以预测不同材料在特定条件下的电化学性能、稳定性及安全性，从而指导材料的选择和配比。

(2) 配方优化与迭代 在确定了初步的材料组合后，AI 能够进一步优化配方参数，如材料配比、制备工艺等。通过模拟仿真和智能优化算法，AI 可以快速评估不同配方方案的性能表现，并自动调整参数以达到最优效果。这一过程实现了配方设计的自动化和智能化，显著提高了设计效率和质量。

(3) 实时监测与反馈 在电池制造和使用过程中，AI 还可以实时监测电池的性能变化，并将监测数据反馈到配方设计环节中。通过数据分析，AI 可以及时发现潜在的问题和瓶颈，并据此调整配方设计，以提升电池的长期稳定性和可靠性。

7.1.1.2 应用优势

(1) 提高设计效率 AI 以其强大的数据处理能力，显著提升了动力电池配方设计的效率。它能够自动化地处理海量数据，快速完成从配方设计到优化再到验证的全过程，大大缩短了设计周期。这种高效性不仅加速了产品上市速度，还为企业赢得了宝贵的市场先机。

(2) 降低成本 传统配方设计往往伴随着高昂的实验和试制成本。而 AI 的应用，通过精准预测和优化配方参数，有效减少不必要的实验次数和失败尝试，从而显著降低整体研发成本。这种成本节约不仅提升了企业的经济效益，也为产品的市场竞争力奠定了坚实基础。

(3) 提升性能 AI 在动力电池配方设计中的应用，还体现在对电池性能的显著提升上。它能够全面考虑各种材料、工艺等因素对电池性能的影响，通过智能算法优化出更加优秀的配方方案。这些优化方案不仅提高了电池的能量密度和循环寿命，还增强了电池的安全性能，为用户带来了更加可靠和持久的使用体验。

(4) 促进创新 AI 的引入，为动力电池配方设计领域带来了前所未有的创新动力。它打破了传统设计方法的局限性，提供了新的思路和方法，推动了技术的不断进步和产业的不断升级。通过 AI 的助力，企业能够更加灵活地应对市场变化和技术挑战，实现更加快速和可持续的发展。

7.1.1.3 应用示例

(1) 示例背景 某新能源汽车制造商为提升旗下车型的续航里程和电池安全性，决定对锂离子电池的正极材料进行配方优化。

(2) 实施步骤

① 数据收集。研究人员收集市场上主流锂离子电池正极材料的性能数据，包括能量密度、循环寿命、安全性等指标，以及对应的材料成分和制备工艺信息。

② 模型构建。基于收集到的数据，研究人员利用机器学习算法构建预测模型。该模型能够输入材料成分和制备工艺参数，输出相应的电池性能预测值。

③ 配方优化。利用构建的预测模型，研究人员进行大量的虚拟实验，尝试不同的材料组合和配比。通过不断迭代优化，最终筛选出一种新型正极材料配方。

④ 实验验证。将优化后的配方用于实际电池制造，并进行性能测试。

(3) 数据结果

① 能量密度。从原有的 250W·h/kg 提升至 275W·h/kg，提升了 10％。

② 循环寿命。在相同充放电条件下，循环次数从原来的 1000 次增加到 1200 次，延长了 20％。

③ 安全性。通过过充、短路等极端条件测试，新配方电池未发生任何安全事故，表现出优异的安全性能。

7.1.2 AI 在动力电池结构设计中的应用

动力电池的结构设计是一个复杂且多维度的过程，涉及电池单元排列、材料选择、热管理通道布局、机械强度分析等多个方面。AI 的应用，特别是机器学习、深度学习以及优化算法的结合，为这一领域的设计提供了强大的技术支持。

7.1.2.1 AI 在动力电池结构设计阶段的应用

(1) 智能布局优化 AI 通过三维建模和仿真分析，能够对动力电池内部各组件的布局进行智能优化。利用先进的算法，AI 可以自动调整电池单元的排列方式、间距以及热管理元件的布局，以最大化能量密度、优化热传导路径并确保机械稳定性。这一过程不仅减少了人工干预，还大大提高了设计的效率和准确性。

(2) 材料选择与强度评估 在结构设计阶段，选择合适的材料至关重要。AI 通过分析海量材料数据库，能够快速筛选出符合设计要求的候选材料，并基于材料的力学性能和成本效益进行综合评估。同时，AI 还能对设计出的结构进行强度分析，预测其在各种工况下的受力情况和耐久性，确保设计的可靠性和安全性。

(3) 热管理策略模拟与优化 动力电池在运行过程中会产生大量热量，合理的热管理策略对于维持电池性能和延长使用寿命至关重要。AI 可以通过模拟不同热管理方案下的热场分布，预测电池的温升趋势和热点位置，从而优化散热结构的设计。例如，AI 可以指导散热片的大小、形状和位置选择，以及冷却流体的流动路径设计，以实现最佳的散热效果。

(4) 多目标优化算法应用 动力电池的结构设计往往需要在多个目标之间进行权衡，如能量密度、安全性、成本等。AI 中的多目标优化算法能够同时考虑多个设计目标，并找到满足所有或大部分目标要求的最佳设计方案。这种算法的应用使得设计过程更加科学、系统和全面。

7.1.2.2 应用优势

(1) 提高设计效率 AI 能够自动化处理大量数据，快速完成布局优化、材料筛选和强度评估等工作，显著缩短设计周期。

(2) 提升设计精度 通过智能算法和仿真分析的结合，AI 能够更准确地预测设计方案的性能表现，减少设计过程中的试错成本。

(3) 促进创新 AI 的应用为动力电池结构设计带来新的思路和方法，推动技术的不断创新和升级。

7.1.2.3 应用示例

(1) 示例背景 某知名新能源汽车制造商为了提升旗下车型的动力电池性能，决定采用 AI 对电池包的结构进行优化设计。主要目标包括提高电池的能量密度、优化热管理性能以及增强结构的机械强度。

(2) 示例实施步骤

① 智能布局优化。AI 首先基于三维建模技术，构建了动力电池包的三维模型。随后，利用先进的优化算法，对电池单元、热管理元件及结构件等进行了智能布局优化。通过不断迭代计算，AI 最终确定了一种新型布局方案，该方案在保证机械强度的前提下，实现了电池单元的最优排列，从而提高了能量密度。

② 材料选择与强度评估。在布局优化完成后，AI 根据预设的材料库，筛选出几种符合设计要求的候选材料。随后，利用有限元分析方法，对采用不同材料设计的电池包进行了强度评估。通过对比分析，AI 推荐了一种轻量化且机械强度高的复合材料作为电池包的主要结构材料。

③ 热管理策略优化。针对新能源汽车在实际使用过程中可能出现的热管理问题，AI 进一步对电池包的热管理策略进行了优化。通过模拟电池在不同工况下的热场分布，AI 调整了散热片的布局和尺寸，并优化了冷却液的流动路径。这些改进措施显著提高了电池包的散热性能，确保了电池在高温环境下的稳定运行。

(3) 结果展示与数据分析 经过 AI 的优化设计，该新能源汽车制造商成功推出了新一代动力电池包。与上一代产品相比，新电池包在多个方面均取得了显著提升。

① 能量密度。提高了 15%，从原有的 $150W \cdot h/kg$ 提升至 $172.5W \cdot h/kg$，为新能源汽车提供了更长的续航里程。

② 散热性能。在相同工况下，电池包内部最高温度降低了 8℃，有效避免了因高温导致的性能衰减和安全隐患。

③ 机械强度。通过严格的机械振动和冲击测试，证明了新电池包在恶劣工况下仍能保持稳定的结构性能。

④ 设计周期。AI 的应用使得设计周期缩短了 30%，从原本的 6 个月缩短至 4 个月，大大提高了研发效率。

7.2 AI在电池管理系统中的应用

7.2.1 AI在电池SOC估算中的应用

7.2.1.1 AI在SOC估算中的优势

(1) 高效的数据处理能力 AI，尤其是深度学习和机器学习，具备强大的数据处理能力，能够处理和分析大量复杂的电池运行数据。通过收集电池充放电、电压、电流、温度等实时数据，AI算法能够构建精确的电池模型，提高SOC估算的准确性和实时性。

(2) 复杂的非线性建模能力 电池系统的行为往往具有高度的非线性和时变性，传统方法难以准确建模。而AI，特别是深度神经网络能够很好地处理这种复杂关系，通过训练和学习，建立更加精确的电池模型，实现SOC的精准估算。

(3) 自适应性和学习能力 AI算法具有自适应性和学习能力，能够根据电池的老化情况、工作条件变化等因素，动态调整估算模型，提高估算的适应性和准确性。这种能力对于延长电池寿命、提高电池利用效率具有重要意义。

7.2.1.2 AI在电池SOC估算中的具体应用

(1) 基于AI的SOC估算模型 AI在SOC估算中的应用主要体现在构建基于AI的SOC估算模型上。通过收集和分析电池的运行数据，如电压、电流、温度等，利用机器学习或深度学习算法，建立电池的非线性模型，实现对SOC的实时估算。这些模型能够考虑电池的复杂特性和动态变化，提高估算的准确性。

(2) 实时监测与数据分析 AI可以集成在电池管理系统中，通过安装在电池组上的传感器实时监测电池的工作状态。利用大数据分析技术，对收集到的数据进行处理和分析，提取关键特征，为SOC估算提供数据支持。同时，实时监测还能及时发现电池潜在问题，提高电池的安全性和可靠性。

(3) 优化充电策略 AI可以根据电池的状态、荷电状态和电网负荷等因素，智能地调整充电策略，优化充电时间和电流。这不仅有助于延长电池的寿命，还能提高能源利用效率，降低充电成本。例如，德力时代开发的基于AI的智能充电系统，能够根据电池的实际需求调整充电策略，实现精准充电。

(4) 电池剩余使用寿命预测 AI还可以用于预测电池的剩余使用寿命。通过分析电池的性能数据和使用历史，AI算法能够评估电池的再利用价值，制订合理的再利用计划。这不仅有助于提高资源利用率，还能减少环境污染。

7.2.1.3 AI在SOC估算中的应用示例

长短期记忆网络是一种特殊的循环神经网络，通过引入"门"机制（遗忘门、输入门、输出门）解决了传统循环神经网络在处理长序列数据时容易出现的梯度消失或梯度爆炸问题。长短期记忆网络能够捕捉时间序列数据中的长期依赖关系，非常适合用于处理电池充放电过程中的动态变化数据。

（1）数据集构建　为了训练长短期记忆网络进行 SOC 估算，构建一个包含电池电压、电流、温度以及历史充放电数据等多源信息的数据集。该数据集覆盖了多种工况下的电池充放电过程，确保了模型的泛化能力和鲁棒性。

（2）模型训练与优化　利用构建的数据集，训练一个长短期记忆网络模型。在训练过程中，采用交叉验证、超参数调优等技术手段，以提高模型的估算精度和泛化能力。通过不断迭代优化，得到一个性能优异的长短期记忆网络 SOC 估算模型。

（3）应用结果与数据分析

① 估算精度提升。与传统 SOC 估算方法相比，基于长短期记忆网络的 AI 算法在估算精度上实现了显著提升。在测试数据集上，该模型的平均绝对误差降低了约 30%，均方根误差降低了约 25%。这表明长短期记忆网络能够更准确地捕捉电池的非线性特性和动态变化过程，实现 SOC 的实时、精确估算。

② 具体数据展示。为了更直观地展示长短期记忆网络在 SOC 实时估算中的应用效果，选取一段典型的充放电过程数据进行分析。在该过程中，电池从满电状态开始放电至一定 SOC 水平后停止放电并静置一段时间后再开始充电。SOC 估算中的部分关键数据点对比见表 7-1。

表 7-1　SOC 估算中的部分关键数据点对比

放电过程	实际 SOC/%	80	60	40	20	0
	传统方法估算 SOC/%	78	58	39	19	1
	LSTM 网络估算 SOC/%	79.5	59.8	40.2	20.1	0.2
充电过程	实际 SOC/%	0	20	40	60	80
	传统方法估算 SOC/%	1	21	38	59	77
	LSTM 网络估算 SOC/%	0.1	20.3	40.5	60.2	79.8

可以看出，基于长短期记忆网络的 AI 算法在 SOC 估算上更加接近实际值，特别是在电池状态发生显著变化时（如放电至低 SOC 水平或充电至高 SOC 水平时），其估算精度优势更加明显。

7.2.2　AI 在电池 SOH 评估中的应用

7.2.2.1　AI 在电池 SOH 评估中的优势

（1）提高评估精度　相比传统方法，AI 能够更全面地考虑电池老化的多种因素，构建更准确的评估模型。通过不断学习和优化，AI 能够逐步逼近电池的真实老化状态，提高 SOH 评估的精度。

（2）实现实时监测　AI 能够实时接收电池运行数据，并快速输出 SOH 评估结果。这使得电池管理系统能够及时了解电池的健康状态，并采取相应的维护措施，确保车辆性能的稳定性和可靠性。

（3）降低评估成本　传统的 SOH 评估方法往往需要借助实验室设备或专业人员进行测试，成本较高且耗时较长。而 AI 通过软件实现评估过程，无须额外设备或人员投入，大大降低了评估成本。

（4）优化维护策略　基于 AI 的 SOH 评估结果，可以制定更加科学合理的电池维护策略。例如，根据电池的老化程度和剩余寿命预测结果，合理安排电池的更换周期和维修计划，避免过度使用或提前报废造成的浪费。

7.2.2.2　AI在电池SOH评估中的具体应用

（1）数据驱动的方法　AI通过采集电池在使用过程中的电压、电流、温度、充放电循环次数等多源信息，构建大数据集。基于这些数据，AI算法能够自动学习电池老化的规律和特征，构建高精度的SOH评估模型。这些模型能够实时接收电池运行数据，并快速输出SOH评估结果，为电池管理系统提供重要参考。

（2）机器学习算法　在SOH评估中，机器学习算法如支持向量机、随机森林、神经网络等得到了广泛应用。这些算法能够处理复杂的非线性关系，从大量数据中提取关键特征，并构建预测模型。通过训练这些模型，AI能够识别电池老化的模式，预测未来的容量衰减趋势，从而实现对SOH的准确评估。

（3）深度学习技术　深度学习作为机器学习的一个分支，在处理大规模数据和复杂模式识别方面具有显著优势。在SOH评估中，深度学习技术如卷积神经网络、循环神经网络及其变种（如LSTM）等被用于构建更高级别的评估模型。这些模型能够自动从原始数据中学习并提取高级特征，进一步提高SOH评估的准确性和鲁棒性。

7.2.2.3　AI在电池SOH评估中的应用示例

某新能源汽车制造商为了提高电池管理系统的智能化水平，决定引入AI来评估电池的SOH。该制造商拥有一款在市场上广泛应用的新能源汽车，其电池系统经过多轮充放电循环后，出现了一定程度的容量衰减。为了准确掌握电池的健康状态，制造商决定采用AI进行SOH评估。

（1）数据采集　首先，制造商在新能源汽车上安装了高精度的电池监测设备，实时采集电池的电压、电流、温度以及充放电循环次数等多源信息。这些数据通过车载网络传输至云端数据中心，形成了庞大的数据集。

（2）模型构建　利用采集到的数据，制造商与AI提供商合作，构建了基于深度学习的SOH评估模型。该模型采用卷积神经网络与长短期记忆网络相结合的方式，以充分利用电池运行数据中的空间和时间特征。通过大量数据的训练和优化，模型逐渐学会了识别电池老化的规律和特征。

（3）实时评估　模型构建完成后，被部署在云端服务器上，与车辆电池管理系统进行实时连接。每当车辆运行时，电池监测设备采集的数据会实时传输至云端服务器，由AI模型进行SOH评估。评估结果通过云端平台返回给车辆电池管理系统，为驾驶员和维修人员提供电池健康状态的实时信息。

（4）应用效果与数据展示　经过一段时间的运行验证，AI在SOH评估中的表现令人瞩目。与传统方法相比，AI模型的评估精度显著提高。具体而言，在相同数据集上，AI模型的SOH评估误差率降低约20%。这意味着AI模型能够更准确地预测电池的容量衰减趋势，为制造商提供更可靠的电池健康状态信息。

为了更直观地展示AI在SOH评估中的应用效果，选取几组具有代表性的数据进行展示。

① 电池样本A。初始容量为100A·h，经过500次充放电循环后，传统方法评估SOH

为 85％，AI 模型评估 SOH 为 84.2％。实际测试结果显示电池容量为 84.5A·h，AI 模型评估结果更接近真实值。

② 电池样本 B。初始容量为 120A·h，经过 800 次充放电循环后，传统方法评估 SOH 为 78％，AI 模型评估 SOH 为 77.6％。实际测试结果显示电池容量为 77.8A·h，AI 模型再次展现出较高的评估精度。

③ 批量评估结果。在对一批 100 块电池进行批量评估时，AI 模型的平均评估误差率为 2.1％，而传统方法的平均评估误差率为 3.2％。这表明 AI 模型在批量评估中也能保持较高的稳定性和准确性。

7.2.3　AI 在电池均衡控制中的应用

7.2.3.1　AI 在电池均衡控制中的优势

(1) 精准预测与智能决策　AI 能够通过大数据分析，精准预测电池组中单体电池的性能变化趋势，识别出性能偏差较大的电池。同时，结合机器学习算法，AI 能够智能决策最优的均衡控制策略，实现电池组性能的动态优化。

(2) 实时响应与高效均衡　传统的电池均衡控制方法往往存在响应速度慢、均衡效率低等问题，而 AI 能够实时监测电池组的工作状态，一旦发现单体电池性能偏差，立即启动均衡控制程序，通过高效的均衡算法快速实现电池组内部能量的再分配，提高均衡效率。

(3) 自适应学习与优化　AI 具有强大的自适应学习能力，能够在电池组的使用过程中不断学习电池性能的变化规律，优化均衡控制策略。随着使用时间的推移，AI 能够逐渐适应电池组的老化过程，确保电池组在整个生命周期内都保持良好的性能状态。

7.2.3.2　AI 在电池均衡控制中的具体应用

(1) 基于数据驱动的均衡控制策略　在电池均衡控制中，AI 首先通过高精度传感器实时采集电池组的运行数据，包括单体电池的电压、电流、温度以及充放电状态等关键参数。这些数据是评估电池性能、识别性能偏差的重要依据。随后，AI 利用大数据分析技术，对采集到的数据进行深入挖掘和分析，构建出反映电池组性能的数据模型。

基于这些数据分析结果，AI 能够精准识别出电池组中性能偏差较大的单体电池，并据此制定出科学合理的均衡控制策略。这些策略不仅考虑到单体电池之间的性能差异，还综合考虑了电池组的整体性能和使用寿命。通过精确调控电池组内部能量的再分配，AI 能够有效减少单体电池之间的性能偏差，提升电池组的整体性能和稳定性。

(2) 智能算法在均衡控制中的应用　为了进一步提高均衡控制的精确度和效率，AI 在均衡控制过程中引入了多种智能算法。这些算法能够根据电池组的实时状态，动态调整均衡控制的参数和策略，以适应电池组性能的不断变化。

① 模糊逻辑控制。模糊逻辑控制算法能够处理电池组中的不确定性因素，如温度变化、老化效应等。通过模糊化处理电池组的运行数据，模糊逻辑控制算法能够制定出更加灵活和适应性强的均衡控制策略。

② 遗传算法。遗传算法是一种模拟生物进化过程的优化算法。在电池均衡控制中，遗传算法可以用于优化均衡控制的参数设置，如均衡电流、均衡时间等。通过不断迭代和优化，遗传算法能够找到最优的均衡控制参数组合，提升均衡控制的效率和效果。

③ 神经网络。神经网络算法以其强大的学习和预测能力在电池均衡控制中得到了广泛应用。神经网络算法可以通过学习电池组的性能变化规律，预测未来一段时间内的均衡需求。基于这些预测结果，神经网络算法能够提前启动均衡控制程序，避免电池组性能急剧下降。同时，神经网络算法还能够实时调整均衡控制的参数和策略，以适应电池组性能的不断变化。

7.2.3.3　AI在电池均衡控制中的应用示例

某制造商为了提高其新能源汽车的电池组性能，决定引入 AI 进行电池均衡控制。该新能源汽车搭载了一块由多个单体电池串联而成的电池组，经过一段时间的使用后，部分单体电池出现了性能偏差，导致整个电池组的容量和能量输出效率下降。为了解决这一问题，制造商决定采用 AI 实现电池的精准均衡控制。

(1) 数据采集与预处理　首先，制造商在电池管理系统中集成了高精度传感器，实时采集电池组中每个单体电池的电压、电流、温度以及充放电状态等参数。这些数据通过车载网络传输至云端数据中心进行预处理和存储。在预处理阶段，AI 对数据进行清洗、去噪和归一化处理，以确保数据的准确性和一致性。

(2) AI模型构建与训练　基于预处理后的数据，制造商与 AI 提供商合作构建了电池均衡控制模型。该模型采用深度学习算法，特别是卷积神经网络和循环神经网络的结合体，以捕捉电池性能变化的时间序列特征和空间分布特征。通过对大量历史数据的训练，模型学会了识别电池组中的性能偏差单体电池，并预测其未来的性能变化趋势。

(3) 实时均衡控制　在车辆运行过程中，电池管理系统实时将采集到的数据传输给云端 AI 模型进行分析。AI 模型根据当前电池组的状态和预测结果，动态计算出最优的均衡控制策略，并将控制指令发送回电池管理系统执行。这些控制指令包括均衡电流的分配、均衡时间的选择以及均衡路径的优化等，旨在实现电池组内部能量的均匀分布和最大化利用。

(4) 应用数据与结果　在为期三个月的应用测试中，该新能源汽车的电池组经历了多次充放电循环。AI 共采集了超过 10 万条单体电池数据记录，涵盖了各种工况和环境条件下的电池性能表现。

通过对比应用 AI 均衡控制前后的电池组性能数据，制造商发现以下显著变化。

① 单体电池电压一致性提高。应用 AI 均衡控制后，单体电池之间的电压差异显著减小，从原来的 $\pm 50mV$ 降低至 $\pm 10mV$ 以内。这表明电池组内部的能量分布更加均匀，减少了因单体电池性能偏差导致的整体性能下降。

② 电池组容量恢复。经过一段时间的均衡控制，电池组的整体容量恢复了约 5%，从原来的 92% 提升至 97%。这意味着 AI 有效地改善了电池组的性能衰退问题，延长了电池的使用寿命。

③ 能量输出效率提升。在相同工况下，应用 AI 均衡控制的电池组表现出更高的能量输出效率。测试结果显示，在高速行驶和急加速等工况下，电池组的能量输出效率提升了 3%~5%。

7.2.4　AI在电池热管理系统中的应用

7.2.4.1　AI在电池热管理系统中的优势

(1) 精准预测与智能决策　AI 能够通过大数据分析，精准预测电池组的温度变化趋势，提前判断潜在的过热或过冷风险。基于这些预测结果，AI能够智能决策出最优的热管理策略，如调整冷却介质的流量、温度或开启/关闭加热系统等，以实现对电池组温度的精确控制。

（2）自适应学习与优化 AI具有强大的自适应学习能力，能够在电池组使用过程中不断学习其热特性的变化规律。通过不断积累和优化数据模型，AI能够逐渐适应电池组的老化过程、环境温度变化以及不同驾驶工况下的热需求，从而制定出更加科学合理的热管理策略。

（3）高效能耗管理 传统的电池热管理系统往往存在能耗较高的问题。而AI通过智能控制策略，能够实现对冷却/加热系统能耗的精细化管理。例如，在电池组温度处于安全范围内时，AI可以适当降低冷却/加热系统的功率或关闭系统，以减少不必要的能耗。

7.2.4.2 AI在电池热管理系统中的具体应用

（1）智能温度监测与控制 AI可以集成在电池管理系统中，通过高精度温度传感器实时监测电池组各区域的温度。一旦检测到温度异常，AI立即启动相应的控制程序，调整冷却或加热系统的参数，使电池组温度迅速回到安全范围内。同时，AI还能够根据电池组的实际工况和温度变化趋势，动态调整热管理策略，实现更加精细化的温度控制。

（2）基于数据驱动的热管理策略优化 AI可以利用大数据分析技术，对电池组的热特性进行深入研究。通过挖掘电池组在不同工况下的温度响应规律和热损失机制，AI能够构建出反映电池组热特性的数据模型。基于这些数据模型，AI能够不断优化热管理策略，提高热管理的效率和精确度。例如，AI可以根据环境温度和电池组的工作状态，动态调整冷却介质的流量和温度，以实现最佳的散热效果。

（3）故障诊断与预警 AI还可以应用于电池热管理系统的故障诊断与预警。通过实时监测电池组的温度数据和热管理系统的运行状态，AI能够及时发现潜在的故障问题，如冷却系统故障、温度传感器失效等。一旦检测到异常情况，AI立即进行故障诊断，并给出相应的维修建议或报警信息，以确保电池组的安全性和可靠性。

7.2.4.3 AI在电池热管理系统中的应用示例

某制造商为了提升其新能源汽车的电池热管理性能，决定引入AI进行优化。该新能源汽车搭载了一块高性能的锂离子电池组，在高速行驶、快速充电及极端环境温度下，电池组易产生大量热量，对热管理系统的要求极高。传统的热管理系统往往难以精确控制电池组的温度，导致电池性能下降、寿命缩短甚至存在安全隐患。

（1）AI热管理系统的构建 制造商与AI提供商合作，共同开发了基于AI的电池热管理系统。该系统集成了高精度温度传感器、智能控制器及AI算法模块。温度传感器实时采集电池组各区域的温度数据，并通过车载网络传输至智能控制器。智能控制器内置AI算法模块，对温度数据进行处理和分析，并根据分析结果制订最优的热管理策略。

（2）AI算法的应用 AI算法模块采用深度学习技术，通过大量历史数据训练出反映电池组热特性的数据模型。该模型能够准确预测电池组在不同工况下的温度变化趋势，并提前判断潜在的过热或过冷风险。基于预测结果，AI算法模块能够智能决策出最优的冷却或加热策略，如调整冷却介质的流量、温度或开启/关闭加热系统等。

（3）数据采集与处理 在为期一个月的应用测试中，AI热管理系统实时采集了电池组在多种工况下的温度数据。这些数据包括高速行驶、快速充电、怠速停车以及极端环境温度下的温度变化情况。通过数据预处理和清洗，AI算法模块得到了准确可靠的输入数据。

(4)结果分析

① 温度控制精度提升。应用AI热管理系统后，电池组的温度控制精度显著提升。测试结果显示，在高速行驶和快速充电等高负荷工况下，电池组的最高温度被控制在安全范围内（≤50℃），且温度波动范围明显减小。相比传统热管理系统，AI热管理系统的温度控制精度提高了约10%。

② 能耗降低。AI热管理系统通过智能控制策略，实现了对冷却/加热系统能耗的精细化管理。测试数据显示，在相同工况下，AI热管理系统的能耗相比传统系统降低了约15%。这主要得益于AI算法对冷却/加热系统参数的精确调整和优化。

③ 电池性能提升。长期应用AI热管理系统后，电池组的整体性能得到了显著提升。测试结果显示，电池组的容量保持率提高了约3%，循环寿命延长了约10%。这表明AI有效改善了电池组的热环境，减少了因高温导致的性能衰退和寿命缩短问题。

7.3 AI在动力电池系统使用中的应用

7.3.1 AI在动力电池系统故障诊断中的应用

7.3.1.1 AI在故障诊断中的优势

(1)精准识别与快速响应 AI通过深度学习和大数据分析，能够精准识别动力电池系统中的微小故障信号，并在故障初期迅速做出响应。这种能力远超过传统的人工诊断和基于固定规则的自动诊断系统，能够显著提高故障诊断的准确性和及时性。

(2)自适应学习与优化 AI具有强大的自适应学习能力，能够在不断积累的数据中优化自身的诊断模型。随着新能源汽车动力电池系统的不断升级和变化，AI诊断系统能够自动适应新的故障模式和诊断需求，保持高效准确的诊断能力。

(3)智能化决策支持 AI不仅能够进行故障诊断，还能根据诊断结果提供智能化的决策支持。例如，根据故障类型和严重程度，AI可以给出相应的维修建议、故障预警或安全控制策略，帮助驾驶员和维修人员及时采取措施，确保车辆的安全运行。

7.3.1.2 AI在动力电池系统故障诊断中的具体应用

(1)基于深度学习的故障识别 深度学习是AI领域的一个重要分支，它通过构建多层神经网络来模拟人脑的学习过程。在动力电池系统故障诊断中，深度学习技术可以提取电池组运行数据中的特征信息，并构建故障识别模型。该模型能够自动学习不同故障模式下的数据特征，并实现对新故障数据的准确分类和识别。

(2)实时监测与预警 AI可以集成在电池管理系统中，实现对电池组运行状态的实时监测。通过实时监测电池组的电压、电流、温度等关键参数，AI能够及时发现潜在的故障隐患，并提前发出预警信号。这种实时监测与预警机制有助于提前采取措施，避免故障扩大和安全事故的发生。

（3）故障诊断与定位 当动力电池系统出现故障时，AI能够迅速进行故障诊断和定位。通过综合分析电池组的运行数据和故障特征信息，AI能够准确判断故障类型和位置，并给出相应的维修建议。这种快速准确的故障诊断和定位能力，有助于缩短维修时间，降低维修成本，提高车辆的运行效率。

7.3.1.3 应用案例与效果分析

某制造商在其新款新能源汽车中引入AI进行动力电池系统的故障诊断。经过实际应用测试，该AI诊断系统能够准确识别多种常见故障类型，如电池单体失效、电池组温度异常等，并在故障初期迅速发出预警信号。同时，该系统还能够根据故障类型和严重程度给出相应的维修建议和安全控制策略，有效保障车辆的安全运行。通过引入AI，该制造商显著提高了动力电池系统的故障诊断效率和准确性，降低了维修成本和时间成本，提升了整车的竞争力和市场口碑。

7.3.2 AI在动力电池系统智能充电管理中的应用

7.3.2.1 AI在智能充电管理中的优势

（1）精准控制充电过程 AI通过深度学习和大数据分析，能够精准控制充电过程中的电流、电压等参数，确保电池在最佳状态下进行充电。这不仅可以提高充电效率，还能减少因充电不当导致的电池损害，延长电池使用寿命。

（2）预测充电需求与优化充电策略 AI能够分析用户的历史充电数据和用车习惯，预测未来的充电需求。基于这些预测结果，AI可以自动调整充电计划，优化充电策略，如选择电价低谷时段进行充电，以降低充电成本。

（3）实时监测与故障诊断 在充电过程中，AI能够实时监测电池的状态和充电设备的运行情况，及时发现并诊断潜在的故障。这有助于避免充电过程中的安全事故，提高充电的安全性和可靠性。

7.3.2.2 AI技术在智能充电管理中的具体应用

（1）智能充电算法 AI可以开发出先进的智能充电算法，该算法能够根据电池的实时状态（如SOC、温度等）和充电条件（如电网负荷、电价等），动态调整充电参数，如充电电流、充电电压等，以实现最优化的充电效果。

（2）预测性充电管理 基于AI的预测性，充电管理系统能够根据用户的用车计划和充电需求，提前规划充电时间和充电量。通过与智能家居系统、电网系统等互联，实现充电过程的智能化调度和自动化管理，提高充电的便捷性和效率。

（3）实时健康监测与故障预警 AI可以集成在充电管理系统中，实时监测电池组在充电过程中的健康状态。通过数据分析，AI能够及时发现电池组的异常情况，如过充、过放、温度异常等，并发出预警信号，提示用户或维修人员及时采取措施，避免故障扩大和安全事故的发生。

7.3.2.3 应用案例与效果分析

某新能源汽车制造商在其新款动力电池系统中引入了AI智能充电管理技术。通过实际应用测试，该系统在充电效率、电池寿命及充电安全性等方面均表现出显著优势。具体来说，智能充电算法能够根据电池的实时状态和充电条件自动调整充电参数，实现高效充电；预测性充电管理能够根据用户的用车计划和充电需求提前规划充电时间和充电量，降低充电成本；实时健康监测与故障预警系统能够及时发现电池组的异常情况并发出预警信号，保障充电过程的安全性和可靠性。

7.3.3 AI在新能源汽车能量管理中的应用

7.3.3.1 AI在能量管理中的优势

（1）精准预测与动态调整 AI能够基于大数据分析和机器学习算法，对新能源汽车的行驶工况、驾驶习惯及外部环境进行精准预测。基于这些预测结果，能量管理系统可以动态调整电池充放电策略、电机输出功率等参数，以最大化能源利用效率并延长续航里程。

（2）智能优化与决策 AI算法能够在复杂多变的驾驶环境中，快速识别并优化能量流动路径，确保能量在动力系统各部件之间的合理分配。同时，AI还能根据车辆的实际运行状态，智能决策是否启动能量回收系统（如制动能量回收）、调整空调系统工作模式等，以实现整体能耗的最优化。

（3）自适应学习与进化 AI具有强大的自适应学习能力，能够不断从实际运行中收集数据并优化自身的控制策略。随着车辆使用时间的增长，AI能量管理系统将越来越了解车主的驾驶习惯和需求，从而提供更加个性化的能量管理服务。此外，AI还能通过在线升级和持续优化，保持其技术的先进性和竞争力。

7.3.3.2 AI在新能源汽车能量管理中的具体应用

（1）智能电池管理系统 AI被广泛应用于电池管理系统中，通过实时监测电池状态（如SOC、SOH、温度等）、预测电池寿命及评估电池健康度，实现电池的智能化管理和维护。AI算法能够精确控制电池的充放电过程，避免过充过放现象的发生，从而延长电池的使用寿命并提高整车的安全性。

（2）驱动电机效率优化 AI能够根据车辆的行驶工况和驾驶需求，智能调整驱动电机的输出功率和转速，以实现最佳的动力性能和能耗表现。通过实时分析电机的运行数据和外部环境因素（如风速、路况等），AI能够动态优化电机的控制策略，确保电机始终工作在高效区间内。

（3）能量回收与再利用 新能源汽车在制动、下坡等过程中会产生大量的能量损失。AI通过智能控制制动能量回收系统和动能回收系统，将这部分能量转化为电能并储存到电池中，以供后续行驶使用。这种能量回收与再利用的方式不仅提高了能源利用效率，还延长了车辆的续航里程。

（4）智能驾驶辅助与路径规划 AI还能与智能驾驶辅助系统和路径规划系统相结合，通过优化驾驶路线和驾驶策略来降低车辆能耗。例如，AI可以根据实时路况和交通信息为车辆规划出最节能的行驶路线；同时，通过智能驾驶辅助系统的应用，降低驾驶员的驾驶强度并提高车辆的行驶稳定性，从而进一步减少能耗。

7.3.3.3 应用案例与效果分析

多家新能源汽车制造商已将 AI 成功应用于其能量管理系统中。通过实际应用测试表明，AI 的应用显著提高了新能源汽车的能源利用效率、延长了续航里程并降低了整车能耗。例如，某品牌新能源汽车在引入 AI 能量管理系统后，其百公里电耗降低了约 10%，续航里程提高了约 20%。这些优异的性能表现不仅提升了用户的驾驶体验，还增强了产品的市场竞争力。

参 考 文 献

［1］ 崔胜民 . 新能源汽车动力电池技术 ［M］. 北京：北京大学出版社，2023.

［2］ 山长军，曹元勋 . 新能源汽车动力电池及管理技术 ［M］. 北京：人民交通出版社，2023.

［3］ 张甲瑞，税永波 . 新能源汽车动力电池及管理技术 ［M］. 北京：机械工业出版社，2024.

［4］ 陈静，吴书龙，牛伟 . 新能源汽车动力电池及管理技术 ［M］. 北京：机械工业出版社，2022.

［5］ 李建明 . 新能源汽车动力电池及管理技术 ［M］. 北京：机械工业出版社，2024.